U0572596

重庆工商大学科研处专著出版基金资助（No. 631915008）

重庆工商大学金融学院应用经济学一级学科建设经费资助（No. 63201500113）

重庆市教育委员会人文社会科学研究青年项目（23SKGH188）

重庆工商大学高层次人才项目资助（No. 2255034）

回志洋　靳景玉　著

股权制衡、股权性质与CEO薪酬激励

——基于非控股大股东和国有股权性质的研究

GUQUAN ZHIHENG、GUQUAN XINGZHI
YU CEO XINCHOU JILI
—— JIYU FEIKONGGU DAGUDONG HE GUOYOU GUQUAN XINGZHI DE YANJIU

中国财经出版传媒集团

经济科学出版社

Economic Science Press

图书在版编目（CIP）数据

股权制衡、股权性质与 CEO 薪酬激励：基于非控股大
股东和国有股权性质的研究／回志洋，靳景玉著． -- 北
京：经济科学出版社，2023.3
ISBN 978 - 7 - 5218 - 4651 - 5

Ⅰ. ①股…　Ⅱ. ①回… ②靳…　Ⅲ. ①上市公司 - 股
权管理 - 研究 - 中国　Ⅳ. ①F279. 246

中国国家版本馆 CIP 数据核字（2023）第 054082 号

责任编辑：杜　鹏　武献杰
责任校对：王苗苗
责任印制：邱　天

**股权制衡、股权性质与 CEO 薪酬激励——基于非控股大股东和
国有股权性质的研究**

回志洋　靳景玉　著

经济科学出版社出版、发行　新华书店经销

社址：北京市海淀区阜成路甲 28 号　邮编：100142

编辑部电话：010 - 88191441　发行部电话：010 - 88191522

网址：www. esp. com. cn

电子邮箱：esp_bj@ 163. com

天猫网店：经济科学出版社旗舰店

网址：http://jjkxcbs. tmall. com

固安华明印业有限公司印装

710 × 1000　16 开　14. 5 印张　220000 字

2023 年 3 月第 1 版　2023 年 3 月第 1 次印刷

ISBN 978 - 7 - 5218 - 4651 - 5　定价：86. 00 元

（图书出现印装问题，本社负责调换。电话：010 - 88191545）

（版权所有　侵权必究　打击盗版　举报热线：010 - 88191661

QQ：2242791300　营销中心电话：010 - 88191537

电子邮箱：dbts@ esp. com. cn）

前　　言

首席执行官（CEO）薪酬激励作为激发 CEO 积极性、增强企业活力的关键，能够增强 CEO 与股东之间的利益共享和风险共担，缓解股东和 CEO 的代理冲突（Jensen and Meckling，1976）。然而，已有研究却显示，中国上市公司的 CEO 薪酬激励水平仍然偏低。学者们进一步探究其原因，认为"一股独大"、股权分置和国有股权主导是削弱我国 CEO 薪酬激励的重要因素，其中，"一股独大"和股权分置造成股权制衡的缺失，国有股权主导与企业的国有股权性质紧密相连。虽然学者们从理论上分析了上述股权特征对 CEO 薪酬激励可能产生的影响，在实证上也对其相关关系进行了详细的分析，但仍缺乏对其因果关系的系统性研究，并且忽视了上述股权特征的发展变化——"一股独大"向控股股东和非控股大股东并存的转变、股权分置的消除以及股权性质的转变。此外，现有文献通常假定我国 CEO 权益激励比例较小且不普遍，在度量 CEO 薪酬激励时没有将现金薪酬、内部持股、限制性股票和股票期权同时纳入考量。值得注意的是，随着我国现代企业制度建设的推进，上市公司治理机制逐步完善，CEO 权益激励日益普遍，在此背景下，有必要全面定量评估 CEO 薪酬激励水平，重新审视股权制衡、股权性质与 CEO 薪酬激励的关系。

本书首先收集并计算现金薪酬、内部持股、限制性股票和股票期权对 CEO 提供的薪酬激励水平，并基于委托代理模型检验中国上市公司 CEO 薪酬激励的有效性，为实证研究和经济含义分析提供数据支持和实证依据。其次，结合"一股独大"向控股股东和非控股大股东并存的转变、股权分置的消除，基于非控股大股东探究了股权制衡因素对 CEO 薪酬激励的影响。最后，结合国有股权在企业中主导地位的改变，基于国有企业混合所有制改革实践，探究了股权性质因素对 CEO 薪酬激励的影响。本书主要研究内容和相关结论如下。

第一，本书使用 CEO 薪酬—业绩敏感性衡量 CEO 薪酬激励，全面估算了现金薪酬、内部持股、限制性股票和股票期权对 CEO 提供的薪酬激励水平。本书研究发现，内部持股和限制性股票是中国上市公司 CEO 薪酬激励的主要来源，提供了超过 99% 的 CEO 薪酬—业绩敏感性，进而初步证实忽略 CEO 权益激励会导致 CEO 薪酬激励水平的严重低估。在纠正了 CEO 薪酬激励的度量偏差后，本书基于委托代理模型检验了 CEO 薪酬激励的有效性，发现 CEO 薪酬—业绩敏感性显著为正、随公司风险递减、体现出一定的相对业绩评价。这初步肯定了中国上市公司 CEO 薪酬激励的有效性，也为后续章节 CEO 薪酬—业绩敏感性经济含义的阐述提供了实证依据。

第二，本书基于大股东"呼吁"和"退出"理论，从绝对制衡、相对制衡以及存在性和数目三个维度考察了非控股大股东对 CEO 薪酬激励的影响。研究发现，非控股大股东的现金流权和投票权均显著增强了 CEO 薪酬—业绩敏感性。进一步研究发现，在股东大会高管薪酬（激励）决议更多的上市公司，非控股大股东投票权对 CEO 薪酬激励的提升作用相对更强；在控股股东两权分离和股票流动性更差的上市公司，非控股大股东现金流权对 CEO 薪酬激励的提升作用相对更弱。这为非控股大股东影响 CEO 薪酬激励的"呼吁"和"退出"及"退出威胁"机制提供了初步的实证证据。此外，本书在细致区分大股东身份（金融机构、非金融企业和自然人等）的基础上研究发现，不同类型的非控股大股东选择的治理机制不同，而控股股东与非控股大股东身份的相似性增加了他们"合谋"的可能性，削弱了非控股大股东对 CEO 薪酬—业绩敏感性的提升作用。

第三，本书基于国有企业混合所有制改革实践，检验了国有股权性质对 CEO 薪酬激励的影响。本书采用倾向得分匹配—双重差分法，识别了国有股权性质与 CEO 薪酬激励的因果关系，发现混合所有制改革显著提升了 CEO 薪酬—业绩敏感性，表明国有股权性质削弱了 CEO 薪酬与公司业绩的联系。进一步研究发现，上述影响在高国有股比例和地市级国有企业更为明显，这为政府财政分权下不同层级国有企业代理问题的研究提供了实证证据。此外，本书探究了混合所有制改革企业的 CEO 变更情况，发现混合所有制改革显著提升了政治关联 CEO 和外部 CEO 的比例，使其在维护与政府联结的同时，推动了国有企业的混合所有制改革转型。

本书的创新主要体现在以下三个方面。

第一，针对中国上市公司 CEO 薪酬激励统计范围和度量方法上的缺陷，本书全面估计了 CEO 薪酬激励水平，在提升度量精准性的同时，缓解了由度量偏差产生的内生性问题。本书详尽地收集并计算各种可能的薪酬激励机制对 CEO 提供的激励水平，包括现金薪酬、内部持股、限制性股票和股票期权。所得的数据更能反映中国上市公司 CEO 薪酬激励的现状，同时还为后续 CEO 薪酬激励相关研究提供了定量的数据支持。在此基础上进行 CEO 薪酬激励有效性分析，不但具有更强的说服力，能够为 CEO 薪酬激励经济含义的阐述提供实证依据，还对实践中 CEO 薪酬激励方案的设计和实践具有理论和现实指导意义。此外，鉴于非控股大股东治理的"呼吁"和"退出"及"退出威胁"机制、国有企业预算软约束和所有者缺位等问题都直接或间接地影响 CEO 权益激励，使用本书的数据探究非控股大股东、国有股权性质对 CEO 薪酬激励的影响，不仅有助于缓解由度量偏差产生的内生性问题，还为探究潜在的影响机制创造了条件。

第二，结合中国上市公司股权制衡特征的发展变化，本书从绝对制衡、相对制衡以及存在性和数目三个维度系统地研究了非控股大股东在提升 CEO 薪酬激励方面发挥的重要作用。在我国控股股东掏空和内部人控制问题普遍存在、CEO 薪酬激励相对较弱的背景下，本书研究对如何安排股权结构以缓解股东与 CEO 的代理冲突、提升 CEO 对抗潜在控股股东掏空的可能性提供指导。考虑到国内大多数已有研究未能有效区分非控股大股东的"呼吁"和"退出"及"退出威胁"机制，本书构造了夏普利值（Shapley value），将持股比例衡量的现金流权与夏普利值衡量的投票权相区分，通过股东大会高管薪酬（激励）决议、控股股东两权分离和股票流动性的调节效应分析，为非控股大股东治理的"呼吁"和"退出"及"退出威胁"机制提供了初步的实证支持。鉴于大股东会根据自己的治理动机和专业知识选择治理机制，本书还将大股东身份的异质性考虑在内，进一步探究了不同类型（金融机构、非金融企业和自然人等）的非控股大股东对 CEO 薪酬激励影响，以及控股股东与非控股大股东身份的相似性对非控股大股东治理作用的影响，进而为大股东身份异质性研究提供了新的实证证据。

第三，针对不同性质企业可观测和不可观测差异带来的因果关系识别困难，本书选用国有企业混合所有制改革实践，探究了国有股权性质对 CEO 薪酬激励的影响。我国上市公司在混合所有制改革的过程中，企业的预算软约束和所有者缺位等问题有所缓解、CEO 隐性收入和隐性激励随之减少，同时还通常会重新拟定 CEO 薪酬契约，这为实证检验国有股权性质对 CEO 薪酬激励的影响创造了条件。本书基于国有企业混合所有制改革实践，结合倾向得分匹配、平行趋势假设检验和双重差分模型，较好地识别了国有股权性质与 CEO 薪酬激励的因果关系，为股权性质与 CEO 薪酬激励的相关研究提供了新的实证证据。这从公司治理层面揭示了国有企业市场化改革的内涵，为高管薪酬改革和国有企业改革政策的制定提供了有益的借鉴，同时对理解

企业的混合所有制改革也具有重要现实意义。最后，本书对混合所有制改革
期间 CEO 政治关联和任职来源变化的分析，有助于理解企业转型，并且还
丰富了混合所有制改革的相关研究。

作者

2023 年 2 月

目　录

第 1 章

导　　论

1.1　研究背景与研究意义

　　建立健全 CEO 薪酬激励机制是激发 CEO 积极性、增强企业活力的关键环节。在计划经济时期,管理者是由政府任命的政府代理人,CEO 的薪酬水平取决于行政级别,激励 CEO 的主要方式是行政晋升和荣誉。该时期对高管物质激励的忽视常被认为是企业生产效率低下的原因之一。1978 年,实行改革开放政策以来,我国的高管薪酬制度也由等级工资制逐步向年薪制转变。与此同时,随着社会主义市场经济体制改革目标的确立,企业改革进入建立现代企业制度的新阶段,公司治理结构日益完善。2001 年,证监会在《公开发行证券的公司信息披露内容与格式准则第 2 号〈年度报告的内容与格式〉》中首次要求上市公司在年报中披露高管的持股情况、高管年度报酬及其决策程序和确定依据,高管薪酬信息披露制度初步确立①。2002 年,证监会发布《上市公司治理准则》,提议设立薪酬与考核委员会(简称薪酬委员会),规定其成员应全部由董事组成、独立董事应占多数并担任召集人。

---

　　①　包括董事、监事和高管报酬的决策程序和确定依据、高管年初和年末持股数量、薪酬最高的前三名高管和薪酬最高的前三名董事的报酬总额(包括基本工资、奖金、福利、补贴和津贴等)。

高管薪酬信息披露和薪酬委员会等公司治理机制的构建，完善了我国上市公司的治理结构，为上市公司实施 CEO 薪酬激励营造了良好的公司治理环境。

2005 年，上市公司股权分置改革开始实施，我国流通股与非流通股转让的制度性差异逐渐被消除，股票流通性得以提升，这为上市公司向 CEO 提供更高强度的薪酬激励创造了条件，股权激励的需求与日俱增。随后，《上市公司股权激励管理办法（试行）》和《国有控股上市公司（境内）实施股权激励试行办法》等法规相继出台，股权激励制度不断完善，CEO 持有本公司权益（包括股票、限制性股票和股票期权）的现象在中国上市公司日益普遍。本书整理计算的数据显示，CEO 持有本公司股票的样本占比由 2003 年的 32.26% 增至 2018 年的 56.51%，同期，持股 CEO（所有 CEO）年初年末持股比例均值由 0.29%（0.09%）升至 10.02%（5.57%）。虽然我国股权激励实施相对较晚，但截至 2018 年已有 565 家上市公司的 624 位 CEO 被授予股票期权或限制性股票。

CEO 所持本公司权益的价值会随公司股价正向变动，是 CEO 薪酬激励中不可忽略的一部分（Jensen and Murphy，1990；Edmans et al.，2017）。因此，有必要将现金薪酬（包含工资、奖金和津贴）、内部持股、限制性股票和股票期权纳入考量，对 CEO 薪酬激励水平进行全面的定量评估，以完整而系统地认识中国上市公司 CEO 薪酬激励的发展与现状，并为后续 CEO 薪酬激励的相关研究提供定量的数据支持。另外，随着"天价薪酬"、薪酬与公司业绩倒挂等现象的曝光，人们对中国上市公司 CEO 薪酬激励的有效性产生了质疑。在此背景下，检验 CEO 薪酬激励实践是否符合委托代理模型的三个基本推断（Hölmstrom，1979；Hölmstrom，1982；Hölmstrom and Milgrom，1987），即正的 CEO 薪酬—业绩敏感性、薪酬激励与公司风险的权衡和相对业绩评价，不但有助于判断中国上市公司 CEO 薪酬激励的有效性，肯定了委托代理模型在 CEO 薪酬契约中的适用性以及 CEO 薪酬—业绩敏感性作为 CEO 激励衡量指标、股东和 CEO 利益一致性指标的合理性，还能够为实践中 CEO 薪酬激励方案的设计提供指导。因此，本书的研究具备一定的理论意义和现实指导意义。

进一步地，在全面度量 CEO 薪酬激励水平的基础上，探究我国上市公司

CEO 薪酬激励的影响因素对高管薪酬激励改革和公司治理机制改进具有一定的借鉴意义。本书在梳理高管薪酬的相关文献时，注意到"一股独大"、股权分置以及国有股权主导的结构被认为是削弱中国上市公司高管薪酬—业绩敏感性的重要因素（薛云奎和白云霞，2008；苏冬蔚和熊家财，2013a、2013b；张敏等，2013；Jiang and Kim，2020）。其中"一股独大"使控股股东能够利用控制权侵占其他股东的利益，股权的割裂使其在"掏空"公司资产时不易受到公司市值贬值的影响，进而造成有效制衡的缺乏（Jiang et al.，2010；Liao et al.，2014）。这将降低公司业绩度量的精准性，甚至提升控股股东与 CEO 合谋的可能性，进而导致 CEO 薪酬—业绩敏感性下降（Chaigneau et al.，2018；苏冬蔚和熊家财，2013a、2013b）。值得关注的是，中国上市公司"一股独大"和股权分置结构已经逐渐发生改变：随着股权分置改革的全面展开，截至 2006 年底，97% 的应改革上市公司已完成或进入改革程序，股权分置逐步被消除；与此同时，多个大股东的股权结构在中国上市公司日益普遍，"一股独大"转变为控股股东和非控股大股东并存的局面①。在此背景下，重新审视中国上市公司的股权制衡特征对 CEO 薪酬激励的影响十分必要。

非控股大股东是企业权益资本的重要供给者，其在公司治理中的作用受到学者和政策制定者的广泛关注。非控股大股东持有相对较多的公司股份，并由此获得参与公司盈余分配的现金流权和参与公司决策的投票权，有动机并且有能力参与公司治理（Shleifer and Vishny，1986；La Porta et al.，2002；Hui and Fang，2021）。现有的理论和实证研究表明：一方面，非控股大股东可以增强大股东之间的相互监督以及对 CEO 的监督（Dhillon and Rosetto，2015；Jiang et al.，2018；姜付秀等，2017），还可以通过包含私有信息的竞争性交易提升股价信息含量（Admati and Pfleiderer，2009；Edmans，2009；Edmans and Manso，2011）；另一方面，多个大股东的存在会增加大股东协商成本（Winton，1993；Fang et al.，2018），还会导致"过度监督"和控制权

---

① 2003~2018 年，存在持股 5%（10%）以上的非控股大股东的样本比例由 56.23%（38.37%）升至 74.19%%（43.98%），而第一大股东持股比例均值则由 2003 年的 42.56% 降至 2018 年的 33.61%。

收益分配效率低下（Zwiebel，1995；Pagano and Röell，1998）。就 CEO 薪酬激励而言，非控股大股东既可能通过提出或投票表决 CEO 薪酬相关提案等"呼吁"机制直接影响 CEO 薪酬激励，又可能通过抛售或威胁抛售股票等"退出"及"退出威胁"机制间接影响 CEO 薪酬激励，还可能通过改变大股东之间的协商成本和利益冲突引起 CEO 薪酬与公司业绩联系的变化。因此，研究非控股大股东对 CEO 薪酬激励的影响并进一步分析其可能的作用机制，对于理解非控股大股东的治理作用、完善上市公司股权结构和治理结构具有重要的理论意义和政策含义。此外，在我国控股股东掏空和内部人控制问题普遍存在、CEO 薪酬激励相对较弱的背景下，该问题的研究还对如何安排股权结构以缓解股东与 CEO 之间的代理冲突、提升 CEO 对抗潜在控股股东掏空的可能性具有现实指导意义。

针对国有股权主导引发的高管薪酬激励不足的问题，已有研究基于国有企业多目标理论和预算软约束理论讨论了国有股权性质对高管薪酬及薪酬—业绩敏感性可能产生的影响，在实证上证实了国有股权性质与高管薪酬及薪酬—业绩敏感性的相关关系，并从国有企业政治目标、高管隐性收入和隐性激励等方面展开了进一步的分析（Conyon and He，2011；Cao et al.，2019；薛云奎和白云霞，2008；张敏等，2013；步丹璐和王晓艳，2014；陈冬华等，2005；梁上坤和陈冬华，2014；姜付秀等，2014）。但是，学者们尚未对国有股权性质与 CEO 薪酬及薪酬激励的因果关系进行系统的实证分析。这可能是因为不同股权性质企业之间存在着可观测和不可观测的差异，由此带来的样本选择偏差提升了因果关系识别的难度。鉴于厘清国有股权性质与 CEO 薪酬激励的关系对我国高管薪酬改革和国有企业改革十分重要，有必要进一步识别国有股权性质对 CEO 薪酬激励的影响。

值得注意的是，自国有企业改革进入建立现代企业制度阶段，上市公司终极控制权性质混合所有制改革的情况时有发生。在混合所有制改革过程中，企业的政治属性削弱，出资人和责任主体的空缺得到弥补，预算软约束和所有者缺位等问题有所缓解，公司业绩度量的精准性和股东对 CEO 监督的有效性可能随之提升（Chaigneau et al.，2018；Gan et al.，2018；王甄和

胡军，2016）。与此同时，CEO 的福利性收入等隐性收入和晋升等隐性激励
也可能相应减少（陈冬华等，2005；Cao et al.，2019）。更重要的是，在混
合所有制改革过程中，企业的实际控制人往往发生变动，新的实际控制人通
常会重新拟定 CEO 薪酬契约甚至更换管理层（王甄和胡军，2016），这为实
证检验国有股权性质对 CEO 薪酬激励的影响提供了可能。因此，基于国有
企业混合所有制改革实践实证研究国有股权性质对 CEO 薪酬激励影响，不
但有助于更深入地认识国有股权性质在 CEO 薪酬契约制定中的重要作用，
还能够从公司治理层面揭示国有企业市场化改革的内涵，对股权性质与 CEO
薪酬激励的研究具有重要的理论意义和现实意义。此外，在国有企业高管薪
酬激励机制不健全、未能有效地激发高管才能和积极性的背景下，该问题的
研究还为高管薪酬改革和国有企业改革政策的制定提供了一些有益的借鉴，
例如高管薪酬改革应通过股权激励等措施进一步加强 CEO 薪酬与公司业绩
的联系，国有上市公司应进一步提升国有股的流动性，政府应减少对国有企
业的直接干预等。所以，本书研究还具有一定的现实指导意义。

　　总的来说，本书在全面定量评估 CEO 薪酬激励的基础上，首先，对中
国上市公司 CEO 薪酬激励的有效性作出判断，为 CEO 薪酬—业绩敏感性作
为 CEO 激励衡量指标、股东和 CEO 利益一致性指标的合理性提供实证支撑。
其次，基于委托代理理论、非控股大股东治理理论、国有企业多目标理论和
预算软约束理论，研究了非控股大股东、国有股权性质对 CEO 薪酬激励的
影响。本书通过对 CEO 薪酬激励的基本事实描述，展示了中国上市公司
CEO 薪酬激励的发展与现状；通过考察 CEO 薪酬激励实践是否符合委托代
理理论的基本推断，为中国上市公司 CEO 薪酬激励有效性的判断以及 CEO
薪酬—业绩敏感性作为 CEO 激励衡量指标、股东和 CEO 利益一致性指标的
合理性提供了实证证据；通过系统地分析非控股大股东、国有股权性质对
CEO 薪酬激励产生的影响，阐述了资本市场改革和企业市场化改革在公司治
理层面的作用与含义，并为上市公司股权结构、所有权结构和公司治理结构
的完善提供了参考。因此，本书的研究不但具有一定的理论意义和政策含
义，同时还对公司治理实践具有一定的现实指导意义。

1.2　研究思路与研究框架

1.2.1　研究思路

鉴于权益激励已成为中国上市公司 CEO 薪酬激励不可忽视的一部分，本书首先对 CEO 薪酬激励水平进行全面的定量评估，以认识 CEO 薪酬激励的发展与现状，并基于此对我国 CEO 薪酬激励的有效性作出判断，为后续研究中 CEO 薪酬激励指标的选取、CEO 薪酬激励能否作为股东和 CEO 利益一致性指标等问题提供实证支持。其次，结合我国"一股独大"、股权分置以及国有股权主导结构的发展变化，基于非控股大股东和国有股权性质，研究了中国上市公司的股权制衡特征和股权性质特征与 CEO 薪酬激励的关系。本书研究的具体逻辑思路如下。

第一，薪酬激励水平作为 CEO 薪酬激励研究的基础，本书修正了 CEO 薪酬统计范围和度量方法上存在的缺陷，详尽收集并计算来自各种可能的薪酬激励机制对 CEO 提供的激励水平，重新对 CEO 薪酬激励进行了全面的定量评估，并利用该数据详细地描述 CEO 薪酬激励整体水平和结构性差异的发展与现状。其中 CEO 薪酬激励水平的结构性差异主要是从非控股大股东和国有股权性质出发，以此为本书主题——股权制衡、股权性质与 CEO 薪酬激励的研究作铺垫。

第二，基于确定的研究问题，梳理和总结国内外的理论和实证研究，并在综述文献的过程中，认识到相关研究的进展和不足，明确研究该问题的意义和贡献，确定在研究过程中可能使用的研究方法和手段。

第三，在上述分析的基础上，分为三个部分对研究问题展开实证研究：（1）中国上市公司 CEO 薪酬激励的有效性分析；（2）非控股大股东对 CEO 薪酬激励的影响；（3）国有股权性质对 CEO 薪酬激励的影响。第一部分的实证研究设计是建立在委托代理模型对 CEO 薪酬激励基本推断的基础之上。在后两部分的实证研究中，本书通过实证计量方法识别潜在的因果关系，并且结合非控股大股东治理的相关理论——"呼吁"理论和"退出"理论、国有企业的相关理论——多目标理论和预算软约束理论，系统地分析了非控股大股东和国有股权性质对 CEO 薪酬激励产生的影响。因此，本书各部分的实证分析都是在相关理论分析的基础上展开，得到的结论都同时具有实证和理论支持。

第四，对上述三个问题的研究进行总结，在此基础上提出股权结构优化、高管薪酬改革和企业市场化改革的政策建议，并对未来的研究作出展望。

1.2.2　研究框架

本书的研究框架如图 1-1 所示。

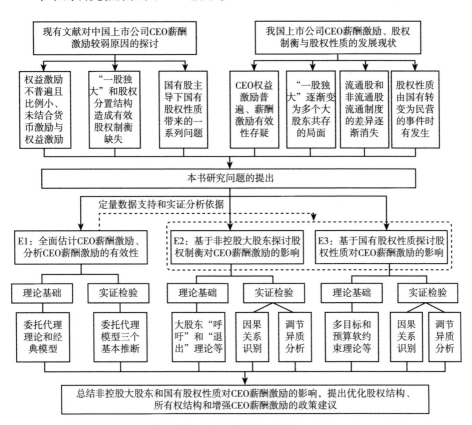

图 1-1　本书研究框架

1.3　主要创新点

本书主要的创新点和贡献可能有以下几个方面。

1. 针对中国 CEO 薪酬统计范围和度量方法上的缺陷，本书重新估计了 CEO 薪酬激励水平，在提升度量精准性的同时，缓解了由度量偏差产生的内生性问题。

本书采用具体到 CEO 个体的薪酬数据，详尽地收集并计算来自各种可能的薪酬激励机制对 CEO 提供的激励水平，主要包括现金薪酬（包含工资、奖金和津贴）、内部持股、限制性股票和股票期权。所得的数据不但为中国上市公司 CEO 薪酬激励的相关研究提供了更精准的定量数据支持，还有助于完整而系统地认识我国 CEO 薪酬激励的发展与现状。在此基础上进行 CEO 薪酬激励有效性分析，不但具有更强的说服力，能够为 CEO 薪酬激励经济含义的阐述（如股东与 CEO 利益的一致性）提供实证依据，还对实践中 CEO 薪酬激励方案的设计和实践具有理论和现实指导意义。

考虑到非控股大股东通过"呼吁"（如提出或投票表决 CEO 股权激励相关提案）、"退出"和"退出威胁"（如利用私人信息在资本市场上进行竞争性交易）参与公司治理、国有企业预算软约束和所有者缺位对公司业绩度量精准性的削弱都直接或间接的影响 CEO 权益激励，基于本书的薪酬激励数据探究非控股大股东和国有股权性质对 CEO 薪酬激励的影响，不仅能够缓解遗漏权益类薪酬导致的 CEO 薪酬激励度量偏差，还为进一步检验其可能的影响机制创造了条件。

2. 结合中国上市公司股权制衡特征的发展变化，本书从绝对制衡、相对制衡、存在性和数目三个维度系统地研究了非控股大股东在提升 CEO 薪酬激励方面发挥的重要作用。

虽然现有研究从理论上分析了与"一股独大"和股权分置相联系的股权

制衡缺失对 CEO 薪酬激励可能产生的影响，也从实证上对其相关关系进行了检验和分析，但是仍缺乏对其因果关系的系统性研究，并且没有很好地结合上述股权制衡特征的发展变化——股权分置的消除和"一股独大"向控股股东与非控股大股东共存的转变。鉴于非控股大股东在我国上市公司普遍存在，他们持有大量的公司股份使其有动机并且有能力参与公司治理（Shleifer and Vishny，1986；La Porta et al.，2002；Hui and Fang，2021），同时他们可能通过大股东"呼吁"和"退出"及"退出威胁"机制以及改变大股东协商成本等直接或间接的影响 CEO 薪酬激励，本书基于非控股大股东重新审视了中国上市公司股权制衡特征对 CEO 薪酬激励的影响，弥补了现有研究的不足。

考虑到国内大多数已有研究未能有效区分非控股大股东的治理机制，本书构造了夏普利值（Shapley value）衡量非控股大股东投票权，它是一个大股东在形成多数联盟中起关键作用（选票权超过 50%）的概率（Milnor and Shapley，1978），与持股比例相比，能更好地衡量大股东对公司政策的影响。在区分现金流权（由持股比例衡量）与投票权（由夏普利值衡量）的基础上，本书通过股东大会高管薪酬（激励）决议的调节效应分析，为非控股大股东治理的"呼吁"机制提供了初步的实证证据；通过控股股东两权分离和股票流动性的调节效应分析，为非控股大股东治理的"退出"及"退出威胁"机制提供了初步的实证证据。本书还注意到国内大多数现有研究忽视了大股东身份的异质性。然而，中国上市公司同时存在着不同身份的大股东（如金融机构、非金融公司、自然人等）①，不同类型的大股东会根据自己的治理动机和专业知识选择不同的治理机制（Edmans and Holderness，2017），并且他们"合谋"的可能性也会因身份相似性的不同而存在差异（Laeven and Levine，2008）。为此，本书将大股东身份的异质性考虑在内，进一步探究了不同身份的非控股大股东对 CEO 薪酬

---

① 第二大股东身份为金融机构、非金融公司、自然人和其他的样本比例分别为 31.06%、39.05%、24.04% 和 2.19%。

激励影响，以及控股股东与非控股大股东身份的相似性不同时，非控股大股东对 CEO 薪酬激励影响的差异，为大股东身份异质性研究提供了新的实证证据。

3. 针对不同性质企业可观测和不可观测差异带来的因果关系识别困难，本书选用国有企业混合所有制改革实践，探究了国有股权性质对 CEO 薪酬激励的影响。

已有的股权性质与 CEO 薪酬激励的实证研究主要集中在两者的相关关系上，极少有研究深入地探讨两者的因果关系。然而，委托代理理论、国有企业多目标理论和预算软约束理论表明，股权性质可能是中国上市公司 CEO 薪酬激励的重要影响因素（Kornai，1986；Bai et al.，2006），同时，如何完善国有企业高管薪酬激励机制、激发国有企业高管的才能和积极性也是企业市场化改革中需要解决的重要问题。本书注意到我国上市公司在混合所有制改革的过程中，企业的预算软约束和所有者缺位等问题有所缓解、CEO 隐性收入和隐性激励随之减少，同时还经常重新拟订 CEO 薪酬契约（王甄和胡军，2016），进而为实证检验国有股权性质对 CEO 薪酬激励的影响创造了条件。

考虑到混合所有制改革决策可能存在自选择倾向，本书使用倾向得分匹配法缓解依可观测变量样本自选择问题，通过平行趋势假设检验排除其潜在的依不可观测变量样本自选择问题，最后再使用双重差分回归，能够较好地识别国有股权性质与 CEO 薪酬激励的因果关系。这为国有股权性质对 CEO 薪酬激励的影响提供了新的实证证据，从公司治理层面阐述了企业市场化改革的内涵，并为高管薪酬改革和国有企业改革提供了一些有益的借鉴。本书还进一步观察了混合所有制改革期间管理层调整过程中 CEO 政治关联和任职来源发生的变化，揭示了混合所有制改革内在变革的可能途径——通过变更 CEO，提升政治关联 CEO 和外部 CEO 的比例，从而在维护政府与企业联结的同时推动国有企业的混合所有制改革转型，进而丰富了混合所有制改革的相关研究。

1.4　不足之处

本书主要有以下几点不足。

1.4.1　变量度量

虽然已有研究讨论了中国高管在职消费和晋升等问题（陈冬华等，2005；罗宏和黄文华，2008；Luo et al.，2011；杨瑞龙等，2013；王曾等，2014；Jiang and Kim，2015；Cao et al.，2019），但是本书出于数据可得性和稳健性的考虑没有将不易观测、难以度量的隐性收入和隐性激励形式，例如企业发放的其他福利性货币及非货币收入、内部和外部竞争激励、情感和精神激励等，纳入 CEO 薪酬和 CEO 薪酬激励的统计范畴。然而，高管的隐性收入和隐性激励可能会对显性的薪酬和薪酬激励产生一定的替代作用，进而在一定程度上干扰本书因果关系的判断和度量。也许，随着上市公司信息披露制度的逐步完善和可得数据的日益丰富，该问题能得到一定的缓解。

1.4.2　研究内容

第一，本书的研究没有涉及非控股大股东和国有股权性质对 CEO 薪酬激励的共同作用。本书分别讨论了非控股大股东和国有股权性质对 CEO 薪酬激励的影响，然而，在实践中，上市公司同时包含这两个因素。虽然本书在研究其中一个因素影响的同时控制住了另一个因素，进而可以识别单一因素的影响，但是目前本书未能实证检验这两个因素对 CEO 薪酬激励的共同作用。该问题的研究一方面受实证计量技术限制，例如，如何同时解决这两个因素的内生性问题；另一方面还受上市公司信息披露和相关数据可得性的限制，例如，我们难以追溯到非控股大股东终极控制人的情况，使得无法确定非控股大股东的股权性质。

第二，本书的研究没有进一步讨论股权制衡、股权性质通过影响 CEO 薪酬激励可能会产生怎样的经济后果。CEO 作为公司最重要的决策者，上市公司对 CEO 的薪酬激励可能会影响公司的风险承担行为、投融资行为以及其他影响公司利益的行为，这是另一个重要且涵盖范围广泛研究问题。受篇幅限制，本书的研究没有对该问题展开讨论。在未来的研究中，股权制衡、股权性质通过影响 CEO 薪酬激励产生的经济后果值得进一步探索。

第 2 章

理论基础与文献综述

本章先界定了本书用到的主要概念，接着梳理了：（1）委托代理理论与 CEO 薪酬激励有效性的理论和实证文献；（2）非控股大股东治理的理论和实证文献；（3）股权性质与 CEO 薪酬（激励）的理论和实证文献。

2.1 相关概念的界定

2.1.1 CEO 薪酬激励

在定义 CEO 薪酬激励之前，本书对 CEO 薪酬的研究范围作出界定。CEO 薪酬是指 CEO 从企业获得的报酬，广义的 CEO 薪酬包括货币和非货币、短期和长期、直接和间接、显性和隐性等各种形式的报酬。鉴于中国上市公司 CEO 持有本公司权益（包括股票、限制性股票和股票期权）的现象日益普遍，并且证监会要求上市公司披露 CEO 从上市公司所领取的年薪总额（包含工资、奖金和津贴等）、CEO 年末持股以及 CEO 股权激励情况，本书研究的 CEO 薪酬包括工资、奖金和津贴等现金薪酬，CEO 已持股票和获授的限制性股票产生的股票类薪酬，以及 CEO 获授的股票期权产生的期权类薪酬。

在 CEO 行动难以观测或监督 CEO 的成本较高时，股东常通过 CEO 薪酬契约设计将 CEO 薪酬与公司业绩相挂钩以激励 CEO 努力（Hart，1995），其中 CEO 薪酬—业绩敏感性是与公司业绩相联系的 CEO 薪酬变动，反映了 CEO 薪酬与公司业绩联系的紧密程度。因此，本书将 CEO 薪酬—业绩敏感性作为 CEO 薪酬激励的主要度量指标。

2.1.2　非控股大股东

非控股大股东是指除控股股东以外的其他大股东。非控股大股东对公司的所有权同时赋予了其参与公司财产分红的现金流权和参与公司决策的投票权（Fang et al.，2018；Hui and Fang，2021）。现有的理论和实证研究曾使用非控股大股东的绝对制衡指标、相对制衡指标、存在性和数目指标分析了非控股大股东的治理作用（Attig et al.，2009；Bennedsen and Wolfenzon，2000；Cheng et al.，2017；Fang et al.，2018；Maury and Pajuste，2005；郝阳和龚六堂，2016）。鉴于此，本书基于非控股大股东的现金流权和投票权从非控股大股东绝对制衡、相对制衡、存在性和数目三个方面系统地研究了非控股大股东在 CEO 薪酬激励中发挥的治理作用。

2.1.3　股权性质

企业的股权性质，有时也被称为产权性质或控股股东性质，通常是根据控股股东的终极控制权性质来确定的（Liao et al.，2014；杨记军等，2010）。因此，本书根据控股股东的终极控制权性质的不同，将中国上市公司划分为国有股权性质企业（简称为国有企业）和民营股权性质企业（简称为民营企业），其中前者的终极控制人为政府主体，后者的终极控制人为民营主体。

2.1.4　国有企业混合所有制改革

国有企业混合所有制改革是指国有企业产权向私人部门转移，在此过程中，原国有企业内部的国有资本部分或全部退出，企业通过收购、租赁等形式实现股权多元化和产权民有。在实证研究中，学者们通常将国有企业混合所有制改革定义为企业的终极控制人由政府主体（包括中央政府和地方政府）变更为民营主体（个人和民营机构投资者），也即控股股东的终极控制权性质由国有转变为民营（Wang et al.，2008；Fang et al.，2017；Gan et al.，2018；白云霞和吴联生，2008；杨记军等，2010；唐松等，2017）。虽然有些学者认为，国有企业混合所有制改革不一定伴随控制权的转移（Sun and Tong，2003；Li et al.，2011；Liao et al.，2014），但从国有企业混合所有制改革的实践来看，其核心仍是产权制度的变革，形式上则主要表现为终极控制权性质的转变。因此，本书讨论的国有企业混合所有制改革主要是指企业终极控制权性质由国有变为民营。

2.2　委托代理理论与 CEO 薪酬激励的研究

2.2.1　委托代理理论与 CEO 薪酬激励有效性的判断

现代公司制度下企业的所有权与经营权相分离，委托代理关系普遍存在。通常来说，委托人与代理人之间存在信息不对称，代理人能够有效控制公司，处于信息优势；委托人不能对代理人进行完全监督或者监督的成本高昂，处于信息劣势。当代理人和委托人利益并不完全一致时，代理人有动机为自身利益作出损害委托人利益的行为，由此产生委托代理问题。委托代理理论认为，CEO 薪酬契约设计可以通过协调股东和高管之间的利益来减少代理冲突，其中基于股东财富的 CEO 薪酬激励能够增强股东与 CEO 之间利益共享和风险共担，进而成为缓解股东—CEO 委托代理问题的重要途径之一（Jensen and Meckling，1976）。

在委托代理理论的基础上，以霍尔姆斯特伦（Hölmstrom，1979）以及霍尔姆斯特伦和米尔格罗姆（Hölmstrom and Milgrom，1987）等为代表的学者们建立了委托代理模型，并提出 CEO 薪酬激励的理论推断，其中最基本、最关键的三个推断为：（1）CEO 薪酬与公司业绩正向相关，即正的 CEO 薪酬—业绩敏感性；（2）CEO 薪酬激励随公司风险递减，即 CEO 薪酬激励与风险相权衡；（3）CEO 薪酬契约在评估 CEO 时应剔除公司收益中的行业或市场成分，即相对业绩评价。这三个基本推断常被用于 CEO 薪酬激励有效性的判断。

2.2.2　准则一：CEO 薪酬—业绩敏感性

1. CEO 薪酬—业绩敏感性的理论基础。基于委托代理理论，霍尔姆斯特伦（Hölmstrom，1979）构建的委托代理模型为基于公司业绩的 CEO 薪酬激励提供了理论解释，霍尔姆斯特伦和米尔格罗姆（Hölmstrom and Milgrom，1987）建立的跨期激励模型肯定了 CEO 薪酬—业绩敏感性度量 CEO 薪酬激励的合理性。具体地，霍尔姆斯特伦在米尔利斯（Mirrlees，1974、1976）模型的基础上进行了延伸，回答了缓解委托代理冲突的两个关键问题。即：什么时候可以利用关于代理人行为的不完全信息来改进契约？如何利用这些附加的信息？并发现在信息不对称条件下，关于代理人行动的任何附加信息都可以用来改善委托人和代理人的福利。这为实践中契约对不完全信息的广泛使用，如向 CEO 提供基于公司业绩的薪酬激励提供了理论解释。鉴于公司业绩是反映代理人行动的重要不完全信息，本书主要分析了 CEO 薪酬契约实践中对公司业绩指标的使用。

霍尔姆斯特伦和米尔格罗姆（Hölmstrom and Milgrom，1987）讨论了连续时间状态下常数风险厌恶代理人的跨期激励最优化问题，模型结果显示最优激励契约并不总是用到所有的可得信息，在代理人行动自由的跨期激励问题中，线性薪酬激励契约是最优的。这从理论上肯定了使用 CEO 薪酬—业绩敏感性分析 CEO 薪酬激励的合理性，为实证研究中采用 CEO 薪酬与公司业绩线性关系指标——CEO 薪酬—业绩敏感性度量 CEO 薪酬激励奠定了理论基础。

2. CEO 薪酬—业绩敏感性的实证研究。大多数中外实证数据已经证实了 CEO 薪酬—业绩敏感性的存在，但 CEO 薪酬—业绩敏感性水平的高低在不同国家和不同时期有所差异。自 20 世纪 80 年代起，国外学者们试图将高管现金薪酬的变化与公司股票收益相联系以量化高管薪酬激励（Murphy，1985；Coughlan and Schmidt，1985）。尽管部分研究发现高管现金薪酬与股票收益之间存在显著的正相关关系，但是他们仅关注高管现金薪酬的做法可能系统地低估了高管薪酬激励水平（Benston，1985）。因为美国上市公司的高管持有大量的本公司股票和股票期权，这些权益工具把高管的财富与公司股价表现直接挂钩，是高管薪酬（激励）的重要来源之一。为此，詹森和墨菲（Jensen and Murphy，1990）首次整合了工资、奖金、内部持股价值变动、期权价值变动和离职威胁产生的激励，基于 1974～1986 年美国大型上市公司高管薪酬数据重新度量了 CEO 薪酬—业绩敏感性。他们的实证研究表明股东财富每增加 1 000 美元所带来的 CEO 财富增加为 3.25 美元，即 CEO 薪酬—业绩敏感性为 0.325%。据此詹森和墨菲（Jensen and Murphy，1990）认为，CEO 薪酬与公司业绩的实证关系虽然为正并且在统计上显著，但相对于 CEO 激励薪酬的重要作用来说激励水平还是太低。

针对詹森和墨菲提出的 CEO 薪酬激励不足的观点，霍尔和利布曼（Hall and Liebman，1998）提出了异议，其理由主要有两个：第一，20 世纪 80 年代和 90 年代美国上市公司权益报酬的增长，特别是期权报酬的增长，增强了 CEO 薪酬与公司业绩之间的联系；第二，詹森和墨菲（Jensen and Murphy，1990）仅采用了一种 CEO 薪酬—业绩敏感性的度量方式——股东财富美元变动带来的 CEO 财富美元变动，即"美元—美元"激励，然而，由于《财富》500 强公司市值十分庞大，即使是较低的"美元—美元"激励，与股东财富变动相关的 CEO 财富变动也可能金额巨大。因此，霍尔和利布曼基于 1980～1994 年美国上市公司高管薪酬数据，采用"美元—美元""美元—百分比"等多种方法重新度量了 CEO 薪酬—业绩敏感性。他们的实证结果显示：在公司业绩 10th 分位数（90th 分位数）处的 CEO 总薪酬中值为 -43.5 万美元（860 万美元），即公司业绩从 10th 分位数到 90th 分位数，CEO

总薪酬中值的差距高达 900 万美元；股东财富增加 10% 所带来的 CEO 总薪酬增加为 125 万美元，约为相应 CEO 现金薪酬增加（2.34 万美元）的 53 倍。虽然霍尔和利布曼的实证结果表明 CEO 财富变动与股东财富变动紧密相连，但仍无法有效论证 CEO 薪酬—业绩敏感性的充分性。

埃德曼斯等（Edmans et al. , 2017）基于美国上市公司数据的实证结果显示，在标准普尔 500（Standard and Poor 500）大公司，1992 年和 2014 年的 CEO 薪酬—业绩敏感性分别为 0.37% 和 0.34%。该数值在标准普尔 400 中型股（Standard and Poor MidCap 400）公司和标准普尔 600 小型股（Standard and Poor SmallCap 600）公司更高，其中 2014 年标准普尔 400 中型股（Standard and Poor MidCap 400）公司和标准普尔 600 小型股（Standard and Poor SmallCap 600）公司的 CEO 薪酬—业绩敏感性分别为 0.61% 和 1.26%。

关于中国上市公司高管薪酬激励水平的研究，学术界较为普遍的共识是股权分置改革之前高管薪酬激励不足。这主要是因为早期的中国上市公司大多是由国有企业改制形成的，高管"零报酬"和"零持股"的现象十分常见，高管薪酬对公司业绩几乎不具有敏感性（陈冬华等，2005；陈胜蓝和卢锐，2012）。魏刚（2000）使用 1998 年上市公司年报数据，实证检验发现高管现金薪酬与上市公司的经营业绩之间并不存在显著的正相关关系，高管持股也没有达到预期的激励效果，反而更像是一种福利制度安排。李增泉（2000）也发现中国上市公司 CEO 的现金薪酬与公司业绩的相关性较弱，但是与公司规模紧密关联，并呈现出明显的地区性差异。同时，他们还指出，当时的 CEO 持股比例普遍偏低，未能发挥其应有的激励作用。弗斯等（Firth et al. , 2006）基于 1998 ~ 2000 年中国上市公司高管现金薪酬数据，实证研究发现，中国上市公司 CEO 薪酬—业绩敏感性无论是在统计上还是在经济意义上都相对较弱，即使在 CEO 薪酬—业绩敏感性最高的中央国有企业，公司营运利润每增加 1 000 元，CEO 薪酬仅增加 0.876 元，相应的 CEO 薪酬—业绩敏感性为 0.0876%。

自 2005 年股权分置改革以来，我国上市公司的股票流通性逐渐增强，公司治理机制得到改善，CEO 薪酬与公司业绩之间的联系也有所增强。方军雄（2009）以 2001～2007 年我国上市公司为样本的实证研究显示，我国上市公司的高管薪酬具有显著为正的薪酬—业绩敏感性。苏冬蔚和熊家财（2013a、2013b）使用 2005～2011 年我国 A 股非金融上市公司数据的实证结果也表明我国上市公司高管薪酬与公司业绩之间存在显著的正相关关系。此外，他们的实证研究还发现，股票流动性能够提升 CEO 薪酬对股价的敏感性（苏冬蔚和熊家财，2013a），而大股东掏空则会削弱 CEO 薪酬与公司业绩之间的联系（苏冬蔚和熊家财，2013b），这也初步表明股权分置改革后 CEO 薪酬—业绩敏感性的增强可能与股票流动性的提升和公司治理的改善有一定的联系。

2.2.3　准则二：CEO 薪酬—业绩敏感性随公司风险递减

1. CEO 薪酬激励与公司风险权衡的理论基础。在线性薪酬激励准则下，霍尔姆斯特伦和米尔格罗姆（Hölmstrom and Milgrom，1987）建立跨期激励模型并求解了风险厌恶代理人的最优化问题，得到以下薪酬激励机制方程：

$$S(z) = k\mu(z - \mu) + \left(\frac{r}{2}\right)k^2\mu^2\sigma^2 + \left(\frac{k}{2}\right)\mu^2 \qquad （公式 2 - 1）$$

其中，z 为可观测的信号，S(.) 为代理人薪酬的线性方程，委托人期望收益为 $\mu - S(\mu)$。那么，关于 μ 最大化委托人期望收益，即可获得代理人激励的次优解：

$$\alpha^* = \left(\frac{1}{1 + rk\sigma^2}\right) \qquad （公式 2 - 2）$$

其中，α^* 为风险厌恶代理人的最优薪酬激励，σ^2 为不确定性或风险。据此，霍尔姆斯特伦和米尔格罗姆（Hölmstrom and Milgrom，1987）的模型解给出了 CEO 薪酬激励与公司风险关系的理论推断——风险厌恶型代理人的最优薪酬激励会随公司风险的增加而减少。盖伦（Garen，1994）从委托代理模型比较静态分析的角度，将上述关系更直观地解释为 CEO 薪酬激励契约的制定理论上应体现出薪酬激励与公司风险的权衡。在此基础上，盖伦（Garen，1994）考虑到 CEO 能通过选择风险水平不同的风险投资影响公司收益波动，还进一步建立了调整的委托代理模型，该模型显示 CEO 薪酬—绩效敏感性与可行投资集风险负向关联。上述理论模型研究为实证研究中 CEO 薪酬激励与公司风险关系的检验提供了理论支撑。

2. CEO 薪酬激励与公司风险权衡的实证研究。大多数基于美国上市公司的实证研究结果支持了 CEO 薪酬激励随公司风险递减的理论推断，而对于中国上市公司 CEO 薪酬契约是否存在激励与风险权衡的问题，还尚待进一步的检验和讨论。在基于美国上市公司数据的实证研究中，阿加沃尔和萨姆维克（Aggarwal and Samwick，1999a）采用公司收益方差衡量公司风险，实证检验了公司风险与 CEO 薪酬激励的关系，发现 CEO 薪酬—业绩敏感性随公司风险递减。为便于计算公司风险分布任意分位数处的 CEO 薪酬—业绩敏感性，阿加沃尔和萨姆维克（Aggarwal and Samwick，1999a）将收益方差累计分布函数纳入回归方程。整理后的回归结果表明，收益方差最小处公司的 CEO 薪酬—业绩敏感性在数量级上大于收益方差最大处公司的 CEO 薪酬—业绩敏感性，意味着不考虑公司收益方差可能会严重低估真实的 CEO 薪酬—业绩敏感性（即在公司收益方差条件下的 CEO 薪酬—业绩敏感性）。

值得注意的是，CEO 可能会根据他们公司特定资产的风险特征来调整他们外部投资组合持有量，以对冲持有公司特定资产带来的部分风险。由于 CEO 薪酬激励的主要成本是其产生的不可分散风险，公司风险的不同组成部分对 CEO 薪酬激励水平的影响可能存在差异。因此，金（Jin，2002）将公司总风险分解为市场风险和公司特定风险，并在 CEO 可以／不可以进行市场组合交易两种不同的情形下，讨论了公司风险的不同组成部分对 CEO 激励水平的影响。得到实证结果与理论推断相一致：当 CEO 不能进行市场组合交易时，CEO 薪酬激励水平随企业特定风险递减，而市场风险对 CEO 薪酬激励水平影响的方向没有一致性结论；当 CEO 不能进行市场组合交易时，

CEO 薪酬激励水平随企业特定风险递减，而市场风险对 CEO 薪酬激励水平没有显著影响；当 CEO 卖空受到相关法律约束时，CEO 薪酬激励水平会同时随市场风险和企业特定风险递减。

进一步地，曹和王（Cao and Wang，2013）把委托代理问题引入搜索理论，借助搜寻模型研究了市场均衡条件下的高管薪酬问题。模型结果显示：即使 CEO 风险中性，其最优的薪酬—业绩敏感性也小于 1；在均衡状态下，CEO 薪酬—业绩敏感性与异质性风险正相关，与系统性风险负相关。同时，他们还基于 1992~2009 年美国上市公司高管薪酬数据的实证检验了上述理论推断，结果符合其理论预期。

考察中国上市公司 CEO 薪酬契约是否存在激励与公司风险权衡的实证研究极少。大多数文献从 CEO 薪酬激励经济后果的角度探讨了中国上市公司 CEO 薪酬激励与公司风险承担的关系，如胡国强和盖地（2014）分析了中国民营企业高管股权激励对银行信贷决策的影响，王栋和吴德胜（2016）发现股权激励的 Vega 与公司风险承担水平显著正相关。但鲜有文献从委托代理模型的比较静态分析的角度，探究中国上市公司风险与 CEO 薪酬激励的关系。

2.2.4　准则三：CEO 薪酬—业绩敏感性中的行业或市场调整

1. CEO 薪酬激励中相对业绩评价的理论基础。霍尔姆斯特伦（Hölmstrom，1982）建立的包含多个代理人的委托代理模型显示，CEO 难以通过自己的行为影响整个行业或市场，但承担行业风险或市场风险的成本高昂。由此霍尔姆斯特伦认为，在使用公司业绩评估 CEO 表现时，应剔除其中包含的行业或市场成分，这种行业或市场的调整被称为相对业绩评价（relative performance evaluation，RPE）。进一步地，霍尔姆斯特伦和米尔格罗姆（Hölmstrom and Milgrom，1987）在基本委托代理模型中加入了除可观测信号（z，通常指公司业绩）之外的附加可观测信号（y，可理解为行业或市场业绩）。通过求解包含两个可观测信号的跨期激励模型，霍尔姆斯特伦和米尔格罗姆得到了代理人薪酬（s(z,y)）与两个可观测信号之间的关系，其中代理人薪酬与附加可观测信号（y）相关性的符号取决于代理人薪酬 s(z,y)与可观测信号 z 的关系以及两个可观测信号之间相关性的符号（ρ），进而给出了 CEO 薪酬激励中相对业绩评价的理论推断。以上理论模型分析为 CEO薪酬激励中相对业绩评价的实证检验提供了理论支持。

2. 实证研究。虽然从理论上相对业绩评价能够缓解股权激励薪酬带来的CEO 行业风险或市场风险暴露问题，但是中外学者们关于相对业绩评价在CEO 薪酬契约实践中是否得到充分的体现，尚未达成一致结论，特别是中国上市公司 CEO 相对业绩评价的相关文献甚少，有待进一步研究和探讨。在早期基于美国上市公司数据的实证研究中，相对业绩评价的经验证据较弱。詹森和墨菲（Jensen and Murphy，1990）在回归方程中同时加入公司业绩、行业业绩和市场业绩，回归结果显示行业业绩和市场业绩的回归系数并不显著，据此认为相对业绩评价似乎并不是 CEO 薪酬激励的重要来源。霍尔和利布曼（Hall and Liebman，1998）实证结果表明，与不包含相对业绩评价成分的股票和股票期权价值变动产生的薪酬——业绩敏感性相比，直接薪酬（包括现金薪酬、限制性股票和股票期权授予价值）产生的相对业绩评价微不足道，进而认为 CEO 薪酬契约缺乏相对业绩评价。

针对实证研究反映出的相对业绩评价缺失问题，阿加沃尔和萨姆维克（Aggarwal and Samwick，1999b）研究了不完全竞争产品市场（古诺竞争）条件下的高管薪酬契约，并从公司间策略互动的角度解释了 CEO 相对业绩敏感性缺失的可能原因：为缓解产品市场竞争，最优契约均赋予本公司业绩和对手公司业绩以正的权重。他们通过进一步的实证检验，得到了本公司CEO 薪酬与对手公司业绩之间的正相关性随行业竞争程度递增的经验证据。加维和米尔伯恩（Garvey and Milbourn，2003）从实践出发，指出受短期交易和财富约束限制，CEO 对冲行业或市场风险的成本高昂；同时，契约订立和信息处理、按行业或市场指数调整薪酬带来非预期 CEO 更替等成本，使得公司实施相对业绩评价需要付出昂贵的代价。据此，加维和米尔伯恩（Garvey and Milbourn，2003）认为实践中的相对业绩评价反映了公司提供行业或市场风险保障能力与 CEO 个人对冲市场风险能力的相对比较优势，并通过实证数据证实了该观点。

上述研究均假定 CEO 薪酬契约完全是由事前有效契约安排决定的。加维和米尔伯恩（Garvey and Milbourn, 2006）指出现实中 CEO 薪酬契约并不完全是事前确定的，而通常是由董事会下的薪酬委员会在年终确定的。如果 CEO 能够对自己的薪酬制定产生一定的实质影响，那么管理者自利会促使他们仅在有利情况下（也即当基准下降时）才会选择使用基准调整的业绩、剔除薪酬中的外生影响。基于 1992 ~ 2001 年美国上市公司 CEO 薪酬数据，加维和米尔伯恩（Garvey and Milbourn, 2006）以行业为基准实证检验发现，与运气变好时 CEO 因运气获得的薪酬增加相比，运气变差时 CEO 因运气而遭受的薪酬下降显著更少。平均来说，CEO 差运气带来的薪酬损失比好运气带来的薪酬收益少了 25% ~ 45%。

在近期的研究中，安东等（Antón et al., 2020）选取 1994 ~ 2013 年标准普尔 1500 股（Standard and Poor 1500）和其他 500 家上市公司，基于阿加沃尔和萨姆维克（Aggarwal and Samwick, 1999b）的模型实证检验了 CEO 薪酬的相对业绩评价。回归结果显示，CEO 薪酬与本公司业绩显著正相关，与对手公司（同年份同行业的其他样本公司）的业绩显著负相关，并且本公司业绩回归系数与对手公司业绩回归系数的绝对数值较为相近，进而初步证实了相对业绩评价在 CEO 薪酬契约中使用。

讨论中国上市公司的 CEO 薪酬契约是否体现相对业绩评价的实证研究相对较少。肖继辉和彭文平（2010）认为中国上市公司的业绩受宏观环境、政府政策等外部因素的影响较大，而不仅取决于 CEO 努力带来的边际生产力。杨青等（2014）使用 2005 ~ 2011 年中国上市公司数据实证检验发现，我国 CEO 薪酬存在显著的"幸运支付"现象，即 CEO 获取的薪酬不完全是 CEO 努力的回报，还部分取决于 CEO 无法控制的"幸运"因素，例如良好的行业景气等。从数值上看，CEO 薪酬对"幸运业绩"的敏感性与对公司业绩的敏感性较为接近。

2.3 非控股大股东治理作用的研究

2.3.1 大股东治理的"呼吁"和"退出"理论

赫希曼（Hirschman，1970）研究企业、组织和国家衰退时，提出了"呼吁"（voice）和"退出"（exit）理论，这为非控股大股东治理的相关研究提供了理论基础。已有的大股东治理理论模型提出了大股东参与公司治理的两个主要机制：第一，通过对公司的经营管理进行主动干预直接参与公司治理，也即通常所说的"呼吁"（voice），与其相关的理论推动了激进主义决定因素和后果的研究；第二，通过出售股票或出售股票的威胁应对 CEO 的不良表现间接参与公司治理，也即通常所说的"退出"（exit）或"退出威胁"（threat of exit），与其相关的理论将企业融资与资本市场定价相联系，为大股东与金融市场之间的互动提供了新的实证证据（Edmans，2014；Edmans and Holderness，2017）。

1. 大股东"呼吁"。大股东"呼吁"过程中存在标准的"免费搭车"问题：实施监督的大股东将承担所有的监督成本，但只能按其持股份额获取部分的监督收益。埃德曼斯和霍尔德尼斯（Edmans and Holderness，2017）将伯利和米恩斯（Berle and Means，1932）强调的"免费搭车"问题模型化以分析大股东"呼吁"，大股东进行"呼吁"的充分必要条件 $c \leqslant c_{0,\text{gen}}^* \equiv \alpha \Delta \underline{V}^\gamma$，其中，$\alpha$ 为大股东持股份额，Δ 为"好"公司与"差"公司之间公司价值的差异，c 为行动成本 $\tilde{c}$ 的实现值。该条件表明，当且仅当监督成本不大于成本阈值 $c_{0,\text{gen}}^*$ 时，大股东会进行"呼吁"，并且大股东监督会随成本阈值 $c_{0,\text{gen}}^*$ 的提升而增加。同时，由于持有更多股份的大股东内部化了更多的监督收益（Shleifer and Vishny，1986），成本阈值 $c_{0,\text{gen}}^*$ 会随大股东持股份额的增加而提升，进而大股东监督也会随着持股份额的增加而增加。

麦卡里等（McCahery et al.，2016）使用机构投资者调查数据提供了大股东通过具体渠道实施干预的实证证据，（按照频率为顺序）包括表明大股东参与高级管理层讨论、投票反对管理层、参与管理层以外的董事会讨论、向管理层提出明确的诉求以及在电话会议上积极地询问管理层。他们的研究直接证实了大股东干预普遍存在并且方式多样，同时，他们还指出"退出"作为大股东治理机制的补充手段通常发生在干预之后。埃德曼斯和霍尔德尼斯（Edmans and Holderness，2017）基于美国上市公司大股东的研究数据显示，47%（86%）的大股东（自然人大股东）在公司担任职务，这也间接地说明了大股东经营管理的干预十分常见。

在非控股大股东治理研究背景下，"呼吁"机制是指非控股大股东对公司内部事务的直接干预，例如，通过公开的股东大会提案或与管理层的私下沟通对公司的管理和战略提出建议，或通过投票反对或支持相关提案的执行。较早期的大多数非控股大股东治理理论研究集中于"呼吁"机制的分析（Grossman and Hart，1980；Shleifer and Vishny，1986）。

鉴于非控股大股东持有较多的公司股份，上述大股东"呼吁"模型从理论上阐述了非控股大股东的公司治理动机，为非控股大股东绝对制衡指标的选取提供了理论依据，并且还为非控股大股东"呼吁"机制的实证分析奠定了理论基础。

2. 大股东"退出"及"退出威胁"。埃德曼斯和霍尔德尼斯（Edmans and Holderness，2017）指出，由于以下原因大股东直接干预的许多形式对部分大股东来说可能难以实施：第一，一些大股东的竞争优势可能在于挑选股票，而不是发起代理权争夺战或提供公司战略建议；第二，即使大股东拥有专业知识，大股东成功的干预也可能十分困难；第三，大股东的持股份额可能无法达到成本阈值的最低持股份额要求。

埃德曼斯（Edmans，2009）探究了在无法干预企业经营管理的情况下大股东治理的实施，并建立理论模型分析了大股东治理的"退出"机制——如果 CEO 或控股股东存在破坏公司价值的行为，非控股大股东抛售公司股票"用脚投票"，通过压低公司股价对 CEO 和控股股东进行事后惩罚，从而促使 CEO 和控股股东在事前采取最大化公司价值的行为。并且，埃德曼斯

（Edmans，2009）在模型中还进一步分析了股票流动性对大股东"退出"的影响，发现股票流动性通过三个渠道增强了"退出"：第一，在私有信息保持不变的情况下，大股东利用其私有信息更积极地进行交易；第二，在持股份额保持不变的情况下，大股东会因可以从交易中获取更多的利益而收集更多的私有信息；第三，股票流动性允许大股东在遇到负面信息时转让更多的股票，因此，他愿购买更多的初始股份份额。

阿德玛蒂和弗莱德勒（Admati and Pfleiderer，2009）考察了大股东能否通过可置信的"退出威胁"来缓解管理者与股东之间的利益冲突。他们构建的模型表明，"退出威胁"通常能够降低代理成本，但额外的私有信息不一定要增强治理机制的有效性，并且"退出威胁"可能会产生完全不同的影响，这取决于代理问题是否涉及从股东角度看可取或不可取的行为。

埃德曼斯和曼索（Edmans and Manso，2011）通过模型证明，虽然多个大股东的存在可能产生"搭便车"问题，进而阻碍大股东实施干预，但也因此强化了大股东治理的"退出"机制，即通过股票交易约束管理者和控股股东。由于多个大股东的协调成本较高，他们可以通过竞争性交易，将更多的信息融入股票价格中，进而加强惩戒性交易产生的威胁，督促管理者和控股股东的行为符合股东们的利益。

上述大股东"退出"的相关模型为非控股大股东"退出"及"退出威胁"机制的实证分析提供了理论基础。此外，还为本书使用股票流动性冲击识别非控股大股东与 CEO 薪酬激励的因果关系，以及通过股票流动性对非控股大股东与 CEO 薪酬激励关系的调节作用分析非控股大股东的治理机制提供了理论支撑。

2.3.2 非控股大股东的治理作用

1. 非控股大股东与企业投融资。非控股大股东可以通过监督控股股东，抑制其对中小股东及债权人的利益侵占，缓解控股股东与中小股东及债权人间的利益冲突，进而影响融资约束和成本。戈麦斯和新星（Gomes and No-

vaes，1999）的模型显示非控股大股东可以监督控股股东，从而改善中小股东保护。阿蒂格等（Attig et al.，2008）基于 8 个东南亚国家和地区与 13 个西欧国家和地区的 1 165 家上市公司数据，检验了多个大股东股权结构对股权融资成本的影响，发现公司股权融资成本随着多个大股东的存在、多个大股东数量和投票权的增加而降低。进一步的区域分析表明，在具有一定外部制度环境缺陷的东亚企业，多个大股东股权结构在抑制控制权私有收益和减少信息不对称等方面发挥着更重要的治理作用。

在中国上市公司"一股独大"的特殊背景下，控股股东掏空问题尤为严重（Jiang and Kim，2020），非控股大股东监督显得十分重要。姜付秀等（2017）基于 2000～2014 年中国上市公司数据的实证检验发现，多个大股东对企业融资约束具有显著的影响。进一步的实证研究显示，非控股大股东对控股股东掏空行为的抑制是缓解企业融资约束的重要途径，并且在非控股大股东监督动机和能力更强以及信息和法律环境更好的公司，企业融资水平显著更低。王运通和姜付秀（2017）从债务融资成本视角研究了非控股大股东的治理作用。他们以 2003～2014 年中国上市公司为样本实证研究发现，多个大股东公司的债务融资成本显著低于单个大股东公司，并且在大股东更容易发挥监督作用时（公司信息和法律环境更好），多个大股东降低债务融资成本的作用更为明显。

姜付秀等（Jiang et al.，2018）基于 2000～2014 年中国 A 股上市公司数据，通过比较多个大股东公司和单个大股东公司的投资效率，探究了多个大股东在公司投资决策中的治理作用，发现多个大股东的存在和权力与更高的投资效率显著相关联。进一步探究多个大股东的治理渠道，他们发现多个大股东主要通过"话语权"发挥治理作用，并倾向于降低潜在过度投资和提高未来投资绩效。此外，他们的实证结果还显示，多个大股东对投资效率的影响在治理能力较强、信息不对称程度较低的企业并不显著。据此，他们认为多个大股东在企业投资中能够降低代理成本、缓解信息不对称，发挥一定的治理作用。

此外，也有学者指出多个大股东的存在可能导致"过度监督"，减少长远来看能为公司创造价值的行为。朱冰等（2018）在研究多个大股东股权结构对企业创新影响时发现，多个大股东会降低企业风险承担和对创新失败的容忍度，进而对企业创新产生抑制作用。而独立董事机制在一定程度上能够缓解这种非控股大股东"过度监督"对企业创新造成的负向影响。

2. 非控股大股东与股利支付。CEO 或控股股东可能利用公司可自由支配的现金流攫取公司财富或过度投资，由于股利支付可以减少控股股东和 CEO 可自由支配的现金流，所以常被用来表示股东与 CEO 之间、控股股东与其他股东之间代理冲突的严重性（Jensen，1986；La Porta et al.，2000；Gugler and Yurtoglu，2003）。非控股大股东可能会对上述两类代理冲突产生一定的影响，从而公司股利支付情况也会发生相应的变化。法乔等（Faccio et al.，2001）指出在"裙带资本主义"特征明显的西欧企业和主要由家族控制的东亚企业，突出的代理问题是控股股东侵占其他股东，并基于公司股利提供了相应的实证证据。他们发现多个大股东的出现显著增加了西欧企业的股利支付，但却显著降低了东亚企业的股利支付。这些结果初步表明西欧企业的非控股大股东发挥了监督作用，从而抑制了控股股东侵占；东亚企业的非控股大股东通常与控股股东合谋，进一步加剧了控股股东侵占。古格勒和于尔托格鲁（Gugler and Yurtoglu，2003）基于租金提取假说检验了德国大型公司大股东持股与股利支付的关系，发现第二大股东持股比例（第一大股东持股比例）越高的公司股利支付率越高（越低），进而肯定了第二大股东在公司股利支付方面发挥的治理作用。

姜付秀等（Jiang et al.，2019）指出，当非控股大股东难以通过掏空等活动攫取公司财富时，可能需要分红来满足他们的现金流需求，因而非控股大股东之间可能相互合作促使公司支付股利。为检验该假设，他们研究了中国 A 股上市公司多个大股东与股利支付的关系，发现有多个大股东的公司更可能支付股利，并且股利支付水平更高。进一步的研究表明，当控股大股东需要与非控股大股东共同控制股利支付政策或者非控股大股东具有相同身份时，股利支付的可能性和股利支付水平均相对更高，从而支持了法乔等（Faccio et al.，2001）的观点。

3. 非控股大股东与公司风险。为规避风险放弃部分高风险且净现值为正的投资机会不利于实现公司价值最大化目标（余明桂等，2013）。非控股大股东可以通过监督控股股东和 CEO 的风险规避行为，对公司风险承担产生一定的影响。迪特玛等（Dittmar et al.，2007）研究公司治理与现金持有关系时发现，控股股东所采取的低风险财务杠杆策略致使公司持有过多的现金，但是非控股大股东会对控股股东的这种风险规避行为进行监督，从而降低公司过度持有现金可能性。法乔等（Faccio et al.，2011）分析大股东多元化与公司风险关系时发现，在控股股东与非控股大股东并存的企业则更倾向于实施净现值为正的高风险项目。王美英等（2020）探究了混合所有制改革背景下，多个大股东股权结构与公司风险承担的关系。他们的实证结果显示，在国企混改过程中引入其他大股东，特别是民营大股东，能够增强对控股股东和管理者的监督，从而提升企业的风险承担。高磊等（2020）的实证研究也表明，非控股大股东对公司风险承担具有显著的正向影响，他们还进一步通过中介效应检验发现，非控股大股东对企业风险承担正向影响将反映在企业的价值中。

姜付秀等（2018）从公司股价崩盘风险的视角分析了非控股大股东对控股股东的监督作用。他们以 2000～2015 年中国 A 股上市公司为样本的实证研究发现，非控股大股东能够抑制控股股东信息操纵，降低公司未来股价崩盘风险。进一步探究其作用机理发现，在非控股大股东制衡能力更强、控股股东信息操纵动机更强、治理机制更弱的样本公司，非控股大股东的上述监督效果更为明显。

4. 非控股大股东与高管薪酬。高管薪酬契约是缓解股东与 CEO 之间委托代理问题的重要途径，因此，一些文献基于高管薪酬分析了非控股大股东对股东与 CEO 代理冲突的影响。其中，大部分文献的实证结果表明非控股大股东缓解了股东与 CEO 代理冲突。科尔等（Core et al.，1999）基于美国上市公司样本实证研究发现，外部大股东与更低的 CEO 薪酬水平相关联。类似的，恰奥查里亚和格林斯坦（Chhaochharia and Grinstein，2009）也发现，美国证监会对董事会独立性要求导致 CEO 薪酬水平的降低在存在外部大股东或机构持股集中的公司下降幅度更小，进而初步表明这些大股东对 CEO 薪酬水平进行了监督。罗宏和黄婉（2020）基于高管减持行为分析了多个大股东对高管机会主义行为的治理作用。他们以中国 A 股上市公司为样本实证检验发现，多个大股东通过降低公司信息不对称缩小高管减持套利空间，进而降低高管机会主义减持的发生以及高管从减持中获利的能力。

但是也有部分学者认为非控股大股东可能会加剧股东与 CEO 之间的代理冲突。方等（Fang et al.，2018）从高管超额薪酬的视角，分析了多个大股东之间的协调成本对公司治理的影响。他们以 2005～2014 年中国 A 股上市公司为样本实证检验发现，多个大股东的存在与高管超额薪酬之间存在显著的正相关关系，并且在大股东股权性质（国有或民营）不同且投票权相近的公司，高管超额薪酬水平更高。据此，他们认为大股东之间协调摩擦降低了大股东监督效率，从而加剧了股东与高管之间的代理冲突。

5. 非控股大股东在其他方面的治理作用。已有实证文献还从其他角度探究了非控股大股东的治理作用，其中大多数实证研究结果显示非控股大股东有助于改善公司治理。阿蒂格等（Attig et al.，2013）以来自 22 个国家和地区的 2 723 家公司为样本，实证检验发现多个大股东的存在提高了公司现金持有价值，并且公司现金持有价值与大股东投票权的分散程度、第二大股东及第三大股东的相对投票权显著正相关。据此，他们认为多个大股东改善了公司的内部监督，并缓和了公司持有现金产生的代理成本。程等（Cheng et al.，2017）指出非控股大股东面临两个相互不冲突的激励：一是利用其信息优势，在公司股票交易中获得正的超额收益；二是作为有效的监督者，减少控股股东对公司财富的侵占。他们基于我国股权分置改革锁定期满的大股东抛售事件实证研究发现，非控股大股东在抛售股票时获得了正向超额收益，并且该收益与非控股大股东的信息优势正相关，验证了非控股大股东利用其信息优势获益的激励。此外，他们还发现控股大股东的正向超额收益与非控股大股东持股比例负相关，并且该负相关性在大股东与控股股东关联时显著更弱，说明非控股大股东在防止控股股东掠夺公司资源中发挥了一定的监督作用。曹等（Cao et al.，2019）基于 2008～2015 年中国 A 股上市公司的实证检验发现，多个股东与企业社会责任显著正相关，并且当控股大股东与非控股大股东的权力更均衡或股东身份相同时，该正相关性更明显。姜付秀等（2020）从控股股东股权质押的角度探究了多个大股东的治理作用，发现在控股股东股权质押后，多个大股东的存在能够抑制控股股东利益侵占、提升公司会计盈余信息含量、降低公司股价崩盘风险和被分析师降级调整的可能性，从而为非控股大股东在控股股东股权质押过程中的监督作用提供了实证支持。

然而，也有少数实证研究表明非控股大股东与控股股东之间的利益冲突可能会降低公司治理效率。姜付秀等（Jiang et al.，2020）以 2000～2017 年中国 A 股上市公司为样本，实证检验了多个大股东对盈余管理的影响，发现与单一大股东公司相比，多个大股东公司的盈余管理水平显著更高，从而支持了成本分摊假说，即非控股大股东与控股股东按比例承担盈余管理成本但并未按比例分享控制权。进一步的研究表明，多个大股东对公司盈余管理水平的正向影响在多个大股东股权性质（国有或民营）相同、非控股大股东数目更多、非控股大股东相对控股股东持股比例更高的公司更为明显。

2.3.3　大股东身份的异质性

由于不同类型大股东的治理动机和专业知识等存在差异，他们可能倾向于选择不同的治理机制，并产生不同的治理效果或经济后果（Edmans and Holderness，2017）。布里克利等（Brickley et al.，1988）的研究结果显示，当反收购修正案提案似乎损害股东利益时，机构投资者的反对更为强烈。在机构投资者中，不易受管理层影响的机构（如共同基金、基金会和养老基金）比经常从管理层控制的业务中获益的机构（如银行、保险公司和信托）更可能在投票中反对管理层。霍尔德尼斯和希恩（Holderness and Sheehan，1988）的实证结果表明，拥有公司大股东和个人大股东的公司，在投资政策、公司控制权交易频率、会计回报率和托宾 Q 等方面存在显著差异。

大量的国外实证研究检验了在大股东身份不同的情况下，非控股大股东与公司价值的关系。其中，布里克利和霍尔德尼斯（Barclay and Holderness，1991）与阿尔伯克基和施罗斯（Albuquerque and Schroth，2010）发现，当大股东身份不同时，大宗交易带来的公司价值变动存在明显差异。莫里和帕尤斯特（Maury and Pajuste，2005）发现，大股东投票权的分散程度与公司价值相关性的大小和显著性受到大股东身份的显著影响，相似身份的大股东更可能合谋进行寻租，从而对公司价值产生负向影响。蔡等（Cai et al.，2016）的实证研究显示，第一大股东与第二大股东身份的相似性会对公司价值产生显著的负向影响，进而支持了莫里和帕尤斯特（Maury and Pajuste，2005）的观点。阿蒂格等（Attig et al.，2008）在研究多个大股东对股权融资成本影响时发现，第二大股东身份是家族企业资金占用风险的重要决定因素，并进一步对公司股权融资成本产生影响。拉文和莱文（Laeven and Levine，2008）基于大股东结盟理论模型，检验了大股东身份的差异性对公司价值与股权分散程度关系的影响，发现当大股东身份（家庭、金融机构、国家或分散持有）不同时，公司价值与第一大股东和第二大股东现金流差异的负相关性会加剧，进而支持了不同类型的大股东难以结成联盟的观点。

此外，克朗奎斯特和法伦布拉赫（Cronqvist and Fahlenbrach，2008）通过识别不同类型外部大股东的固定效应，探究了大股东身份的重要性。他们发现投资和财务政策、会计业绩和高管薪酬等不同的公司变量特征均存在显著的大股东固定效应，并且这些固定效应在大股东身份是积极型股东、养老基金和公司时最强，在大股东身份是银行、基金经理和保险公司时最弱。哈德洛克和施瓦茨－兹夫（Hadlock and Schwartz-Ziv，2019）基于希梅尔贝格等（Himmelberg et al.，1999）和赫尔韦格等（Helwege et al.，2007）的股权结构模型识别了推断不同类型大股东存在的影响因素，例如规模更小、成立时间更短、风险更高、流动性更低、托宾 Q 值更低、杠杆率更高的上市公司更可能出现非金融大股东，而上述因素对于金融大股东存在的影响不明显或相反。他们还通过控制一系列影响大股东存在的变量探究了大股东之间的相互作用与多个大股东存在的关系，发现一个大股东存在于公司时，另一个大股东出现的可能性会显著降低，意味着已有的大股东会阻止新的大股东进入公司。进一步区分大股东身份，发现这种负相关关系对金融大股东和非金融大股东均适用，但是对于非金融大股东来说，这种负相关关系更强且更显著。

2.4　股权性质与 CEO 薪酬激励的研究

中国上市公司的控股股东在 CEO 薪酬契约制定中扮演着重要角色（Firth et al.，2006；Hou et al.，2016）。根据控股股东股权性质的不同，我国上市公司可被划分为国有企业和民营企业两类企业，它们在企业目标、公司行为和治理方式等方面有很大不同（Jiang and Kim，2020）。因此，大量研究比较了不同股权性质企业的 CEO 薪酬水平及其与公司业绩的关系。

2.4.1　国有企业多目标理论和预算软约束理论

国有企业多目标理论认为国有企业同时具有政治属性与经济属性，除盈利目标外还肩负着许多政治目标，例如社会公益、充分就业、社会稳定、科技发展、国际地位等（Bai et al.，2006）。这一方面可能造成国有企业多个目标之间的相互冲突，给企业带来严重的政策性负担（Lin et al.，1998；Lin and Tan，1999；林毅夫等，2004）；另一方面，也使国有企业享受着各类政府补贴和政策优惠条件。

在国有企业多目标理论的基础上，以科尔奈（Kornai，1986）为代表的预算软约束理论认为，国有企业多重目标同时存在使区分企业的"经营性亏损"和"政策性亏损"变得十分困难，并可能进一步引发国有企业的预算软约束问题，即当国有企业遇到财务困境时，在政府的帮助下继续生存。

在中国制度环境下，林毅夫等（1998）、林与谭（Lin and Tan，1999）和林毅夫等（2004）指出，同时赋予国有企业政治和经济等方面的多重任务，可能造成企业多个目标之间的相互冲突，给企业带来严重的政策性负担，在损害企业利益的同时，还会阻碍企业的自由发展。

也有部分学者认为国有企业的存在有助于企业和社会的发展。白重恩等（2006）从国有企业多目标理论出发，实证检验了就业与国有企业改革的关系，指出中国的国有企业和民营企业并存可能是当时条件下的一种次优安排，有助于同时维护社会稳定和商业发展。

此外，由于国有企业的所有者是全体人民，他们并不能真正行使国有资产所有者的职能，这将导致企业出资人和责任主体的缺位，进而产生国有企业的所有者缺位等问题（刘远航，2003）。

2.4.2　股权性质与 CEO 薪酬激励的关系

1. 股权性质与 CEO 薪酬（激励）的关系。多数实证研究显示，国有企业 CEO 的薪酬水平相对更低，CEO 薪酬与公司业绩的联系相对更弱。其中，弗斯等（Firth et al.，2007）以 1998～2000 年中国上市公司为样本，使用报酬期最高的高管现金薪酬衡量 CEO 薪酬，实证发现国有企业 CEO 的薪酬水平显著更低，CEO 薪酬与公司业绩的联系较弱，但无论是基于会计业绩还是市场业绩，不同股权性质企业的 CEO 薪酬—业绩敏感性不存在显著差异。科尼恩和何（Conyon and He，2011）基于 2001～2005 年 A 股上市公司样本，以前三名高管的现金薪酬总和衡量 CEO 薪酬，实证检验发现国有企业的 CEO 薪酬水平和薪酬—业绩敏感性都显著更低。曹等（Cao et al.，2011）探讨了不同类型企业现金流权对各种衡量方法下 CEO 薪酬—业绩敏感性的影响。发现国有企业的现金流权对基于财务的薪酬绩效关系有显著影响，民营企业的现金流权对基于市场的薪酬绩效关系有显著影响。科尼恩和何（Conyon and He，2012）进一步将样本区间拓展至 2000～2010 年，使用年报公布的 CEO 个人现金薪酬和持股数据得到的实证结果显示，国有企业 CEO 的现金薪酬水平显著更低，更不可能被授予股权激励或持有本公司股票。

此外，也有少数学者认为国有企业的 CEO 激励契约可能比民营企业更看重公司业绩。其中，姜付秀等（2014）的实证研究发现，国有企业 CEO

的现金薪酬—会计业绩敏感性和解聘—会计业绩敏感性均显著高于民营企业CEO，初步证明国有企业CEO的激励契约可能更具业绩导向。

2. 企业政治目标、股权性质与CEO薪酬（激励）的关系。国有企业的双重属性使其同时肩负盈利目标和政治目标，在信息不对称条件下，企业的"经营性亏损"和"政策性亏损"难以区分，随之产生的预算软约束问题将会降低公司业绩衡量国有企业CEO努力和能力的精准性，进而削弱CEO薪酬与公司业绩的关系（Kornai，1986；Bai et al.，2006；Chaigneau et al.，2018）。此外，在收入差距较为敏感的情况下，政府为避免激化矛盾会对国有企业高管采取一定的薪酬管制施①，从而降低国有企业高管薪酬水平。

一些已有文献从政策性负担和政府补助等角度实证检验了企业政治目标、股权性质与CEO薪酬（激励）的关系。其中，薛云奎和白云霞（2008）在探究政府目标对国有企业员工规模、公司业绩及薪酬激励影响时发现，冗余雇员显著降低了国企高管的薪酬水平和薪酬—业绩敏感性。张敏等（2013）实证检验了冗余负担对高管薪酬—业绩敏感性的影响，结果表明国有企业的冗余负担显著削弱了高管薪酬与公司业绩之间的联系，但该现象在民营企业并未得到实证支持，进而初步从冗余负担的角度解释了国有企业高管薪酬—业绩敏感性相对较弱的原因。苏冬蔚和熊家财（2013a）实证结果显示，国有上市公司的股票流动性和股价信息含量均显著更低，而来自股票流动性变化的股价信息含量与CEO薪酬—业绩敏感性显著正相关。步丹璐和王晓艳（2014）则分析了政府补助对高管薪酬差距及其激励效应的影响，实证检验发现国有企业存在高管通过政府补助"伪装"业绩，增加其薪酬水平，并进一步加大其薪酬差距的现象。

3. 高管隐性收入和隐性激励、股权性质与CEO薪酬（激励）的关系。高管薪酬管制的存在促使在职消费成为国有企业高管的替代性选择，并且，对于身兼"经济人"和"政治人"的国有企业高管，晋升也成为其薪酬激

---

① 详见多部委联合下发的《关于进一步规范中央企业负责人薪酬管理的指导意见》和国资委《关于实施〈关于规范国有企业职工持股、投资的意见〉有关问题的通知》。

励的有效补充（陈冬华等，2005；罗宏和黄文华，2008；Luo et al.，2011；杨瑞龙等，2013；王曾等，2014；Jiang and Kim，2015；Cao et al.，2019）。

现有文献基于在职消费和晋升激励实证检验了隐性收入和隐性激励、股权性质与 CEO 薪酬（激励）的关系。其中，陈冬华等（2005）指出，由于国有企业的预算软约束问题，国有股东倾向于采取"一刀切"的行政级别工资制，弱化了国有企业高管的薪酬激励，并促使国有企业高管转而寻求在职消费和权力寻租等补偿机制。梁上坤和陈冬华（2014）的实证研究表明，经营不确定性是影响国有企业高管在职消费与现金薪酬关系的重要因素，当国有企业业绩较为波动时，高管在职消费能够有效降低信息不对称产生的代理成本。曹等（Cao et al.，2019）手动收集了 2005~2011 年国有企业高管薪酬数据，考察了我国国有企业 CEO 晋升激励与其薪酬政策以及企业绩效的关系。他们的实证数据显示，CEO 获得晋升的可能性与公司业绩显著正相关，并且晋升可能性较高的 CEO 具有显著更低的薪酬水平及薪酬—业绩敏感性，进而他们认为国企 CEO 的政治职位竞争有助于缓解其较弱的薪酬激励。

4. 其他实证研究。还有少部分学者从以下三个方面分析了国有企业 CEO 激励契约有效性更强的原因：

（1）随着国有企业改革的逐步推进，国有企业已初步形成基于业绩考核的 CEO 激励体系[①]（辛清泉和谭伟强，2009）；

（2）国有企业受到媒体等更强的社会监督，这在一定程度上推动了国有企业 CEO 激励契约有效性的提升（李培功和沈艺峰，2013）；

（3）国有企业控股股东获取私有收益的动机相对更弱，控股股东掏空的削弱有助于提升业绩度量的精准性，进而更有利于 CEO 激励契约的实施

---

① 2003 年代表国家依法履行出资人职责的国资委成立，随后，国资委出台的《中央企业负责人经营业绩考核暂行办法》明确提出对经理人进行任免、考核，并根据经营业绩的考核结果对经理人进行奖惩。随后国资委不断修订《中央企业负责人经营业绩考核暂行办法》，并相继出台了《中央企业负责人年度经营业绩考核补充规定》《关于进一步规范中央企业负责人薪酬管理的指导意见》等一系列政策，逐步完善企业的激励契约，健全适应现代企业制度要求的经理人选用机制和激励约束机制。

（Wang and Xiao，2011；苏冬蔚和熊家财，2013b）。

2.4.3　国有企业混合所有制改革的动因

1. 国有企业混合所有制改革动因的理论假说。目前学术界主要有四种理论来解释为什么进行混合所有制改革，包括效率假说、市场自由化假说、财政危机假说和财政分权假说。这些混合所有制改革动机的理论研究为本书在识别股权性质影响 CEO 薪酬激励过程中，对国有企业混合所有制改革决策自选择倾向的讨论以及股权性质影响 CEO 薪酬激励作用机制的探索奠定了理论基础。

（1）效率假说。在更广泛的背景下，效率假说的支持者提出制度的演变可能是为探索经济收益（North，1990），政治博弈可能导致有效的混合所有制改革（Shleifer and Vishny，1994）。在企业背景下，效率假说认为混合所有制改革的发起是因为政府决心提高国有企业的生产经营效率，以此增加财政税收（Boycko et al.，1996；Glaeser et al.，2001；王红领和李稻葵，2001；Guo and Yao，2005；宋立刚等，2006）。该理论假说为 20 世纪 90 年代中期我国政府进行的国有企业改制提供了理论支持[①]。

基于效率假说，业绩表现越差的国有企业通常与同类民营企业的差距越大，对这类国有企业进行改革的收益也就越大（Li et al.，2007）。因此，在效率假说下，业绩表现越差的国有企业被混合所有制改革的可能性越大。

（2）市场自由化假说。根据微观经济学理论，政府干预的经济理由是存在"市场失灵"（Mas-Colell et al.，1995），随着市场更加自由化，"市场失灵"等问题逐渐缓解，政府干预经济带来的经济贡献削弱（Guo and Yao，2005）。此外，还有学者指出当市场资源配置中起重要作用的时候，政府对国有企业经营管理状况的了解逐渐减少，国有企业高管掌握了企业更多的控

[①]　国有企业改制，是指国有独资企业、国有独资公司及国有控股企业（不包括国有控股的上市公司）改制为国有资本控股、相对控股、参股和不设置国有资本的公司制企业、股份合作制企业或中外合资企业。

制权（Guo，2003）。在此基础上，混合所有制改革动机的市场自由化假说认为，随着市场更加自由化，政府对国有企业进行混合所有制改革的动机增强（Boycko et al.，1996；宋立刚等，2006）。

基于混合所有制改革动机的市场自由化假说，国有企业所在地区的市场自由化程度越高，政府干预经济的收益相对越少，并且政府与国有企业之间的信息不对称程度可能越大（Guo，2003；Guo and Yao，2005）。因此，在混合所有制改革动机的市场自由化假说下，所在地区市场自由化程度越高的国有企业被混合所有制改革的可能性就越大。

（3）财政危机假说。工业化国家的混合所有制改革相关研究显示，混合所有制改革往往是由财政危机引起的（North and Weingast，1989），20 世纪90 年代中期我国国有企业的改革实践似乎也与之相符（Yao，2003）。在此基础上，混合所有制改革动机的财政危机假说认为，当国有企业成为政府财务负担时，对其采取混合所有制改革既可以为政府创造财政收入，又可以帮助政府摆脱亏损国有企业负担，从而政府有动力进行混合所有制改革（王红领和李稻葵，2001；Guo and Yao，2005；宋立刚等，2006）。

基于混合所有制改革动机的财政危机假说，国有企业财务状况较差和所在地区财政状况较差时，政府更有动力进行混合所有制改革（Guo and Yao，2005）。因此，在混合所有制改革动机的财政危机假说下，财政状况较差的城市和财务状况较差的国有企业被混合所有制改革的可能性越大。

（4）财政分权假说。财政分权赋予了地方政府相对独立的税收权力和支出责任范围，允许其自主决定预算支出规模与结构。这种财政的分散化可能会激励地方政府将经营不良的国有企业混合所有制改革，以此增加税收（Bai et al.，2006；朱恒鹏，2004；宋立刚等，2006）。因此，财政分权假说认为，财政分权的地方政府更有动力进行混合所有制改革。

基于混合所有制改革动机的财政分权假说，国有企业所在地区的地方政府财政分权时，地方政府更有动机实施混合所有制改革。因此，在混合所有制改革动机的财政分权假说下，国有企业的隶属关系越高，被混合所有制改革的可能性越小（Bai et al.，2006）。

2. 国有企业混合所有制改革动因的实证研究。学者们从不同角度对我国混合所有制改革动因进行了实证检验，得到的实证结果主要支持混合所有制改革的财政危机假说、市场自由化假说和财政分权假说，而拒绝效率假说：

（1）与效率假说相反，胡一帆等（2006）使用中国 5 个城市近 300 家国有企业 1996～2001 年间的调查数据，发现盈利能力较强、生产效率较高、固定资产规模较小、员工人数较少的公司提前被混合所有制改革；此后，在朱克朋和刘小玄（2012）对 2000～2008 年中国部分竞争性行业国有企业的退出及其主要决定因素研究中，也发现效率更高的企业更愿意选择混合所有制改革退出，而效率低的企业更有可能选择破产清算或重组方式；李和山田（Li and Yamada，2015）以 1998～2007 年中国上市公司为样本，研究了政府控制部分国企混合所有制改革的动机，发现除了控制战略行业，某些地理区域以及关联方交易中的公司外，政府还会选择和控制具有更高估值的公司，并且相对于同类民营企业雇用更多的工人。

（2）与财政危机假说相一致，朱恒鹏（2004）基于 1994～2002 年间除西藏以外的各省份数据，实证研究发现地区间竞争加剧的确会推动国有经济混合所有制改革进程，但 20 世纪 90 年代中期以地方政府积极推动混合所有制改革的主要动因来自财政方面；王红领和李稻葵（2001）以 1980～1999 年产权变动国有企业为样本探究了政府放弃国有企业产权的原因，实证研究结果效率假说的同时支持了财政危机假说。

（3）与市场自由化假说相一致，郭和姚（Guo and Yao，2005）以 1995～2001 年中国混合所有制改革国企为样本，发现混合所有制改革与公司预算约束强度和市场自由化程度正相关，而企业效率和国有企业对地方政府的金融负债并未产生显著影响；刘小玄（2005）指出控制权的再配置实际上是根据企业的不同程度的资源依赖性、市场竞争程度以及企业的发展需要来确定的。

（4）与财政分权假说相一致，黄等（Huang et al.，2017）使用 1998～2007 年中国工业企业调查数据，以三线建设为国有企业与政府距离的工具变量，发现与政府的距离越远，国有企业分权的可能性更大，并且当沟通成本更高和企业绩效异质性更高时这种距离分权联系更加明显。此外，陈仕华和卢昌崇（2017）还研究了跨体制（即跨越国有企业和私营企业两种体制障碍）联结关系国企高管对国有股权转让的影响。基于 2004～2012 年中国上市公司样本，他们发现当国有企业高管拥有跨体制联结关系时，国有企业向私营企业转让股权的可能性较大。

值得注意的是，上述分析意味着国有企业的混合所有制改革是非随机的，具有某些特征（如经营效率较高、距离政府较远、所在地区市场化程度更高）的企业更可能被混合所有制改革，使得股权性质相关研究的因果关系分析带来困难。同时，这也为本书使用混合所有制改革实践识别因果关系时，将混合所有制改革决策的自选择倾向考虑在内，通过计量模型方法缓解自选择问题奠定了基础。

2.5 简要评述

从上述理论和实证文献回顾中可以看出，已有理论和实证文献对我国上市公司国有股权性质与 CEO 薪酬激励的研究比较丰富，同时也对非控股大股东的治理作用进行了广泛的探讨。然而，在我国上市公司控股股东掏空和内部人控制问题普遍存在、市场化改革不断推进的背景下，探究非控股大股东和国有股权性质对 CEO 薪酬激励的影响，不但对于如何安排股权结构和所有权结构以缓解股东与 CEO 的代理冲突、提升 CEO 对抗潜在控股股东掏空的可能性具有现实指导意义，还能为我国高管薪酬改革和企业市场化改革政策的制定提供一些有益的借鉴，因此具有现实意义和政策含义。

虽然，已有文献对非控股大股东、国有股权性质与 CEO 薪酬激励的研究十分丰富，但仍有三个方面值得进一步探讨。

第一，尽管已有实证研究涉及中国上市公司 CEO 薪酬—业绩敏感性，然而具体度量估算时在薪酬的统计范围和度量方法上仍然存在一些问题。例如，已有大多数研究在统计 CEO 薪酬时往往只选取现金薪酬，而我们的数据显示，CEO 持有本公司股票的样本占比高达 43.69%。内部持股价值会随公司股价变动而正向变动，因而是 CEO 薪酬激励中不可忽略的一部分（Jensen and Murphy，1990；Edmans et al.，2017）。此外，继《上市公司股权激励管理办法（试行）》于 2006 年 1 月 1 日正式实施后，陆续有上市公司推出并实施限制性股票或股票期权计划，新授予的限制性股票和股票期权同样构成高管薪酬激励的一部分。已有大多数文献忽略高管持有的股票、限制性股票和股票期权的处理方法很可能导致薪酬—业绩敏感度的严重低估。再者，大多数文献关注的是年报中所披露的薪酬最高的前三位高管，然而高管团队中无论是个体对企业的影响，还是公司对个体的激励，都是存在差异的。鉴于 CEO 是公司中最重要的决策者（刘慧龙等，2010），本书以我国上市公司 CEO 为研究对象，详尽地收集并计算来自各种可能的薪酬激励机制对 CEO 提供的激励水平，为我国 CEO 薪酬激励的相关研究提供更精准的定量数据支持。在此基础上，本书进一步检验了委托代理模型对 CEO 薪酬激励的基本推断，即正的薪酬—业绩敏感性、薪酬激励与公司风险的权衡以及相对业绩评价，为我国 CEO 薪酬激励有效性的判断提供了实证证据，并为 CEO 薪酬激励指标的选取、CEO 薪酬激励能否作为股东和 CEO 利益一致性指标等提供实证支持。

第二，虽然学者们从多个方面讨论了我国上市公司非控股大股东的治理作用（Fang et al.，2018；Jiang et al.，2020；姜付秀等，2017；朱冰等，2018；罗宏和黄婉，2020），但鲜有实证文献探究非控股大股东治理在 CEO 薪酬契约中的体现。方等（Fang et al.，2018）基于前三名高管超额现金薪酬检验了多个大股东股权结构与高管超额现金薪酬的关系，却忽略了高管个体的差异以及股票、限制性股票和股票期权价值变动带来的财富变动。鉴于 CEO 是高管团队主要的决策者且非控股大股东的"呼吁""退出""退出威胁"都会直接或间接地影响 CEO 持有的本公司权益的价值（Edmans，2009；Edmans and Manso，2011；Edmans and Holderness，2017），本书基于 CEO 总薪酬—业绩敏感性检验非控股大股东对 CEO 薪酬激励的影响及其可能的作用机制，丰富了 CEO 薪酬激励影响因素文献，并拓展了非控股大股东治理的相关研究。此外，目前我国非控股大股东治理的相关研究极少详细地区分大股东身份，然而不同类型的非控股大股东可能根据自己的治理动机和专业知识选择不同的治理机制，且身份相似性不同的大股东结成同盟的可能性不同（Laeven and Levine，2008；Edmans and Holderness，2017）。本书将大股东身份的异质性考虑在内，在细致区分大股东身份的基础上，探究不同身份的非控股大股东对 CEO 薪酬激励影响以及控股股东与非控股大股东身份相似性不同时，非控股大股东对 CEO 薪酬激励影响的差异，进而为我国上市公司非控股大股东治理与大股东身份异质性的研究提供了新的证据。

第三，现有文献基于国有企业多目标理论和预算软约束理论讨论了国有股权性质对 CEO 薪酬和薪酬激励可能产生的影响，在实证上证实了国有股权性质与 CEO 薪酬和薪酬激励的相关关系，并从国有企业政治目标、高管隐性收入和隐性激励等方面展开了进一步的分析（Conyon and He，2011；Cao et al.，2019；薛云奎和白云霞，2008；张敏等，2013；步丹璐和王晓艳，2014；陈冬华等，2005；梁上坤和陈冬华，2014；姜付秀等，2014）。但是，已有研究很少涉及国有股权性质与 CEO 薪酬激励因果关系的判断，这可能部分归因于不同股权性质企业之间存在的可观测和不可观测差异给因果关系的识别带来一定的难度。鉴于厘清国有股权性质与 CEO 薪酬激励的关系对于高管薪酬改革乃至国有企业改革都十分重要，本书利用国有企业混合所有制改革实践，系统地研究国有股权性质对 CEO 薪酬激励的影响。在国有企业市场化改革的背景下，该问题的研究不但从公司治理层面揭示了国有企业市场化改革的内涵，还对高管薪酬改革政策的制定具有现实指导意义。在此基础上，本书进一步实证检验和分析国有股比例的调节作用和不同层级国有企业的异质性，能够丰富政府财政分权下不同层级国有企业代理问题的研究，为高管薪酬改革和国有企业改革政策的制定提供有益的借鉴。

第 3 章

中国上市公司 CEO 薪酬激励的有效性

　　CEO 薪酬激励能够增强股东与 CEO 之间的利益共享和风险共担，常被认为是缓解股东—CEO 委托代理问题的重要途径（Jensen and Meckling, 1976）。与之相关的 CEO 薪酬—业绩敏感性度量了 CEO 薪酬在多大程度上与股东财富相联系，是衡量 CEO 薪酬激励水平主要指标（Jensen and Murphy, 1990；苏冬蔚和熊家财，2013a）。同时，委托代理理论认为 CEO 薪酬激励水平应取决于薪酬激励和公司风险之间的权衡，并提出薪酬激励在评估 CEO 表现时应通过相对业绩评价剔除其不可控的市场或行业成分。因此，正的 CEO 薪酬—业绩敏感性、CEO 薪酬激励与公司风险的权衡以及相对业绩评价被认为是委托代理模型对 CEO 薪酬激励的基本推断，并常被用于 CEO 薪酬激励有效性的判断。

　　作为激发 CEO 积极性、增强企业活力的关键，我国上市公司的 CEO 薪酬激励受到学者和政策制定者的广泛关注。随着企业市场化改革的不断推进，我国高管薪酬制度实现了由等级工资制到岗位工资制，再到年薪制的演变。与此同时，我国高管薪酬信息披露和薪酬委员会等治理机制逐步完善，流通股与非流通股转让的制度性差异逐渐被消除，上市公司实施股权激励的规范性文件也陆续颁布，这进一步推动了我国上市公司 CEO 薪酬激励的发展。相应地，我国上市公司 CEO 的薪酬结构也发生了明显的变化，例如本章的数据显示约有 43.69% 的 CEO 样本持有本公司的股票，故已有大多数文献忽略 CEO 持有的股票、限制性股票和股票期权的处理方法可能已经不太适用于我国近期的 CEO 薪酬实践。此外，近些年媒体曝光的我国上市公司 CEO "天价薪酬"、薪酬与公司业绩倒挂等现象，让人们对我国上市公司 CEO 薪酬激励的有效性产生了质疑，但是鲜有文献对我国上市公司的 CEO 薪酬激励的有效性进行系统分析。

本章详尽收集并计算现金薪酬、内部持股、限制性股票和股票期权对 CEO 提供的薪酬激励水平，为中国上市公司 CEO 薪酬激励的相关研究提供了更精准的定量数据支持。在此基础上，本书检验了 CEO 薪酬激励实践是否符合委托代理模型的三个基本推断，即我国上市公司是否具有正的 CEO 薪酬—业绩敏感性？CEO 薪酬激励是否体现了激励与风险的权衡？CEO 薪酬激励是否体现了相对业绩评价？以期为中国上市公司 CEO 薪酬激励有效性的判断提供实证证据，并为我国高管薪酬改革政策的制定提供参考。

3.1　理论分析与研究假设

3.1.1　CEO 薪酬—业绩敏感性

上市公司股东与经理人之间的利益冲突是委托代理问题的典型。与公司业绩相挂钩的 CEO 薪酬激励，能够在约束 CEO 不良行为的同时激励 CEO 增加股东财富，进而常被认为是缓解股东—CEO 委托代理问题的主要方法之一（Jensen and Meckling, 1976; Hölmstrom, 1979; Hölmstrom and Milgrom, 1987; Garen, 1994）。与之相关的、衡量 CEO 薪酬在多大程度上与股东财富相联系的指标被称为薪酬—业绩敏感性（pay-performance sensitivity, PPS），或薪酬激励水平。

20 世纪 70～80 年代，委托代理理论模型的迅速发展为 CEO 薪酬激励提供了有力的理论支撑[①]，源自美国的实证数据也证实了 CEO 薪酬—业绩敏感

[①]　相关的理论文献如 Jensen and Meckling（1976）；Hölmstrom（1979）；Lazear and Rosen（1981）；Grossman and Hart（1983）；Hölmstrom and Milgrom（1987）；等等。

性的存在，且激励水平自 20 世纪 80 年代以来伴随着 CEO 股权类薪酬的增加而上升（Jensen and Murphy，1990；Hall and Liebman，1998；Aggarwal and Samwick，1999a；Milbourn，2003；Edmans et al.，2017）。对于中国上市公司 CEO 薪酬—业绩敏感性大小的判定，学术界较为普遍的共识是股权分置改革之前高管激励不足（魏刚，2000；李增泉，2000；Firth et al.，2006）。随着等级工资制、岗位工资制、年薪制以及股权激励等薪酬制度的先后出现，CEO 薪酬与公司业绩的联系逐渐增强。尤其是 2005 年股权分置改革以来，上市公司股票流通性增强，公司治理机制得以改进，使得公司可以向高管提供更高强度的薪酬激励（方军雄，2009；辛清泉和谭伟强，2009；陈胜蓝和卢锐，2012；苏冬蔚和熊家财，2013a）。基于以上理论和实证分析，提出第 3 章的第一个和第二个研究假设：

假设 3 - 1　我国上市公司具有正的 CEO 薪酬—业绩敏感性。

假设 3 - 2　股权类薪酬是我国上市公司 CEO 薪酬—业绩敏感性的主要来源。

3.1.2　CEO 薪酬激励与公司风险的权衡

从委托代理理论模型的直观解释可知，公司收益波动越大（即公司风险越大），最优的 CEO 薪酬—业绩敏感性就越低（Hölmstrom，1979；Garen，1994）。换句话说，CEO 薪酬契约应体现 CEO 薪酬激励与公司风险的权衡（Aggarwal and Samwick，1999a）。

国外实证研究检验了 CEO 薪酬—业绩敏感性在不同公司风险分布处的差异，大多数研究得到的实证结果符合委托代理理论模型关于风险的横截面推断。阿加沃尔和萨姆维克（Aggarwal and Samwick，1999a）基于 1993 ~ 1996 年美国 1 500 家大型上市公司高管薪酬数据，采用公司收益方差衡量风险，发现收益方差最小的公司 CEO 的薪酬—业绩敏感性在数量级上大于收益方差最大的公司 CEO，并指出如果不考虑公司收益方差会造成真实 CEO 薪酬—业绩敏感性（公司收益方差条件下的 CEO 薪酬—业绩敏感性）的严重低估。考虑到 CEO 激励的主要成本来源是其产生的不可分散风险，金（Jin，2002）在区分不同风险类型的前提下，考察了 CEO 激励水平与公司风险特征之间的联系，并在 CEO 能否进行市场组合交易两种不同的情形下，讨论了不同类型的风险对 CEO 激励水平的影响。他们发现无论 CEO 能否进行市场组合交易，最优激励水平都会随企业特定风险递减，而市场风险在能够进行市场组合交易时，不会对最优激励水平产生影响。曹和王（Cao and Wang，2013）将委托代理问题引入搜索理论，研究了市场均衡条件下的高管薪酬问题，发现均衡状态下 CEO 薪酬—业绩敏感性与异质（系统）风险显著正（负）相关。关于中国上市公司 CEO 薪酬激励与公司风险的实证研究，大多数文献从 CEO 薪酬激励经济后果的角度探讨了 CEO 薪酬激励与公司风险承担的关系，鲜有文献从激励与公司风险权衡的角度分析风险与 CEO 薪酬激励的关系。基于以上理论和实证分析，提出第三个研究假设：

假设 3 – 3 我国上市公司的股票收益波动越大（即公司总风险越大），CEO 薪酬—业绩敏感性越低。

3.1.3 CEO 薪酬激励中的相对业绩评价

根据委托代理理论，如果公司业绩中包含不受 CEO 行为影响的部分，那么"剔除噪音"能够提供有价值的增量信息，有利于提升公司业绩作为 CEO 努力"信号"的精准性，进而提高 CEO 薪酬激励的有效性（Hölmstrom，1979）。因此，在 CEO 薪酬激励契约设计中，应剔除公司收益中不受 CEO 行为影响的市场或行业因素，使用相对业绩评价（Hölmstrom，1982）。

虽然委托代理理论模型推断 CEO 薪酬契约应当体现相对业绩评价，但是支持该推断的实证证据微弱，例如，詹森和墨菲（Jensen and Murphy，1990）的实证检验得到的行业业绩和市场业绩的回归系数均不显著；霍尔和利布曼（Hall and Liebman，1998）的实证研究发现，CEO 直接薪酬（包括现金薪酬、限制性股票和股票期权授予价值）的相对业绩评价与股票和期权价值变动产生的薪酬—业绩敏感性相比十分微弱。实践中，受短期交易和财富约束的限制，CEO 对冲风险的成本高昂。同时，由订立契约和信息处理等产生的成本也给公司实施相对业绩评价带来阻碍。考虑以上因素，加夫和米尔伯恩（Garve and Milbourn，2003）提出相对业绩评价的实践反映公司提供市场风险保障与 CEO 个人对冲市场风险的相对比较优势，并在实证检验中得到一致结论。关于中国上市公司的 CEO 薪酬契约是否体现相对业绩评价，肖继辉和彭文平（2010）指出公司业绩不仅取决于 CEO 努力的边际生产力，还同时受宏观环境、政府政策等外部因素的影响；杨青等（2014）使用2005～2011 年中国上市公司数据实证检验发现，我国 CEO 薪酬存在显著的"幸运支付"现象，并且 CEO 薪酬对"幸运业绩"的敏感性与对公司业绩的敏感性在数值上相近。通过上述理论和实证分析可以发现，关于 CEO 薪酬契约是否体现相对业绩评价学术界尚未达成一致结论，据此提出第四个研究假设：

假设 3 - 4a　我国上市公司 CEO 薪酬契约体现出相对业绩评价，即在制定 CEO 薪酬时从公司业绩中剔除了行业或市场成分。

假设 3 - 4b　我国上市公司 CEO 薪酬契约未能体现相对业绩评价，即在制定 CEO 薪酬时从公司业绩中未能剔除行业或市场成分。

3.2　研究设计

3.2.1　样本选择与数据来源

本章主要数据如企业财务数据、股票市场数据、CEO 现金薪酬及持股情况、CEO 特征数据来自国泰安数据库（CSMAR），股票收益波动率年度数据来自锐思数据库（RESSET），企业股权性质数据结合了国泰安数据库、色诺芬数据库（CCER）和巨潮资讯网（CNINF）年报数据。本章所指 CEO 或者总经理是指在 CSMAR 数据库中职务显示为总经理、总裁、执行总裁、行政总裁、首席执行官或 CEO 的公司高管。对于一家公司同一年份有多个 CEO

的情形，本章和上市公司年报进行核对，选择当年最后一位继任者作为观察值，这样每个公司一个考察年份均只有一位 CEO。本章研究的初始样本为 2003～2018 年全部的中国 A 股上市公司，初始公司—年数目为 35 390，并按照以下步骤对样本进行筛选：（1）剔除金融类上市公司涉及的 641 个观察值；（2）剔除 CEO 职位空缺与 CEO 人薪酬信息缺失的观察值 128 个；（3）剔除研究变量缺失严重的样本 8 个。本章最终样本包含 34 613 个公司—年（CEO—年）观察值，涉及 3 603 家上市公司的 8 816 位 CEO。其中，有持股的 CEO—年观察值数目为 15 122 个，有限制性股票授予的 CEO—年观察值数目有 479 个，涉及期权类薪酬（包含期权授予和授予后、行权前价值变动）的观察值数目为 831 个。

表 3-1 汇报了样本的年度分布。表 3-2 基于证监会 2012 年行业分类标准汇报了样本行业分布，其中制造业样本占比过半数（63.79%），其他行业样本占比均不超过 10%。因此，在后续分析中本章将制造业公司细分到二级代码，非制造业公司细分到一级代码。

表 3-1   **2003～2018 年样本的年度分布**

年份	公司—年（CEO—年）数目
2003	1 243
2004	1 334
2005	1 328
2006	1 407
2007	1 506
2008	1 561
2009	1 718
2010	2 066
2011	2 292
2012	2 423
2013	2 465
2014	2 581
2015	2 765
2016	3 039

续表

年份	公司一年（CEO一年）数目
2017	3 406
2018	3 479
合计	34 613

表 3-2　　　　　　　　　　样本的行业分布

行业	公司一年（CEO一年）数目	CEO一年占比
农、林、牧、渔业	614	1.77%
采矿业	807	2.33%
制造业	22 079	63.79%
电力、热力、燃气及水生产和供应业	1 189	3.44%
建筑业	859	2.48%
批发和零售业	2 002	5.78%
交通运输、仓储和邮政业	1 186	3.43%
住宿和餐饮业	156	0.45%
信息传输、软件和信息技术服务业	1 905	5.50%
房地产业	1 671	4.83%
租赁和商务服务业	402	1.16%
科学研究和技术服务业	218	0.63%
水利、环境和公共设施管理业	330	0.95%
居民服务、修理和其他服务业	65	0.19%
教育	13	0.04%
卫生和社会工作	49	0.14%
文化、体育和娱乐业	341	0.99%
综合	727	2.10%
合计	34 613	100.00%

3.2.2　变量选择与定义

1. 主要薪酬变量。

（1）CEO 现金薪酬。现金薪酬在 CSMAR 数据库中显示为"报告期薪酬总额"，含义为个人从上市公司所领取的年薪总额，包含工资、奖金和津贴。对于数据库中现金薪酬空缺的样本，根据该 CEO 在报酬期内是否领取薪酬采取如下处理方法：若数据库或年报显示该 CEO 在报酬期内未领取薪酬，则视其现金薪酬为 0；若数据库或年报显示该 CEO 在报酬期内领取了薪酬，或者是否领取薪酬的信息缺失，则该 CEO 当年现金薪酬为公司前三名高管现金薪酬之和的均值；而若前三名高管现金薪酬之和也空缺，则该 CEO 当年现金薪酬视为缺失。

（2）CEO 股票类薪酬。限制性股票数据主要通过收集巨潮资讯网公布的上市公司股权激励计划草案及修订稿、授予公告，同时结合 CSMAR "股权激励方案表""高管激励情况文件""股权激励授予明细表"整理而得。本章以企业公布的、较为普遍的公允价值估值方法计算报酬期内限制性股票授予价值，即以授予日当天公司股票收盘价减去限制性股票授予价格作为限制性股票每股估值。值得注意的是，CSMAR 数据库中限制性股票在授予当年的年末计入 CEO 年末持股，因此报酬期授予的限制性股票在授予当年用于计算限制性股票授予价值，在下一个年度则并入 CEO 已持股份用于计算股权价值变动，不再进行单独计算。本章对报酬期间 CEO 已持股价值变动计算如下：CEO 在上年末所持公司股票的上年年末市值（也就是本年年初市值）×报酬期经通胀调整的公司股票年收益率。CEO 持股的主要来源是公司授予的限制性股票、上市前已持有的股份、公开市场买入以及期权激励计划行权后增加的股票。

（3）CEO 期权类薪酬。报酬期期权类薪酬主要由三部分构成〔詹森和墨菲（Jensen and Murphy，1990）〕：当年新授予的期权的价值；以前年度授予且尚未行权的期权在报酬期的价值变动；当年所行权的期权的行权收益。股票期权数据主要通过收集巨潮资讯网公布的上市公司股权激励计划草案及修订稿、授予公告、调整公告、行权公告，同时结合 CSMAR "高管激励情况文件""股权激励授予明细表""股权激励行权明细表"整理而得。股票期权价值采用布莱克和斯科尔斯（Black and Scholes，1973）公式（见公式 3 −1）计算得到，具体整理和计算过程如下。

①报酬期内新授予期权价值。中国上市公司期权激励计划大多采用分期行权的方式，我们通过巨潮资讯网收集期权激励公告，整理得到各期的行权期与行权比例。其他期权价值计算变量数据主要来源于 CSMAR 数据库。

$$\sum_{t=0}^{\tau} N_t \times \left[S_\tau e^{-dT} \Phi(Z_t) - P_t e^{-rT} \Phi(Z_t - 6\sqrt{T}) \right] \quad （公式 3-1）$$

其中，N_t 和 P_t 分别表示 t 年授予数量和行权价格；T 表示行权期（月）；r 表示 τ 年 5 年期国债的平均月收益率；d 表示授予前一年股利收益，等于 $\ln\left[\left(1 + \dfrac{每股股利}{收盘价}\right)\right]/12$；6 表示股票收益波动率，由 60 个月股票月收益率标准差计算得到；S_τ 表示 τ 年收盘价，$Z_t \equiv \left\{ \ln(S_\tau/P_t) + \left(r - \dfrac{6^2}{2}\right) \times T \right\}/6\sqrt{T}$；$\Phi(.)$ 是标准正态累积分布函数。

②报酬期内已授予未行权期权价值变动。授予后未行权部分期权激励的数量会随利润分配方案、未达行权条件注销等进行调整。我们收集了授予年后（调整后）的 CEO 期权激励未行权数量、行权价格，利用布莱克和斯科尔斯（Black and Scholes，1973）公式计算授予后期权激励价值变动。

③报酬期内行权收益。行权收益 =（行权时的股价 – 行权价）× 行权数量，其中行权时的股价按照以下方式确定：若是集中行权，则为行权日的股价，行权日无股价时，则为截至行权日前最后的股价为行权时的股价；若是自主行权，则为行权期内最高股价。

（4）CEO 总薪酬。CEO 年度总薪酬（TPAY）由三部分组成：现金薪酬（CPAY）；股票类薪酬（DSHV0），即当年授予的限制性股票价值和已持股票的价值变动之和；期权类薪酬（DOPV0），即股票期权价值变动。

（5）CEO 财富变动。根据吉尔森和维苏彭斯（Gilson and Vetsuypens，1993）的定义，CEO 年度财富变动（DTW）由两大部分构成：现金薪酬变动（DCPAY），即当年现金薪酬减去上一年现金薪酬；股票和期权价值变动，包括当年授予的限制性股票价值、已持股票的价值变动和股票期权价值变动。在数值上，CEO 财富变动等于现金薪酬变动、股票类薪酬和期权类薪酬三者之和。

2. 其他控制变量。根据已有文献（Core et al.，1999；Firth et al.，2006；Core et al.，2008；Frydman and Saks，2010；Conyon and He，2011；Graham et al.，2012；Fang et al.，2018；苏冬蔚和熊家财，2013a；苏冬蔚和熊家财，2013b；姜付秀等，2014；蔡贵龙等，2018）选取以下变量作为 CEO 薪酬—业绩敏感性回归的控制变量：（1）公司特征变量，包括公司规模（Ln_Size）、公司的成长性（MTB，以市值账面比衡量）、股票收益波动率（Volatility）、公司杠杆（Lev）、公司性质（SOE）、第一大股东持股比例（Top1）；（2）CEO 特征和公司治理特征变量，包括 CEO 任期（Tenure）、CEO 年龄（Age）、董事会规模（Boardsize）、CEO 和董事长两职合一（Dual）。

本章股东财富变动和净利润变动的单位为千万元，其余货币变量单位为万元，薪酬与股票收益率数据经通胀系数调整为 2018 年的价值。为克服异常值对回归结果的影响，本章将连续变量缩尾至 1% 和 99% 分位数范围内。表 3 - 3 为本章主要变量的名称、符号及定义的汇总。

表 3 - 3　　　　　　　　　　　　变量定义

变量名称	变量符号	计算方法
CEO 年龄（岁）	Age	CEO 年龄
董事会规模	Boardsize	董事人数
现金薪酬（万元）	CPAY	CEO 报告期从上市公司所领取的现金薪酬，包含工资、奖金和津贴
现金薪酬占比 （百分比）	CRATIO	CRATIO = CPAY/TPAY
公司股东财富变动 （千万元）	DSW	公司年个股剔除当年通货膨胀因素后的实际收益率 × 公司年初总市值
行业股东财富变动 （千万元）	DSWInd	行业年市值加权平均剔除当年通货膨胀因素后的实际收益率 × 行业年初平均市值
现金薪酬变动 （万元）	DCPAY	$DCPAY_{i,t} = CPAY_{i,t} - CPAY_{i,t-1}$
公司净利润变动 （千万元）	DNP	$DNP_{i,t} = NP_{i,t} - NP_{i,t-1}$

续表

变量名称	变量符号	计算方法
行业净利润变动 （千万元）	DNPInd	同行业同年份平均净利润变动
期权类薪酬（万元）	DOPV0 （DOPV）	期权激励产生的薪酬，由当年新授予的期权价值、CEO 已持有且未行权的期权价值变动和当年行权收益三部分之和构成（Jensen and Murphy，1990）。其中 DOPTION0（DOPTION）为所有 CEO 样本（持有期权 CEO 样本）期权激励价值相关统计量，前者考虑所有 CEO 样本、未持期权的记为 0，后者仅考虑持有期权 CEO 样本、未持期权的记为空缺
股票类薪酬（万元）	DSHV0 （DSHV）	限制性股票授予价值与持股价值变动之和。限制性股票授予价值 =（授予日股票收盘价 – 限制性股票授予价格）× 授予股份数量，持股价值变动 = 年初持股市值 × 个股剔除当年通货膨胀因素后的实际收益率。DSHAREV0（DSHAREV）是基于所有 CEO 样本（持股 CEO 样本）的股票类薪酬，前者考虑所有 CEO 样本、未持股记为 0，后者仅考虑持股 CEO 样本、未持股记为空缺
CEO 持股样本占比 （百分比）	DSR	持股 CEO 样本数量/总样本数量
CEO 财富变动 （万元）	DTW	根据 Gilson and Vetsuypens（1993）的定义，DTW = DCPAY + DOPV0 + DSHV0
两职合一虚拟变量	Dual	董事长和 CEO 为同一人时为 1，否则为 0
独立董事比例 （百分比）	Indratio	独立董事人数/董事人数
行业虚拟变量	Industry	根据证监会 2012 年行业分类标准制造业（非制造业）根据细分大类（门类）设置行业虚拟变量
资产负债率	Lev	公司总负债/总资产
公司规模	Ln_Size	公司总资产的自然对数
市值账面比	MTB	今收盘价当期值/（所有者权益合计期末值/实收资本本期期末值）
期权类薪酬占比 （百分比）	ORATIO	ORATIO = DOPTIONV0/TPAY
股票收益率 （百分比）	RET	剔除当年通货膨胀因素后的年个股实际收益率

变量名称	变量符号	计算方法
股票收益波动率（百分比）	Sdret	报告期内股票日收益波动率年度数据
CEO 持股比例（百分比）	SR_B0、SR_M0、SR_A0（SR_B、SR_M、SR_A）	CEO 年初、年初年末平均、年末持股数量/公司年初、年初年末平均、年末总股份数量，SR_B0、SR_M0、SR_A0（SR_B、SR_M、SR_A）为所有（持股）CEO 样本持股比例相关统计量，前者考虑所有 CEO 样本、未持股记为 0，后者仅考虑持股 CEO 样本、未持股记为空缺
国企虚拟变量	SOE	结合 CSMAR 数据库"股权性质"和 CCER"实际控制人类别"字段，若终极控制人性质为国有则界定为国有企业，SOE = 1；否则为民营企业，SOE = 0
股票类薪酬占比（百分比）	SRATIO	SRATIO = DSHAREV0/TPAY
CEO 任期	Tenure	CEO 在位时间（月）
第一大股东持股比例	Top1	第一大股东持股数量/公司总股份数量
总薪酬（万元）	TPAY	TPAY = CPAY + DOPV0 + DSHV0
股票收益波动率	Volatility	当年股票日收益数据的标准差
年度虚拟变量	YEAR	据观察值所处年份设置的年度虚拟变量

3.2.3 模型设定

1. CEO 薪酬激励水平。高管薪酬实证研究中对 CEO 薪酬激励水平的度量主要有以下几类：（1）詹森和墨菲（Jensen and Murphy，1990）的"美元—美元"激励指标，衡量的是一美元公司股东财富变动带来的 CEO 财富变动的美元值；（2）霍尔和利伯曼（Hall and Liebman，1998）"美元—百分比"激励指标，衡量的是公司股东财富变动 1% 带来的 CEO 财富变动的美元值；（3）墨菲（Murphy，1999）"百分比—百分比"激励指标，衡量的是公司股东财富变动 1% 对应的 CEO 财富变动的百分比。鉴于詹森和墨菲（Jensen

and Murphy，1990）指标在解释上的直观性和理论上的适用性①，本章选用他们的 "美元—美元" 激励指标度量 CEO 薪酬激励水平。在具体估算 CEO 薪酬—业绩敏感性时主要采用两种方法：一种方法是先基于各类薪酬估算薪酬—业绩敏感性后汇总，另一种方法是基于 CEO 财富变动直接估算薪酬—业绩敏感性。估算 CEO 薪酬—业绩敏感性使用的主要回归模型如下：

$$
\begin{aligned}
DCW_{i,t} = {} & \alpha + \beta_1 DSW_{i,t} + \beta_2 DSW_{i,t-1} + \beta_3 LnSize_{i,t} + \beta_4 MTB_{i,t} + \beta_5 Volatility_{i,t} \\
& + \beta_6 Lev_{i,t} + \beta_7 SOE_{i,t} + \beta_8 Top1_{i,t} + \beta_9 Tenure_{i,t} + \beta_{10} Age_{i,t} + \beta_{11} Boardsize_{i,t} \\
& + \beta_{12} Dual_{i,t} + \beta_{13} Indratio_{i,t} + \theta_t + \delta_j + \varepsilon_{it}
\end{aligned}
$$

（模型 3 – 1）

$$
\begin{aligned}
DCW_{i,t} = {} & \alpha + \beta_1 DNP_{i,t} + \beta_2 DNP_{i,t-1} + \beta_3 LnSize_{i,t} + \beta_4 MTB_{i,t} + \beta_5 Volatility_{i,t} \\
& + \beta_6 Lev_{i,t} + \beta_7 SOE_{i,t} + \beta_8 Top1_{i,t} + \beta_9 Tenure_{i,t} + \beta_{10} Age_{i,t} + \beta_{11} Boardsize_{i,t} \\
& + \beta_{12} Dual_{i,t} + \beta_{13} Indratio_{i,t} + \theta_t + \delta_j + \varepsilon_{it}
\end{aligned}
$$

（模型 3 – 2）

$$
\begin{aligned}
DCW_{i,t} = {} & \alpha + \beta_1 DSW_{i,t} + \beta_2 DSW_{i,t-1} + \beta_3 DNP_{i,t} + \beta_4 DNP_{i,t-1} + \beta_5 LnSize_{i,t} \\
& + \beta_6 MTB_{i,t} + \beta_7 Volatility_{i,t} + \beta_8 Lev_{i,t} + \beta_9 SOE_{i,t} + \beta_{10} Top1_{i,t} + \beta_{11} Tenure_{i,t} \\
& + \beta_{12} Age_{i,t} + \beta_{13} Boardsize_{i,t} + \beta_{14} Dual_{i,t} + \beta_{15} Indratio_{i,t} + \theta_t + \delta_j + \varepsilon_{it}
\end{aligned}
$$

（模型 3 – 3）

在上述模型中，被解释变量代表 CEO 从上市公司获取的各类收入在报告期的变动值，包括现金薪酬变动（$DCPAY_{i,t}$）、期权价值变动也即当年的期权类薪酬（$DOPV0_{i,t}$）、限制性股票授予价值与已持股价值变动之和也即当年的股票类薪酬（$DSHV0_{i,t}$）以及 CEO 财富变动（$DTW_{i,t}$）。② CEO 财富变动（$DTW_{i,t}$）的度量方法，由现金薪酬变动（$DCPAY_{i,t}$）、限制性股票授予价值与已持股价值变动之和（$DSHV0_{i,t}$）和期权价值变动（$DOPV0_{i,t}$）三

---

① 根据埃德曼斯等（Edmans et al.，2017）对 CEO 薪酬激励理论模型的梳理，詹森和墨菲（Jensen and Murphy，1990）"美元—美元" 的度量指标适用于可加性的生产函数，即日常的公司管理行为与公司价值的关系；而墨菲（Murphy，1999）"百分比—百分比" 的度量指标适用于可乘性的生产函数，如并购行为与公司价值的关系。本书的研究适用于可加性的生产函数，因此选用詹森和墨菲 "美元—美元" 的度量指标。

② 当 CEO 未持有本公司期权或股权时，期权类薪酬或股票类薪酬取 0。

部分之和构成（Gilson and Vetsuypens，1993）。鉴于委托代理理论的薪酬—业绩敏感性影响因素模型大多采用基于股票收益率的市场指标衡量公司业绩（Jensen and Murphy，1990；Garen，1994；Hall and Liebman，1998；Jin，2002；Garvey and Milbourn，2003），本章采用市场指标——股东财富变动衡量公司业绩（见模型 3 – 1）。模型 3 – 1 的主要解释变量为当期公司股东财富变动（$DSW_{i,t}$），考虑到 CEO 薪酬的制定和调整不仅和公司当期业绩有关，也可能与上期业绩有关，本章还加入了上一年度公司股东财富变动（$DSW_{i,t-1}$）。本章所关注的薪酬—业绩敏感性由公司股东财富变动的回归系数所衡量。

我们注意到现有国内大多数文献均使用会计业绩作为 CEO 薪酬契约中的激励指标，他们认为中国股票市场有效性相对较低、股价不能很好地反映公司层面信息（姜付秀等，2014）。为此，本章还使用会计指标——公司净利润变动衡量公司业绩（见模型 3 – 2）。模型 3 – 2 的主要解释变量为当期公司净利润变动（$DNP_{i,t}$）和上一年度公司净利润变动（$DNP_{i,t-1}$）。为进一步检验一般薪酬机制设置中除公司股东财富变动以外，公司会计业绩是否提供了反映高管不可观测行为的额外信息，我们还在模型 3 – 3 中同时将当年公司股东财富变动、净利润变动和上一年公司股东财富变动、净利润变动作为主要研究变量，重新进行了估计。

此外，本章参考已有文献（Core et al.，1999；Firth et al.，2006；Core et al.，2008；Frydman and Saks，2010；Conyon and He，2011；Graham et al.，2012；Fang et al.，2018；苏冬蔚和熊家财，2013a；苏冬蔚和熊家财，2013b；姜付秀等，2014；蔡贵龙等，2018），在所有 CEO 薪酬—业绩敏感性回归中加入公司及 CEO 层面的可变变量，以控制可观测因素对 CEO 薪酬—业绩敏感性的影响，包括公司规模（$Ln\_Size_{i,t}$）、公司的成长性（$MTB_{i,t}$，以市值账面比衡量）、股价波动性（$Volatility_{i,t}$）、公司杠杆（$Lev_{i,t}$）、公司性质（$SOE_{i,t}$）、第一大股东持股比例（$Top1_{i,t}$）、CEO 任期（$Tenure_{i,t}$）、CEO 年龄（$Age_{i,t}$）、董事会规模（$Boardsize_{i,t}$）、CEO 和董事长两职合一（$Dual_{i,t}$）。最后，为控制时间趋势和行业固有特征对 CEO 薪酬变动的影响，

我们还分别加入年份固定效应和行业固定效应，并在公司层面对标准误进行聚类调整。

2. CEO 薪酬激励与公司风险的权衡。本章借鉴阿加沃尔和萨姆维克（Aggarwal and Samwick，1999a），使用股票收益方差累计分布函数衡量公司总风险，并建立以下模型检验不同股票收益方差分布处薪酬—业绩敏感性的差异，以判断中国上市公司 CEO 的薪酬契约中是否存在薪酬激励与公司风险的权衡。

$$\mathrm{DCW}_{i,t} = \alpha + \beta_1 \mathrm{DSW}_{i,t} + \beta_2 \mathrm{DSW}_{i,t} \times \mathrm{CDF}_{i,t} + \beta_3 \mathrm{CDF}_{i,t} + \beta_4 \mathrm{LnSize}_{i,t} + \beta_5 \mathrm{MTB}_{i,t}$$
$$+ \beta_6 \mathrm{Volatility}_{i,t} + \beta_7 \mathrm{Lev}_{i,t} + \beta_8 \mathrm{SOE}_{i,t} + \beta_9 \mathrm{Top1}_{i,t} + \beta_{10} \mathrm{Tenure}_{i,t} + \beta_{11} \mathrm{Age}_{i,t}$$
$$+ \beta_{12} \mathrm{Boardsize}_{i,t} + \beta_{13} \mathrm{Dual}_{i,t} + \beta_{14} \mathrm{Indratio}_{i,t} + \theta_t + \delta_j + \varepsilon_{it} \quad （模型 3-4）$$
$$\mathrm{DCW}_{i,t} = \alpha + \beta_1 \mathrm{DSW}_{i,t} + \beta_2 \mathrm{DSW}_{i,t} \times \mathrm{CDF}_{i,t-1} + \beta_3 \mathrm{CDF}_{i,t-1} + \beta_4 \mathrm{LnSize}_{i,t} + \beta_5 \mathrm{MTB}_{i,t}$$
$$+ \beta_6 \mathrm{Volatility}_{i,t} + \beta_7 \mathrm{Lev}_{i,t} + \beta_8 \mathrm{SOE}_{i,t} + \beta_9 \mathrm{Top1}_{i,t} + \beta_{10} \mathrm{Tenure}_{i,t} + \beta_{11} \mathrm{Age}_{i,t}$$
$$+ \beta_{12} \mathrm{Boardsize}_{i,t} + \beta_{13} \mathrm{Dual}_{i,t} + \beta_{14} \mathrm{Indratio}_{i,t} + \theta_t + \delta_j + \varepsilon_{it} \quad （模型 3-5）$$

在模型 3-4 中，被解释变量仍为 CEO 从上市公司获取的各类收入在报告期的变动值。主要解释变量为当期股东财富变动（$\mathrm{DSW}_{i,t}$）及其与股票收益方差累计分布函数（$\mathrm{CDF}_{i,t}$）的交乘项（$\mathrm{DSW}_{i,t} \times \mathrm{CDF}_{i,t}$）。在特定股票收益方差处 CEO 的薪酬—业绩敏感性为 $\beta_1 + \mathrm{CDF}_{i,t} \times \beta_2$，比如股票收益方差位于最小值、中位数和最大值的公司，估计的 CEO 薪酬—业绩敏感性分别为 β_1、$\beta_1 + 0.5\beta_2$、$\beta_1 + \beta_2$。标准委托代理模型预期股东收益更高时 CEO 薪酬更高（$\beta_1 > 0$），并且薪酬—业绩敏感性随公司股票收益风险递减（$\beta_2 < 0$）。考虑到 CEO 激励的实施也可能会影响公司风险水平，我们还使用上一年度股票收益方差累计分布函数（$\mathrm{CDF}_{i,t-1}$）衡量公司总风险，重新进行估计，相应的回归方程如模型 3-5 所示。

3. CEO 薪酬激励中的相对业绩评价。本章参考阿加沃尔和萨姆维克（Aggarwal and Samwick，1999a）和安东等（Antón et al.，2020），建立以下回归模型检验中国上市公司 CEO 的薪酬激励中是否存在相对业绩评价。主要回归模型如下：

$$DCW_{i,t} = \alpha + \beta_1 DSW_{i,t} + \beta_2 DSWInd_{j,t} + \beta_3 LnSize_{i,t} + \beta_4 MTB_{i,t} + \beta_5 Volatility_{i,t}$$
$$+ \beta_6 Lev_{i,t} + \beta_7 SOE_{i,t} + \beta_8 Top1_{i,t} + \beta_9 Tenure_{i,t} + \beta_{10} Age_{i,t} + \beta_{11} Boardsize_{i,t}$$
$$+ \beta_{12} Dual_{i,t} + \beta_{13} Indratio_{i,t} + \theta_t + \delta_j + \varepsilon_{it} \qquad （模型 3-6）$$

$$DCW_{i,t} = \alpha + \beta_1 DNP_{i,t} + \beta_2 DNPInd_{j,t} + \beta_3 LnSize_{i,t} + \beta_4 MTB_{i,t} + \beta_5 Volatility_{i,t}$$
$$+ \beta_6 Lev_{i,t} + \beta_7 SOE_{i,t} + \beta_8 Top1_{i,t} + \beta_9 Tenure_{i,t} + \beta_{10} Age_{i,t} + \beta_{11} Boardsize_{i,t}$$
$$+ \beta_{12} Dual_{i,t} + \beta_{13} Indratio_{i,t} + \theta_t + \delta_j + \varepsilon_{it} \qquad （模型 3-7）$$

$$DCW_{i,t} = \alpha + \beta_1 DSW_{i,t} + \beta_2 DSWInd_{i,t} + \beta_3 DNP_{i,t} + \beta_4 DNPInd_{j,t} + \beta_5 LnSize_{i,t}$$
$$+ \beta_6 MTB_{i,t} + \beta_7 Volatility_{i,t} + \beta_8 Lev_{i,t} + \beta_9 SOE_{i,t} + \beta_{10} Top1_{i,t} + \beta_{11} Tenure_{i,t}$$
$$+ \beta_{12} Age_{i,t} + \beta_{13} Boardsize_{i,t} + \beta_{14} Dual_{i,t} + \beta_{15} Indratio_{i,t} + \theta_t + \delta_j + \varepsilon_{it}$$

$$（模型 3-8）$$

在上述模型中，被解释变量仍为 CEO 从上市公司获取的各类收入在报告期的变动值。模型 3-6 中的主要解释变量为当期公司股东财富变动（$DSW_{i,t}$）和当期行业股东财富变动（$DSWInd_{j,t}$）。当期行业股东财富变动的计算参照安东等（Antón et al.，2020），等于行业年市值加权平均剔除当年通胀因素后的实际收益率与行业年初平均市值的乘积。模型 3-7 中的主要解释变量为当期公司净利润变动（$DNP_{i,t}$）和当期行业净利润变动（$DNPInd_{j,t}$），其中当期行业净利润变动等于同年份同行业净利润变动的平均值。模型 3-8 同时将当期公司股东财富变动、净利润变动和当期行业公司股东财富变动、净利润变动作为主要研究变量。值得注意的是，每个模型中加入了年份固定效应，相当于已经控制了年度市场情况，故没有再单独加入年度市场平均业绩。

3.3 实证分析

3.3.1 描述性统计

表 3-4 是主要研究变量和控制变量的描述性统计，包括 CEO 薪酬变量、CEO 薪酬激励变量、公司特征变量和 CEO 特征变量。

表 3-4　　　　　　　　　　　　　　描述性统计

变量名	样本量	均值	中位数	标准差
CPAY	34 613	64.485	47.552	64.080
DOPV0	34 613	5.065	0.000	164.273
DOPV	831	210.989	40.722	1 040.109
DSHV0	34 613	21.873	0.000	17 918.040
DSHV	12 445	334.910	-1.743	43 580.910
TPAY	34 613	91.424	42.339	17 924.200
DCPAY	34 613	6.034	0.761	31.188
DTW	34 613	32.973	0.577	17 924.240
DSR	34 613	43.69%	0.00%	49.60%
SR_B0	34 613	3.06%	0.00%	9.04%
SR_B	12 445	8.67%	0.72%	13.90%
SR_M0	34 613	3.46%	0.00%	9.11%
SR_M	15 122	8.03%	0.83%	12.85%
SR_A0	34 613	3.86%	0.00%	10.04%
SR_A	14 986	9.02%	0.95%	14.04%
CRATIO	33 809	73.38%	100.00%	49.31%
ORATIO	33 809	0.70%	0.00%	5.54%
SRATIO	33 809	25.92%	0.00%	47.98%
DSW	31 601	15.609	-14.598	574.742
DNP	34 611	3.459	1.042	37.763
Ln_Size	34 613	21.802	21.658	1.299
MTB	34 613	3.962	2.868	3.734
Sdret0	34 613	0.031	0.029	0.010
Lev	34 613	0.458	0.449	0.233
SOE	34 613	0.450	0.000	0.498
Top1	34 613	35.98%	33.75%	15.43%
Tenure	34 613	36.114	26.000	33.490
Age	34 613	48.207	48.000	6.681
Boardsize	34 613	8.859	9.000	1.848
Dual	34 613	0.227	0.000	0.419
Indratio	34 613	36.77%	33.33%	5.29%

从薪酬的绝对数值来看，CEO 年度现金薪酬（CPAY）的均值和中位数分别为 64.485 万元和 47.552 万元。由于研究区间和 CEO 样本选取方法不同，本章与已有中国高管薪酬实证文献（苏冬蔚和熊家财，2013b；姜付秀等，2014；罗进辉，2018；郝颖等，2020）中的 CEO 现金薪酬存在些许差异，但从数值上基本可比。涉及中国 CEO 权益类薪酬的实证文献极少，其中苏冬蔚和熊家财（2013b）基于 2005~2011 年中国 A 股非金融上市公司，使用 CEO 已持股数与未行权期权数之和乘以 1% 公司年末股价估计 CEO 权益薪酬，忽略了新授予权益激励的价值和已授予权益价值的变动，得到的 CEO 权益类薪酬和总薪酬均值分别为 0.0035 万元和 30.806 万元。而本章则将新授予的股票和股票期权价值、已持股票和未行权期权的价值变动以及期权行权收益考虑在内，基于 2003~2018 年中国 A 股非金融上市公司计算得到的 CEO 年度期权类薪酬（DOPV0）和股票类薪酬（DSHV0）的均值（中位数）分别为 5.065 万元（0 万元）和 21.873 万元（0 万元），包含各部分薪酬之和的 CEO 总薪酬（TPAY）的均值和中位数分别为 91.424 万元和 42.339 万元（苏冬蔚和熊家财，2013b）。考虑到样本前期（2006 年之前）高管股权激励的法规尚未完善，且持有股权激励的观察值数目相对较少，本章还汇报了持有期权（股票）CEO 样本的期权类薪酬（股票类薪酬）情况，其中持有期权 CEO 样本的期权类薪酬的均值和中值分别为 210.989 万元和 40.722 万元，持有股票 CEO 样本的股票类薪酬的均值和中值分别为 334.910 万元和 -1.743 万元。

从 CEO 的持股情况来看，近半数的 CEO 样本持有本公司股票，年初和年末持股 CEO 样本占比分别为 35.95% 和 43.30%，所有 CEO（持股 CEO）年初和年末持股比例均值分别为 3.06% 和 3.86%（8.67% 和 9.02%）。该结果初步表明，报酬期内 CEO 持股样本数量和持股比例整体呈增长趋势。从薪酬结构来看，现金薪酬在 CEO 薪酬契约中仍占主导地位（现金薪酬占比均值为 73.38%），其次为股票类薪酬（股票类薪酬比均值为 25.92%）。由于实施期权激励的样本较少，期权类薪酬占比均值低于 1%。

为进一步观察 CEO 股权激励的发展状况，本章分别在图 3-1、图 3-2

中刻画了 CEO 持股的时序变化、CEO 股票期权和限制性股票的年度授予情况。

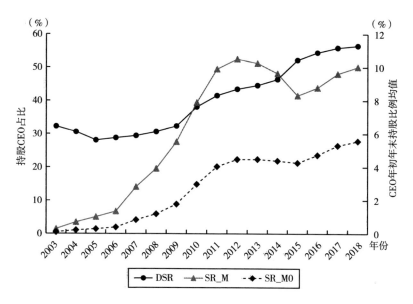

图 3 - 1　2003 ~ 2018 年 CEO 持股情况时序

由图 3 - 1 可以看出 CEO 持股的样本占比（DSR）从 2005 年开始逐年递增，从 2005 年的 28.09% 升至 2018 年的 56.51%，并且自 2015 年起过半数的 CEO 持有本公司股票。持股 CEO 年初年末平均持股比例（SR_M）和所有 CEO 年初年末平均持股比例（SR_M0）的均值也都呈现出波动上升的趋势，其中持股 CEO 和所有 CEO 的年初年末平均持股比例均值分别自 2009 年和 2017 年起超过 5%。

图 3 - 2 汇报了样本期内各年度授予 CEO 股票期权和限制性股票的情况，其中 CEO 股票期权激励授予事件数目（Option_Grant）以 2012 年和 2015 年为节点呈现波动上升趋势，CEO 限制性股票激励授予事件数目（Restrict_Grant）自 2010 年起逐年递增，并自 2012 年起超过期权激励授予数目。截至 2018 年，共有 565 家上市公司的 624 位 CEO 曾被授予权益激励。由上述分析可知，股票、股票期权和限制性股票等权益激励日益普遍，逐渐成为 CEO 薪酬激励中不可忽视的一部分。因此，除现金薪酬以外，本章还将 CEO 限

制性股票激励新授予价值和已持有本公司股票的价值变动、CEO 股票期权激励价值变动纳入 CEO 薪酬统计范围①，详细的计算方法见本章的变量选择与定义（3.2.2 小节）。

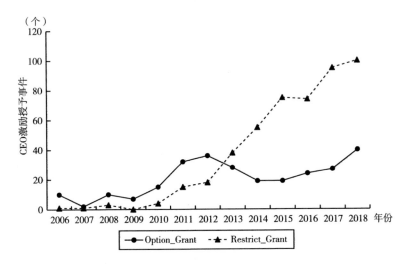

图 3 - 2　2006～2018 年 CEO 股票期权和限制性股票授予时序

图 3 - 3 汇报了样本期内 CEO 现金薪酬（CPAY）、期权类薪酬（DOPV0）、股票类薪酬（DSHV0）和总薪酬（TPAY）均值的年度变化情况。CEO 现金薪酬均值呈逐年递增趋势，由 25.55 万元（2003 年）升至 90.49 万元（2018 年），增长了近 254.17%。由于实施 CEO 期权激励计划的样本相对较少，绝大多数未被授予期权激励的 CEO 期权类薪酬为 0。这使得所有 CEO 期权类薪酬均值相对较低，但 CEO 期权类薪酬均值与总薪酬均值年度变化的方向基本一致。CEO 股票类薪酬均值在样本期间尤其是样本后期波动较大，这部分归因于样本后期 CEO 持股比例的增加。此外，我们还发现 CEO 股票类薪酬均值几乎与总薪酬均值同步变动，这初步表明 CEO 股票类薪酬的年度变化可能是 CEO 总薪酬年度变化的主要驱动因素之一。

---

① 根据 CSMAR 数据库 CEO 持股统计情况，授予后限制性股票包含在 CEO 已持股票中，即限制性股票授予后的价值变动包含在 CEO 已持有本公司股票的价值变动中，不需要重新单独计算。

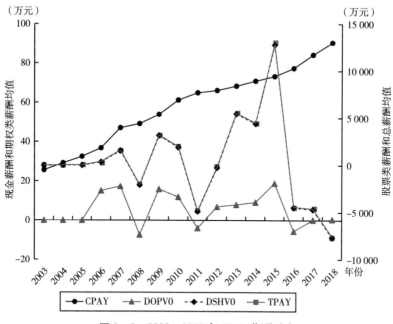

图 3 - 3　2003 ~ 2018 年 CEO 薪酬时序

图 3 - 4 展示了 CEO 薪酬结构的年度变化情况。现金薪酬仍是 CEO 总薪酬的主要构成部分，现金薪酬占比均值（CRATIO）在整个样本期内都高于50%。但整体来看，现金薪酬在总薪酬中所占比例呈递减趋势，由 2003 年

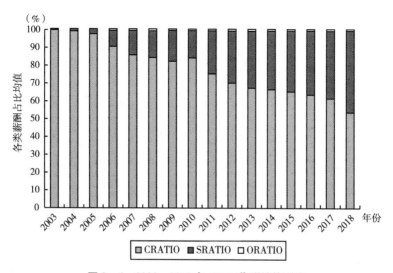

图 3 - 4　2003 ~ 2018 年 CEO 薪酬结构时序

的 99.34% 降至 2018 年的 53.78%。与此同时，股票类薪酬在总薪酬中所占比例呈递增趋势，股票类薪酬占均值（SRATIO）由 2003 年的 0.66% 升至 2018 年的 45.53%。由于持有期权激励的样本较少，CEO 期权类薪酬占比均值（ORATIO）在整个样本区间内的最大值为 1.12%（2013 年）。上述分析进一步说明 CEO 权益类薪酬已逐渐成为 CEO 薪酬激励契约中不可忽视的一部分，统计 CEO 薪酬时有必要将其包含在内。

忽略权益类薪酬除了会造成 CEO 薪酬统计的偏差，还可能直接导致 CEO 薪酬—业绩敏感性的误判。如图 3 - 5 ～ 图 3 - 8 所示，股东财富变动和净利润变动在样本期内上下波动，而 CEO 现金薪酬似乎不受公司股东财富变动和净利润变动的影响稳定地逐年上升，但包含权益类薪酬的 CEO 总薪酬呈现出与公司股东财富变动和净利润变动同向波动的趋势。这初步表明，CEO 现金薪酬与公司股东财富变动和净利润变动关联较弱，而 CEO 总薪酬与公司股东财富变动和净利润变动关联较强，同时也意味着忽略权益类薪酬可能会低估 CEO 薪酬对公司业绩的敏感性。为此，本章将股票类薪酬和期权类薪酬纳入 CEO 薪酬统计范围，全面估算了各类薪酬提供的 CEO 薪酬激励。这不但有助于提升 CEO 薪酬—业绩敏感性度量的精准性、便于比较不同类型薪酬提供的激励，还能为 CEO 薪酬契约的制定和实施提供有益的参考。

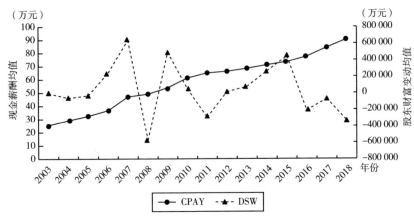

图 3 - 5　2003 ～ 2018 年 CEO 现金薪酬与股东财富变动

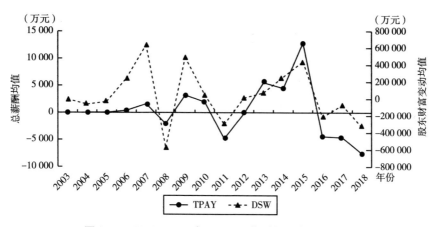

图 3 - 6　2003 ~ 2018 年 CEO 总薪酬与股东财富变动

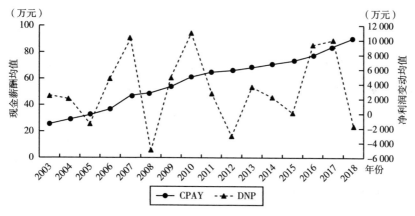

图 3 - 7　2003 ~ 2018 年 CEO 现金薪酬与股东财富变动

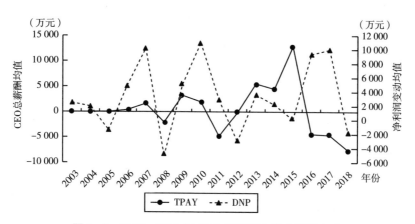

图 3 - 8　2003 ~ 2018 年 CEO 总薪酬与股东财富变动

3.3.2 CEO 薪酬—业绩敏感性的回归分析

1. 基于市场业绩的 CEO 薪酬—业绩敏感性。判断 CEO 薪酬契约是否有效的核心在于 CEO 薪酬—业绩敏感性（Jensen and Murphy，1990；苏冬蔚和熊家财，2013a），为此，本章对中国上市公司 CEO 薪酬—业绩敏感性进行了定量评估。表 3 - 5 汇报了基于市场业绩的 CEO 薪酬激励回归结果，需注意的是，为方便计算，本章股东财富变动的单位为千万元，其余货币变量单位为万元。在表 3 - 5 第（1）列回归模型中，保持其他因素不变，当期（上一期）公司股东财富变动的回归系数为 0.005（0.004），均在 1% 统计水平上显著为正，表明：当期和上一期股东财富每变动 1 000 元，CEO 现金薪酬变动 0.009 元，意味着现金类薪酬的薪酬—业绩敏感性为 0.0009%，这一激励水平低于詹森和墨菲（Jensen and Murphy，1990）基于美国市场 1974 ~ 1986 年样本区间内 CEO 的现金薪酬激励水平（0.0033%），也低于霍尔和利布曼（Hall and Liebman，1998）基于美国 478 家企业 CEO 1980 ~ 1994 年的现金薪酬激励水平（0.011% ~ 0.042%）[1]。本章进一步计算了股东财富大概率变动下 CEO 现金薪酬的变动：样本公司股东财富变动（DSW）标准差的中位数为 290 578 万元。总之，现金薪酬的回归结果表明样本期间中国上市公司 CEO 的现金薪酬尽管具有正的股东财富变动超出或低于其均值 1 个标准差（即股东盈利或亏损 290 578 万元）时，CEO 现金薪酬增加或减少约 2.62 万元。

表 3 - 5 CEO 薪酬—业绩敏感性 OLS 回归

VARIABLES	（1） DCPAY$_{i,t}$	（2） DOPV0$_{i,t}$	（3） DSHV0$_{i,t}$	（4） DTW$_{i,t}$
DSW$_{i,t}$	0.005*** （7.69）	0.033*** （4.69）	5.591*** （9.98）	5.629*** （10.04）
DSW$_{i,t-1}$	0.004*** （6.32）	- 0.000 （- 0.10）	- 0.281 （- 1.14）	- 0.277 （- 1.13）

---

① 见詹森和墨菲（Jensen and Murphy，1990）Table 1 第（3）列，霍尔和利布曼（Hall and Liebman，1998）脚注 17。

续表

VARIABLES	(1) DCPAY$_{i,t}$	(2) DOPV0$_{i,t}$	(3) DSHV0$_{i,t}$	(4) DTW$_{i,t}$
Ln_Size$_{i,t}$	2.601*** (11.42)	5.218*** (4.01)	839.742*** (8.82)	847.561*** (8.89)
MTB$_{i,t}$	0.194*** (4.10)	1.128*** (2.62)	377.017*** (8.88)	378.339*** (8.89)
Sdret$_{i,t}$	40.017 (1.20)	46.773 (0.24)	127 198.515*** (5.90)	127 285.304*** (5.90)
Lev$_{i,t}$	−2.133*** (−3.16)	−7.042 (−1.23)	−3 241.925*** (−7.24)	−3 251.100*** (−7.23)
SOE$_{i,t}$	−2.230*** (−5.71)	−7.267** (−2.34)	−538.171*** (−3.36)	−547.669*** (−3.40)
Top1$_{i,t}$	−5.080*** (−3.86)	−15.445** (−2.03)	31.560 (0.05)	11.034 (0.02)
Tenure$_{i,t}$	0.001 (0.20)	−0.013 (−0.49)	−0.876 (−0.30)	−0.887 (−0.30)
Age$_{i,t}$	0.084*** (3.04)	−0.176* (−1.68)	−46.556*** (−3.22)	−46.647*** (−3.23)
Boardsize$_{i,t}$	−0.074 (−0.75)	−0.139 (−0.20)	14.914 (0.30)	14.702 (0.30)
Dual$_{i,t}$	−0.141 (−0.29)	−1.979 (−0.67)	1 426.655*** (3.92)	1 424.534*** (3.91)
Indratio$_{i,t}$	−7.400** (−2.18)	−2.898 (−0.15)	861.948 (0.45)	851.650 (0.44)
Constant	−50.670*** (−10.04)	−91.108*** (−3.53)	−19 938.911*** (−8.88)	−20 080.688*** (−8.94)
Year FE	YES	YES	YES	YES
Industry FE	YES	YES	YES	YES
Cluster Firm	YES	YES	YES	YES
Observations	29 178	29 178	29 178	29 178
Adjust R^2	0.027	0.013	0.127	0.128

注：***、**、*分别表示在1%、5%、10%水平上显著；括号内为 T 值，标准误在公司层面聚类。

现金薪酬的薪酬—业绩敏感性较低，一个可能的原因是现金薪酬本身变动太小，对此，本章进一步计算了 CEO 现金薪酬的百分比变动，未汇报的数据显示：变动的均值为 23.93%，标准差为 91.97%，表明总体来看 CEO 薪酬在增加，且幅度不小。同时，现金薪酬变动的最大值（591.70%）远大于最小值的绝对值（-100%），表明现金薪酬增加幅度远大于减少幅度。因此，CEO 现金薪酬部分较小的薪酬—业绩敏感性应该主要归结于 CEO 薪酬和市场业绩本身的弱相关性。

表 3-5 第（2）列汇报了 CEO 期权价值变动提供的激励，回归结果显示，保持其他因素不变，当期和滞后一期股东财富每变动 1 000 元，CEO 期权类薪酬变动 0.033 元，相应的薪酬—业绩敏感性为 0.0033%。该激励水平低于詹森和墨菲（Jensen and Murphy，1990）样本期间的 CEO 期权激励水平（0.0145%）[1]。可能的原因在于中国上市公司中实施 CEO 期权激励的样本较少，这部分回归样本包含所有 CEO（持有和未持有期权的观察值）、未持有期权的样本该部分薪酬取 0，而詹森和墨菲（Jensen and Murphy，1990）则选用墨菲（Murphy，1985）的 73 家大公司、计算这些公司在 1969～1983 年股票期权的薪酬—业绩敏感性。表 3-5 第（3）列汇报的是 CEO 股票类薪酬提供的激励，回归结果显示，在其他因素不变的情况下，当期和滞后一期股东财富每变动 1 000 元，CEO 股票类薪酬变动 5.31 元，相应的薪酬—业绩敏感性为 0.531%。

表 3-5 第（1）至（3）列的结果证实了本章的假设 3-1。我们加总现金薪酬变动、期权价值变动和股票类薪酬变动带来的薪酬—业绩敏感性，该数值为 0.535%（0.0009% + 0.0033% + 0.531%），意味着股东财富每变动 1 000 元，CEO 财富变动 5.35 元。这一激励水平高于詹森和墨菲（Jensen and Murphy，1990）样本期间美国公司给 CEO 提供的激励水平（0.325%），但远低于霍尔和利布曼（Hall and Liebman，1998）、阿加沃尔和萨姆维克（Aggarwal and Samwick，1999a）、埃德曼斯等（Edmans et al.，2017）基于

----

① 见詹森和墨菲（Jensen and Murphy，1990）Table 2 第（1）列。

近期数据估算的 2. 51%、6. 94% 和 4. 39% 的激励水平①。

从上述分析中，我们还发现，CEO 股票类薪酬产生的激励占 CEO 总薪酬—业绩敏感性的 99% 以上，是 CEO 薪酬—业绩敏感性的主要来源，该结果证实了本章的假设 3 - 2。此外，该结果还表明忽略股票类薪酬将会导致 CEO 薪酬—业绩敏感性的严重低估。

我们以表 3 - 5 第（4）列为基准模型，估算了各年 CEO 财富变动带来的薪酬—市场业绩敏感性，相应的时序图刻画在图 3 - 9 中。如图 3 - 9 所示，CEO 财富变动提供的激励水平在 2005 年以前相对较低且平稳，在 2005 年之后呈波动上升趋势。基于本章样本数据计算得到的 CEO 薪酬激励水平最高可达 1. 206%（2017 年），而最低的 CEO 薪酬激励水平仅为 - 0. 074%（2007 年）。

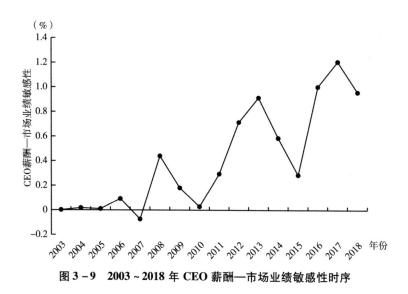

图 3 - 9　2003 ~ 2018 年 CEO 薪酬—市场业绩敏感性时序

2. 基于会计业绩的 CEO 薪酬—业绩敏感性。表 3 - 6 汇报了 CEO 薪酬—会计业绩敏感性的基本回归结果。参照上述计算方法，在其他因素不变的情况下，当期和滞后一期净利润每变动 1 000 元，CEO 现金薪酬变动 0. 143 元、

---

① 见霍尔和利布曼（Hall and Liebman，1998）Table Ⅵ，阿加沃尔和萨姆维克（Aggarwal and Samwick，1999a）Table 5 和埃德曼斯等（Edmans et al.，2017）Table 2。

期权类薪酬变动 0.121 元、股票类薪酬变动 30.546 元、财富变动 30.81 元，相应的薪酬—业绩敏感性分别为 0.0143%、0.0121%、3.0546%、3.0810%。可以发现，基于会计业绩得到的 CEO 薪酬—业绩敏感性在数值上高于基于市场业绩得到的 CEO 薪酬—业绩敏感性，这可能部分归因于公司股东财富变动的数值及其标准差在数量级上均高于公司净利润变动。但无论是以市场指标还是以会计指标衡量公司业绩，CEO 股票类薪酬均是 CEO 薪酬激励的主要来源，提供了超过 99% 的 CEO 薪酬—业绩敏感性。上述实证结果与本章的假设 3－1 和假设 3－2 相吻合。

表 3－6 **基于会计业绩的 CEO 薪酬—业绩敏感性 OLS 回归**

VARIABLES	(1) $DCPAY_{i,t}$	(2) $DOPV0_{i,t}$	(3) $DSHV0_{i,t}$	(4) $DTW_{i,t}$
$DNP_{i,t}$	0.092*** (12.62)	0.145*** (2.89)	23.605*** (8.56)	23.843*** (8.64)
$DNP_{i,t-1}$	0.051*** (5.65)	-0.024 (-0.67)	6.941*** (2.79)	6.967*** (2.80)
$Ln\_Size_{i,t}$	2.249*** (11.01)	6.092*** (4.52)	1 134.205*** (10.67)	1 142.546*** (10.74)
$MTB_{i,t}$	0.253*** (5.39)	1.771*** (3.80)	576.663*** (11.13)	578.687*** (11.14)
$Sdret_{i,t}$	95.209*** (3.16)	293.267 (1.63)	125 076.255*** (5.88)	125 464.731*** (5.90)
$Lev_{i,t}$	-1.921*** (-3.04)	-11.780** (-2.14)	-2 900.007*** (-6.28)	-2 913.709*** (-6.29)
$SOE_{i,t}$	-2.231*** (-6.14)	-7.049** (-2.47)	-303.506* (-1.88)	-312.785* (-1.93)
$Top1_{i,t}$	-5.139*** (-4.36)	-14.377** (-2.07)	96.806 (0.15)	77.290 (0.12)
$Tenure_{i,t}$	0.007 (1.14)	-0.002 (-0.06)	5.587* (1.82)	5.592* (1.82)

续表

VARIABLES	(1) DCPAY$_{i,t}$	(2) DOPV0$_{i,t}$	(3) DSHV0$_{i,t}$	(4) DTW$_{i,t}$
Age$_{i,t}$	0.065** (2.57)	-0.167* (-1.75)	-47.701*** (-3.27)	-47.803*** (-3.27)
Boardsize$_{i,t}$	-0.094 (-1.00)	-0.174 (-0.27)	6.567 (0.13)	6.299 (0.13)
Dual$_{i,t}$	-0.203 (-0.46)	-1.836 (-0.71)	162.669 (0.47)	160.631 (0.46)
Indratio$_{i,t}$	-8.873*** (-2.75)	-9.762 (-0.53)	1 452.861 (0.72)	1 434.226 (0.71)
Constant	-43.669*** (-9.73)	-116.195*** (-4.19)	-27 942.126*** (-10.92)	-28 101.990*** (-10.98)
Year FE	YES	YES	YES	YES
Industry FE	YES	YES	YES	YES
Cluster Firm	YES	YES	YES	YES
Observations	32 201	32 201	32 201	32 201
Adjust R^2	0.035	0.006	0.112	0.112

注：***、**、* 分别表示在 1%、5%、10% 水平上显著；括号内为 T 值，标准误在公司层面聚类。

图 3-10 是基于表 3-6 第（4）列刻画的各年度 CEO 财富变动带来的薪酬—会计业绩敏感性。如图 3-10 所示，CEO 财富变动提供的激励水平在 2004 年之前接近于 0，在 2004 年之后趋于波动上升，其中 CEO 薪酬激励水平的最低值和最高值分别出现在 2008 年（-1.796%）和 2017 年（5.731%）。与图 3-9 对比可以发现，CEO 薪酬—市场业绩敏感性和薪酬—会计业绩敏感性的年度变化趋势有所差异，表明各年度 CEO 薪酬对市场业绩和会计业绩的反应可能并不完全相同。为此，我们在表中进一步考察了会计业绩是否提供了市场业绩没有包含的高管不可观测行为的额外信息。

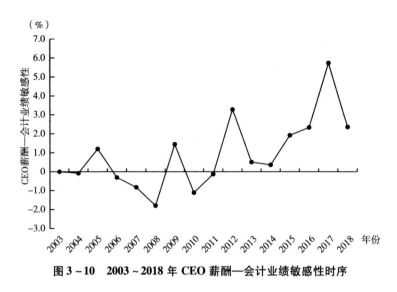

图 3 – 10　2003 ~ 2018 年 CEO 薪酬—会计业绩敏感性时序

3. 同时考虑市场业绩和会计业绩的 CEO 薪酬—业绩敏感性。在表 3 – 7 的回归中同时加入当期及滞后一期公司股东财富变动和公司净利润变动值。与表 3 – 5 和表 3 – 6 中公司业绩回归系数相比，公司业绩回归系数统计显著性基本没有变化，公司股东财富变动回归系数数值变动不大、净利润回归系数数值有所下降。具体来说，保持其他因素不变，当期及滞后一期公司股东财富每变动 1 000 元，CEO 现金薪酬变动 0.005 元、期权类薪酬变动 0.031 元、股票类薪酬变动 4.772 元、财富变动 4.808 元，相应的薪酬—业绩敏感性分别为 0.0005%、0.0031%、0.4772%、0.4808%；在其他因素不变的情况下，当期及滞后一期公司净利润每变动 1 000 元，CEO 现金薪酬变动 0.125 元、期权类薪酬变动 0.036 元、股票类薪酬变动 19.587 元、财富变动 19.748 元，相应的薪酬—业绩敏感性分别为 0.0125%、0.0038%、1.9587%、1.9748%。与表 3 – 5 第（4）列的回归结果相比，表 3 – 7 第（4）列的回归结果中调整的 R^2 并没有发生太大变化，表明至少基于本章的样本，公司会计业绩没有比市场业绩更多地解释 CEO 薪酬变动。

表 3 - 7　　基于市场业绩和会计业绩的 CEO 薪酬—业绩敏感性 OLS 回归

VARIABLES	(1) $DCPAY_{i,t}$	(2) $DOPV0_{i,t}$	(3) $DSHV0_{i,t}$	(4) $DTW_{i,t}$
$DSW_{i,t}$	0.003*** (4.71)	0.032*** (4.68)	5.365*** (9.62)	5.400*** (9.68)
$DSW_{i,t-1}$	0.002*** (2.99)	-0.001 (-0.23)	-0.593** (-2.43)	-0.592** (-2.42)
$DNP_{i,t}$	0.080*** (10.73)	0.060 (1.43)	9.030*** (4.02)	9.170*** (4.07)
$DNP_{i,t-1}$	0.045*** (4.86)	-0.024 (-0.65)	10.557*** (4.24)	10.578*** (4.25)
$Ln\_Size_{i,t}$	2.027*** (9.72)	5.103*** (3.97)	745.455*** (7.91)	752.585*** (7.98)
$MTB_{i,t}$	0.164*** (3.49)	1.133*** (2.63)	370.983*** (8.75)	372.280*** (8.76)
$Sdret_{i,t}$	58.385* (1.76)	53.925 (0.27)	129 891.575*** (6.02)	130 003.885*** (6.03)
$Lev_{i,t}$	-1.272* (-1.89)	-6.883 (-1.20)	-3 099.233*** (-6.98)	-3 107.388*** (-6.98)
$SOE_{i,t}$	-2.233*** (-5.84)	-7.314** (-2.36)	-534.290*** (-3.34)	-543.837*** (-3.38)
$Top1_{i,t}$	-5.520*** (-4.35)	-15.735** (-2.04)	-21.811 (-0.03)	-43.066 (-0.06)
$Tenure_{i,t}$	0.003 (0.53)	-0.012 (-0.46)	-0.624 (-0.21)	-0.633 (-0.22)
$Age_{i,t}$	0.084*** (3.07)	-0.177* (-1.70)	-46.491*** (-3.22)	-46.585*** (-3.23)
$Boardsize_{i,t}$	-0.065 (-0.68)	-0.136 (-0.19)	16.351 (0.33)	16.150 (0.33)
$Dual_{i,t}$	-0.243 (-0.50)	-1.993 (-0.68)	1 409.269*** (3.88)	1 407.033*** (3.86)
$Indratio_{i,t}$	-8.359** (-2.46)	-3.077 (-0.16)	703.249 (0.36)	691.813 (0.36)

续表

VARIABLES	(1) DCPAY$_{i,t}$	(2) DOPV0$_{i,t}$	(3) DSHV0$_{i,t}$	(4) DTW$_{i,t}$
Constant	− 38. 833*** (− 8. 32)	− 88. 743*** (− 3. 47)	− 17 995. 370*** (− 8. 05)	− 18 122. 946*** (− 8. 11)
Year FE	YES	YES	YES	YES
Industry FE	YES	YES	YES	YES
Cluster Firm	YES	YES	YES	YES
Observations	29 178	29 178	29 178	29 178
Adjust R^2	0. 039	0. 013	0. 128	0. 128

注：***、**、* 分别表示在 1%、5%、10% 水平上显著；括号内为 T 值，标准误在公司层面聚类。

3.3.3　CEO 薪酬激励与公司风险权衡的回归分析

委托代理模型的另一个重要实证推断是 CEO 薪酬—业绩敏感性会随公司收益波动（即公司风险）的增加而降低（Hölmstrom and Milgrom，1987；Garen，1994）。由于 CEO 是风险厌恶的，仅通过薪酬—业绩敏感性的平均水平并不能判断薪酬契约的有效性，CEO 薪酬契约还应体现出薪酬激励与公司风险的权衡。本章将 CEO 薪酬激励与公司风险权衡回归整理后的结果汇总在表 3 − 8 中。

表 3 − 8　　　　　CEO 薪酬激励与当期公司风险的 OLS 回归

VARIABLES	(1) DCPAY$_{i,t}$	(2) DOPV0$_{i,t}$	(3) DSHV0$_{i,t}$	(4) DTW$_{i,t}$
DSW$_{i,t}$	0. 021*** (8. 36)	0. 133*** (3. 22)	30. 528*** (13. 64)	30. 681*** (13. 68)
DSW$_{i,t}$ × CDF$_{i,t}$	− 0. 018*** (− 6. 59)	− 0. 108*** (− 2. 61)	− 26. 491*** (− 11. 22)	− 26. 617*** (− 11. 25)
CDF$_{i,t}$	4. 222*** (3. 21)	30. 019*** (2. 92)	− 7 649. 266*** (− 9. 20)	− 7 615. 026*** (− 9. 16)

续表

VARIABLES	(1) $DCPAY_{i,t}$	(2) $DOPV0_{i,t}$	(3) $DSHV0_{i,t}$	(4) $DTW_{i,t}$
Estimated PPS estimated at:				
Min variance	0.021	0.133	30.528	30.681
Median variance	0.012	0.079	17.283	17.373
Max variance	0.003	0.025	4.037	4.064
Controls	YES	YES	YES	YES
Year FE	YES	YES	YES	YES
Industry FE	YES	YES	YES	YES
Cluster Firm	YES	YES	YES	YES
Observations	31 600	31 600	31 600	31 600
Adjust R^2	0.025	0.015	0.148	0.149

注：***、**、*分别表示在1%、5%、10%水平上显著；括号内为 T 值，标准误在公司层面聚类。

从表3-8可知，在各类薪酬回归中，股东财富变动系数（β_1）在1%统计水平上显著为正，股东财富变动与股票收益方差累计分布函数的交乘项系数（β_2）在1%统计水平上显著为负，初步表明中国上市公司 CEO 薪酬契约体现了激励 CEO 作出不可观测努力与最小化其所需承受风险之间的经济权衡，符合委托代理模型的基本推断。从经济意义来看，在股票收益方差最小值、中值和最大值处，股东财富每增加1 000元，CEO 现金薪酬平均增加分别为0.021元、0.012元和0.003元，CEO 期权类薪酬平均增加分别为0.133元、0.079元和0.025元，CEO 股票类薪酬平均增加分别为30.528元、17.283元和4.037元，CEO 财富变动平均增加分别为30.681元、17.373元和4.064元。

鉴于 CEO 激励的实施可能影响公司风险水平，我们还使用上一年度公司风险水平重新进行了估计。表3-9汇报了使用上一年度公司风险水平回归的整理结果。与表3-8相比，表3-9回归系数的绝对数值均明显更小，不同风险分布处 CEO 薪酬——业绩敏感性差异的数值也相对更小，但回归系数的符号及显著性几乎没有变化，股票收益方差最小值和最大值处的 CEO 薪酬—业绩敏感性差异仍十分明显。该实证结果与本章的假设 3 – 3 相一致。

表 3 – 9　　　　　　　CEO 薪酬激励与上一期公司风险的 OLS 回归

	(1) $DCPAY_{i,t}$	(2) $DOPVO_{i,t}$	(3) $DSHVO_{i,t}$	(4) $DTW_{i,t}$
$DSW_{i,t}$	0.007*** (3.64)	0.094*** (3.08)	15.303*** (12.47)	15.404*** (12.57)
$DSW_{i,t} \times CDF_{i,t-1}$	− 0.004* (− 1.66)	− 0.073** (− 2.41)	− 11.148*** (− 8.08)	− 11.224*** (− 8.15)
$CDF_{i,t-1}$	− 6.028*** (− 5.24)	− 1.402 (− 0.21)	− 6 290.149*** (− 8.73)	− 6 297.578*** (− 8.74)
Estimated PPS estimated at：				
Min variance	0.007	0.094	15.303	15.404
Median variance	0.005	0.058	9.729	9.792
Max variance	0.003	0.021	4.155	4.180
Controls	YES	YES	YES	YES
Year FE	YES	YES	YES	YES
Industry FE	YES	YES	YES	YES
Cluster Firm	YES	YES	YES	YES
Observations	30 422	30 422	30 422	30 422
Adjust R^2	0.0240	0.0151	0.141	0.142

注：***、**、* 分别表示在 1%、5%、10% 水平上显著；括号内为 T 值，标准误在公司层面聚类。

上述计算结果显示股票收益方差最小的公司的 CEO 薪酬—业绩敏感性远大于股票收益方差最大的公司，表明不同股票收益方差分布处的 CEO 薪酬—业绩敏感性不仅在统计上的差异显著，在经济意义上也差异巨大。此外，比较表 3 – 5 和表 3 – 8 回归得到的 CEO 薪酬—业绩敏感性大小可知，如果不考虑公司风险还可能会严重低估真实的 CEO 薪酬—业绩敏感性（即考虑公司风险时估计得到的 CEO 薪酬—业绩敏感性）。该实证结果补充了周泽将等（2018）关于高管薪酬契约中风险补偿效应的实证研究，他们发现高管薪酬水平与公司风险承担水平显著正相关，而本章的研究表明公司风险会显著削弱 CEO 薪酬与公司业绩之间的联系。

3.3.4　CEO 薪酬激励中相对业绩评价的回归分析

委托代理模型另一个重要的实证推断是关于 CEO 激励契约中相对业绩评价（RPE）的使用。如果公司业绩的随机部分（即不受 CEO 行为影响的部分）包含市场或行业成分，那么在评估 CEO 所采取的行动时通过相对业绩评价"剔除噪音"，有利于提升公司业绩作为 CEO 努力"信号"的精准性，进而提高 CEO 薪酬合约的有效性（Hölmstrom，1979；Murphy，1999）。

1. 基于市场业绩的相对业绩评价。需要强调的是，考察相对业绩评价的模型中加入的年份固定效应控制了年度市场情况，所以没有再单独加入年度市场平均业绩。表 3－10 汇报了基于市场业绩的 CEO 相对业绩评价回归结果。

表 3－10　　　　基于市场业绩的 CEO 相对业绩评价 OLS 回归

VARIABLES	(1) $DCPAY_{i,t}$	(2) $DOPV0_{i,t}$	(3) $DSHV0_{i,t}$	(4) $DTW_{i,t}$
$DSW_{i,t}$	0. 004*** （6. 37）	0. 033*** （4. 48）	6. 112*** （10. 56）	6. 148*** （10. 62）
$DSWInd_{j,t}$	－0. 001 （－0. 72）	－0. 009 （－1. 54）	－1. 233** （－2. 20）	－1. 243** （－2. 22）
Controls	YES	YES	YES	YES
Year FE	YES	YES	YES	YES
Industry FE	YES	YES	YES	YES
Cluster Firm	YES	YES	YES	YES
Observations	31 558	31 558	31 558	31 558
Adjust R^2	0. 023	0. 013	0. 132	0. 133

注：***、**、*分别表示在 1%、5%、10% 水平上显著；括号内为 T 值，标准误在公司层面聚类。

表 3 - 10 的回归结果显示，公司股东财富变动回归系数在各类薪酬回归中均显著为正，行业股东财富变动回归系数为负、在 CEO 股票类薪酬（第（3）列）和 CEO 财富变动（第（4）列）回归中显著，并且公司股东财富变动回归系数在数值上高于行业股东财富变动回归系数，初步表明中国上市公司 CEO 激励契约，尤其是 CEO 股票类薪酬和 CEO 财富变动，部分剔除了行业业绩，体现出一定的基于市场业绩的相对业绩评价。表 3 - 10 的实证结果与周宏和张巍（2010）相反，这主要归因于研究区间和薪酬统计方法的不同：他们使用的是 1999 ~ 2006 年中国上市公司前三名高管现金薪酬均值，而本书采用的是 2003 ~ 2018 年中国上市公司 CEO 各类薪酬及财富变动。上述分析还进一步说明，随着我国高管薪酬改革不断推进和权益激励日益普及，CEO 薪酬激励契约逐渐显现出基于市场业绩的相对业绩评价，在一定程度上提高了 CEO 薪酬合约的有效性。

2. 基于会计业绩的相对业绩评价。表 3 - 11 汇报了基于会计业绩的相对业绩评价回归结果，其中公司净利润变动回归系数在各类薪酬回归中均显著为正，行业净利润变动回归系数在第（3）列和第（4）列显著为正、在第（2）列显著为负，初步表明除了期权类薪酬外的其他各类薪酬在评估 CEO 表现时没有剔除行业会计业绩，缺乏基于会计业绩的相对业绩评价。表 3 - 11 实证结果与胡亚权和周宏（2012）不同，除了研究区间和薪酬统计方法的差异以外，还可能是因为他们使用资产回报率衡量公司会计业绩，没有将公司规模考虑在内。

表 3 - 11　　　　　基于会计业绩的 CEO 相对业绩评价 OLS 回归

VARIABLES	（1） $DCPAY_{i,t}$	（2） $DOPV0_{i,t}$	（3） $DSHV0_{i,t}$	（4） $DTW_{i,t}$
$DNP_{i,t}$	0.085*** （11.45）	0.165*** （3.07）	22.381*** （7.85）	22.631*** （7.94）
$DNPInd_{j,t}$	0.014 （1.13）	- 0.184*** （- 3.19）	8.885* （1.70）	8.714* （1.67）
Controls	YES	YES	YES	YES
Year FE	YES	YES	YES	YES
Industry FE	YES	YES	YES	YES

续表

VARIABLES	(1) DCPAY$_{i,t}$	(2) DOPV0$_{i,t}$	(3) DSHV0$_{i,t}$	(4) DTW$_{i,t}$
Cluster Firm	YES	YES	YES	YES
Observations	34 610	34 610	34 610	34 610
Adjust R^2	0.033	0.006	0.105	0.105

注：*** 、** 、* 分别表示在 1% 、5% 、10% 水平上显著；括号内为 T 值，标准误在公司层面聚类。

3. 同时考虑市场业绩和会计业绩的相对业绩评价。在表 3 - 12 的回归中同时加入基于市场指标和会计指标的公司业绩与行业业绩，得到的结论与分别基于市场指标和会计指标的结论相一致，即 CEO 薪酬契约具有一定的相对市场业绩评价，但缺乏相对会计业绩评价。总的来说，表 3 - 10、表 3 - 11 和表 3 - 12 的实证结果支持了本章的假设 3 - 4a。

表 3 - 12　　基于市场业绩和会计业绩的 CEO 相对业绩评价 OLS 回归

VARIABLES	(1) DCPAY$_{i,t}$	(2) DOPV0$_{i,t}$	(3) DSHV0$_{i,t}$	(4) DTW$_{i,t}$
DSW$_{i,t}$	0.002*** (3.90)	0.032*** (4.46)	5.983*** (10.38)	6.017*** (10.43)
DSWInd$_{j,t}$	-0.001 (-0.61)	-0.006 (-1.22)	-1.274** (-2.34)	-1.281** (-2.35)
DNP$_{i,t}$	0.082*** (11.00)	0.082* (1.80)	6.806*** (2.79)	6.970*** (2.86)
DNPInd$_{j,t}$	0.019 (1.56)	-0.209*** (-3.57)	6.809 (1.29)	6.618 (1.26)
Controls	YES	YES	YES	YES
Year FE	YES	YES	YES	YES
Industry FE	YES	YES	YES	YES
Cluster Firm	YES	YES	YES	YES
Observations	31 558	31 558	31 558	31 558
Adjust R^2	0.034	0.013	0.132	0.133

注：*** 、** 、* 分别表示在 1% 、5% 、10% 水平上显著；括号内为 T 值，标准误在公司层面聚类。

3.3.5 CEO薪酬激励有效性的异质性分析

我国上市公司较为特殊，不仅存在"一股独大"现象，还面临股权分置和国有股权主导等问题，使得我国的公司治理与其他国家有所不同。本章结合中国上市公司的股权制衡和股权性质背景，将 CEO 薪酬激励契约的异质性分析集中在非控股大股东股权制衡和国有股权性质两个方面。由于 CEO 财富变动（$DTW_{i,t}$）直接计算的薪酬—业绩敏感性包含了 CEO 各类薪酬产生的薪酬激励，本章在 CEO 薪酬激励契约异质性分析部分的实证检验主要使用 CEO 财富变动。

1. 非控股大股东与 CEO 薪酬激励有效性。非控股大股东可以通过"呼吁"通过直接干预阻止 CEO 和控股股东的不当行为（Shleifer and Vishny，1986；McCahery et al.，2016），或通过股票交易约束 CEO 和控股股东、增加股价信息含量（Edmans，2009；Edmans and Manso，2011），同时多个大股东之间的协调摩擦也可能会降低大股东监督效率（Fang et al.，2018），这些都可能促使 CEO 薪酬激励差异形成。本节根据是否存在持股 5% 以上的非控股大股东，将样本分为存在非控股大股东组别和不存在非控股大股东组别，分别考察了这两组企业的 CEO 薪酬契约实践是否符合 CEO 薪酬激励的三个基本推断，并进一步检验了不同非控股大股东结构企业 CEO 薪酬激励的差异。

表 3 – 13、表 3 – 14 和表 3 – 15 分别汇报了不同非控股大股东结构企业 CEO 薪酬—业绩敏感性、CEO 薪酬激励相对业绩评价和 CEO 薪酬激励与公司风险权衡的回归结果。每个表格的第（1）列［第（2）列］和第（4）列［第（5）列］为不存在（存在）非控股大股东组别的回归结果，第（3）列和第（6）列使用似无相关回归模型（SUR）分别检验了存在非控股大股东组别与不存在非控股大股东组别回归系数的差异。表 3 – 13 和表 3 – 14 的第（1）、第（2）列［第（4）、第（5）列］为基于市场业绩（会计业绩）的回归结果，表 3 – 15 的第（1）、第（2）列［第（4）、第（5）列］为 CEO 薪酬激励与当期（上一期）公司风险权衡的回归结果。

（1）非控股大股东结构与 CEO 薪酬—业绩敏感性。

表 3 - 13　　　　　非控股大股东结构与 CEO 薪酬—业绩敏感性

VARIABLES	(1)	(2)	(3)	(4)	(5)	(6)
	$DTW_{i,t}$		b(2) - b(1)	$DTW_{i,t}$		b(5) - b(4)
	NNLS	NLS		NNLS	NLS	
$DSW_{i,t}$	1.886***	7.815***	5.929***			
	(4.92)	(9.47)	(47.76)			
$DSW_{i,t-1}$	-0.121	-0.416	-0.295			
	(-0.48)	(-1.24)	(0.58)			
$DNP_{i,t}$				13.141***	28.022***	14.881***
				(4.89)	(7.58)	(12.47)
$DNP_{i,t-1}$				5.148*	8.658***	3.510
				(1.88)	(2.64)	(0.79)
Controls	YES	YES	YES	YES	YES	YES
Year FE	YES	YES	YES	YES	YES	YES
Industry FE	YES	YES	YES	YES	YES	YES
Cluster Firm	YES	YES	YES	YES	YES	YES
Observations	11 866	17 312		12 317	19 884	
Adjust R^2	0.064	0.166		0.060	0.142	

注：***、**、*分别表示在1%、5%、10%水平上显著，第（1）、第（2）、第（4）、第（5）列括号内为 T 值，第（3）、第（6）列括号内为卡方统计值量，标准误在公司层面聚类。

表 3 - 13 第（1）、第（2）、第（4）、第（5）列的 CEO 薪酬—业绩敏感性回归结果显示，无论是否存在非控股大股东，CEO 薪酬与公司业绩敏感性的相关性均显著为正。表 3 - 13 第（3）列和第（6）列的回归系数差异性检验结果显示，CEO 薪酬—市场业绩敏感性和 CEO 薪酬—会计业绩敏感性均在存在非控股大股东的组别中更高，并且该差异在统计上和经济意义上均显著。表 3 - 13 的回归结果表明当公司存在非控股大股东时，CEO 财富变动与公司业绩的联系更为紧密，在一定程度上补充了非控股大股东治理作用的相关研究（Attig et al.，2008；姜付秀等，2017；王运通和姜付秀，2017；Jiang et al.，2018；Jiang et al.，2019）。

本章分别以表 3 - 13 第（1）、第（2）列和第（4）、第（5）列为基准模型，估算了不同非控股大股东结构企业各年 CEO 薪酬—市场业绩敏感性和 CEO 薪酬—会计业绩敏感性，相应的时序图刻画在图 3 - 11 中。

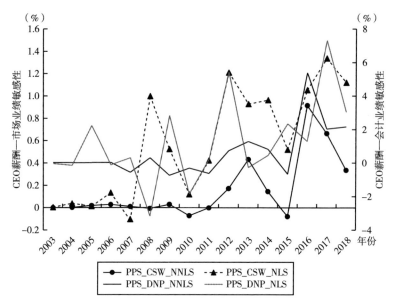

图 3 - 11　2003 ~ 2018 年非控股大股东结构与 CEO 薪酬—业绩敏感性

如图 3 - 11 所示，不同非控股大股东结构企业的 CEO 薪酬—市场业绩敏感性在 2007 年之前较为相近，在 2007 年之后均呈波动上升趋势，但存在非控股大股东组别的 CEO 薪酬—市场业绩敏感性明显高于不存在非控股大股东组别。样本期内 CEO 薪酬—会计业绩敏感性在存在非控股大股东的组别（不存在非控股大股东的组别）较为波动（平稳）。

（2）非控股大股东结构与 CEO 薪酬激励和公司风险的权衡。表 3 - 14 第（1）、第（2）、第（4）、第（5）列的结果显示，股东财富变动与公司风险分布的交叉项系数均显著为负，表明无论是否存在非控股大股东，CEO 薪酬契约均体现出 CEO 薪酬激励与公司风险的权衡。从系数的绝对数值看，非控股大股东组别的股东财富变动及其与公司风险分布交叉项的系数数值均显著更高，这从 CEO 薪酬激励与公司风险权衡的角度初步说明，存在非控股大股东组别的 CEO 薪酬激励契约可能更有效，进而初步表明我国上市公司的非控股大股东的治理作用。

表 3 – 14　　非控股大股东结构与 CEO 薪酬激励和公司风险的权衡

VARIABLES	(1)	(2)	(3)	(4)	(5)	(6)
	$DTW_{i,t}$		b(2) – b(1)	$DTW_{i,t}$		b(5) – b(4)
	NNLS	NLS		NNLS	NLS	
$DSW_{i,t}$	10.316***	47.608***	37.292***	5.377***	22.125***	16.748***
	(6.56)	(12.86)	(89.09)	(5.46)	(11.29)	(58.17)
$DSW_{i,t} \times CDF_{i,t}$	−9.093***	−42.051***	−32.958***			
	(−5.52)	(−10.93)	(64.89)			
$DSW_{i,t} \times CDF_{i,t-1}$				−4.220***	−16.259***	−12.039***
				(−3.86)	(−7.46)	(24.44)
$CDF_{i,t}$	−5 281.183***	−6 751.071***	−1 469.888			
	(−5.48)	(−5.46)	(0.89)			
$CDF_{i,t-1}$				−3 962.122***	−6 887.451***	−2 925.330**
				(−4.07)	(−7.02)	(4.61)
Controls	YES	YES	YES	YES	YES	YES
Year FE	YES	YES	YES	YES	YES	YES
Industry FE	YES	YES	YES	YES	YES	YES
Cluster Firm	YES	YES	YES	YES	YES	YES
Observations	12 218	19 382		11 695	18 727	
Adjust R^2	0.070	0.197		0.067	0.185	

注：***、**、* 分别表示在 1%、5%、10% 水平上显著，第（1）、第（2）、第（4）、第（5）列括号内为 T 值，第（3）、第（6）列括号内为卡方统计值量，标准误在公司层面聚类。

（3）非控股大股东结构与 CEO 薪酬激励中的相对业绩评价。表 3 – 15 第（1）、第（2）列的回归结果显示，在不存在（存在）非控股大股东组别，CEO 财富变动与同年行业平均股东财富变动正相关（显著负相关），表明存在非控股大股东组别的 CEO 薪酬激励体现出一定的相对市场业绩评估，而不存在非控股大股东组别的 CEO 薪酬激励没有体现出相对市场业绩评估；表 3 – 15 第（4）、第（5）列的回归结果显示，无论是否存在非控股大股东，CEO 财富变动与同年行业平均股东财富变动均正相关，表明 CEO 薪酬激励均没有体现出相对会计业绩评估。该回归结果从 CEO 薪酬激励相对业绩评估的角度初步证明，存在非控股大股东组别的 CEO 薪酬激励契约可能更有效，再次肯定了非控股大股东的治理作用。

表 3 - 15　　　非控股大股东结构与 CEO 薪酬激励中的相对业绩评价

VARIABLES	(1) $DTW_{i,t}$	(2)	(3) b(2) - b(1)	(4) $DTW_{i,t}$	(5)	(6) b(5) - b(4)
	NNLS	NLS		NNLS	NLS	
$DSW_{i,t}$	1. 924*** (5. 10)	8. 469*** (10. 06)	6. 545*** (55. 84)			
$DSWInd_{j,t}$	0. 253 (0. 53)	- 1. 697* (- 1. 80)	- 1. 950* (3. 25)			
$DNP_{i,t}$				12. 271*** (4. 48)	27. 151*** (7. 06)	14. 880 (11. 77)
$DNPInd_{j,t}$				7. 210 (1. 22)	7. 036 (0. 89)	- 0. 174 (0. 00)
Controls	YES	YES	YES	YES	YES	YES
Year FE	YES	YES	YES	YES	YES	YES
Industry FE	YES	YES	YES	YES	YES	YES
Cluster Firm	YES	YES	YES	YES	YES	YES
Observations	12 210	19 348		12 570	22 040	
Adjust R^2	0. 063	0. 174		0. 058	0. 130	

注：***、**、*分别表示在1%、5%、10%水平上显著，第（1）、第（2）、第（4）、第（5）列括号内为T值，第（3）、第（6）列括号内为卡方统计值量，标准误在公司层面聚类。

2. 股权性质与 CEO 薪酬激励的基本理论推断。国有股权性质企业（以下简称国有企业）的多重目标导致难以区分国有企业的"经营性亏损"和"政策性亏损"，削弱了公司业绩衡量国有企业 CEO 努力和能力的精准性（Kornai，1986；苏冬蔚和熊家财，2013a）；而高管薪酬管制的存在以及国有企业高管"经济人"和"政治人"的双重身份则使福利性收入和晋升成为国有企业高管货币薪酬（激励）的有效补充（陈冬华等，2005；梁上坤和陈冬华，2014；Cao et al.，2019）。这些都可能推动不同股权性质企业 CEO 薪酬激励差异形成。本节根据终极控制权性质，将样本分为国有企业组别和民营企业组别，分别考察了不同股权性质企业的 CEO 薪酬契约实践是否符合 CEO 薪酬激励的三个基本推断，并进一步检验了不同股权性质企业 CEO 薪酬激励的差异。

表 3 - 16、表 3 - 17 和表 3 - 18 分别汇报了不同股权性质企业 CEO 薪酬—业绩敏感性、CEO 薪酬激励相对业绩评价和 CEO 薪酬激励与公司风险权衡的回归结果。每个表格的第（1）列［第（2）列］和第（4）列［第（5）列］为民营企业（国有企业）组别的回归结果，第（3）列和第（6）列使用似无相关回归模型（SUR）检验了国有企业组别与民营企业组别回归系数的差异。表 3 - 16 和表 3 - 18 的第（1）、第（2）列［第（4）、第（5）列］为基于市场业绩（会计业绩）的回归结果，表 3 - 17 的第（1）、第（2）列［第（4）、第（5）列］为 CEO 薪酬激励与当期（上一期）公司风险权衡的回归结果。

（1）股权性质与 CEO 薪酬—业绩敏感性。表 3 - 16 第（1）、第（2）、第（4）、第（5）列的 CEO 薪酬—业绩敏感性回归结果显示，不同股权性质企业的 CEO 薪酬与公司业绩敏感性的相关性均显著为正。表 3 - 16 第（3）列和第（6）列的回归系数差异性检验结果显示，CEO 薪酬—市场业绩敏感性和 CEO 薪酬—会计业绩敏感性均在国有企业组别中更低，并且该差异在统计上和经济意义上均显著。该回归结果支持了已有研究关于国有企业 CEO 薪酬与公司业绩相关性更弱的观点（Conyon and He, 2011；陈冬华等，2005；薛云奎和白云霞，2008；张敏等，2013）。

表 3 - 16　　　　　　　　　股权性质与 CEO 薪酬—业绩敏感性

VARIABLES	(1)	(2)	(3)	(4)	(5)	(6)
	$DTW_{i,t}$		b(2) - b(1)	$DTW_{i,t}$		b(5) - b(4)
	NonSOE	SOE		NonSOE	SOE	
$DSW_{i,t}$	14.529*** (11.16)	0.928*** (2.72)	- 13.601*** (103.33)			
$DSW_{i,t-1}$	- 0.126 (- 0.22)	0.197 (1.39)	0.323 (0.29)			
$DProfit_{i,t}$				56.221*** (7.80)	4.298*** (2.85)	- 51.923*** (50.64)
$DProfit_{i,t-1}$				11.832 (1.64)	1.724 (1.12)	- 10.108 (1.93)

续表

VARIABLES	(1)	(2)	(3)	(4)	(5)	(6)
	$DTW_{i,t}$		b(2) − b(1)	$DTW_{i,t}$		b(5) − b(4)
	NonSOE	SOE		NonSOE	SOE	
Controls	YES	YES	YES	YES	YES	YES
Year FE	YES	YES	YES	YES	YES	YES
Industry FE	YES	YES	YES	YES	YES	YES
Cluster Firm	YES	YES	YES	YES	YES	YES
Observations	14 532	14 645		16 992	15 209	
Adjust R^2	0.221	0.025		0.174	0.011	

注：***、**、* 分别表示在 1%、5%、10% 水平上显著，第（1）、第（2）、第（4）、第（5）列括号内为 T 值，第（3）、第（6）列括号内为卡方统计值量，标准误在公司层面聚类。

本章分别以表 3 – 16 第（1）、第（2）列和第（4）、第（5）列为基准模型，估算了不同股权性质企业各年 CEO 薪酬—市场业绩敏感性和 CEO 薪酬—会计业绩敏感性，相应的时序图描绘在图 3 – 12 中。如图 3 – 12 所示，国有企业（民营企业）的 CEO 薪酬—市场业绩敏感性和 CEO 薪酬—会计业绩敏感性在样本期内较为平稳（波动），并且国有企业的 CEO 薪酬—市场业绩敏感性在除 2007 年以外的样本期内各年度均高于民营企业。

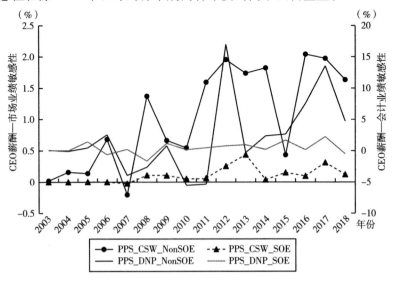

图 3 – 12   2003 ~ 2018 年股权性质与 CEO 薪酬—业绩敏感性

（2）股权性质与 CEO 薪酬激励和公司风险的权衡。表 3 - 17 第（1）、第（2）、第（4）、第（5）列的结果显示，民营企业组别的股东财富变动与公司风险分布的交叉项系数均显著为负，国有企业组别的股东财富变动与公司风险分布的交叉项系数不显著，表明民营企业的 CEO 薪酬契约显示出了 CEO 薪酬激励与公司风险的权衡，而国有企业的 CEO 薪酬契约没有体现 CEO 薪酬激励与公司风险的权衡，进而从 CEO 薪酬激励与公司风险权衡的角度初步说明，民营企业的 CEO 薪酬激励契约可能更有效。

表 3 - 17　　　股权性质与 CEO 薪酬激励和公司风险的权衡

VARIABLES	(1)	(2)	(3)	(4)	(5)	(6)
	$DTW_{i,t}$		b(2) - b(1)	$DTW_{i,t}$		b(5) - b(4)
	NonSOE	SOE		NonSOE	SOE	
$DSW_{i,t}$	55.698***	0.452	-55.246***	24.138***	1.263**	-22.875***
	(12.00)	(0.60)	(138.68)	(9.61)	(2.30)	(79.62)
$DSW_{i,t} \times CDF_{i,t}$	-44.536***	0.492	45.028***			
	(-8.88)	(0.48)	(77.43)			
$CDF_{i,t}$	-4 755.524***	-776.971***	3 978.553**			
	(-2.94)	(-3.04)	(5.95)			
$DSW_{i,t} \times CDF_{i,t-1}$				-11.067***	-0.366	10.701***
				(-3.63)	(-0.45)	(11.65)
$CDF_{i,t-1}$				-7 030.843***	94.508	7 125.351***
				(-5.86)	(0.35)	(33.10)
Controls	YES	YES	YES	YES	YES	YES
Year FE	YES	YES	YES	YES	YES	YES
Industry FE	YES	YES	YES	YES	YES	YES
Cluster Firm	YES	YES	YES	YES	YES	YES
Observations	16 505	15 095		16 218	14 204	
Adjust R^2	0.243	0.026		0.232	0.026	

注：***、**、*分别表示在1%、5%、10%水平上显著，第（1）、第（2）、第（4）、第（5）列括号内为 T 值，第（3）、第（6）列括号内为卡方统计计量值，标准误在公司层面聚类。

（3）股权性质与 CEO 薪酬激励中的相对业绩评价。表 3 - 18 第（1）、第（4）列的回归结果显示，民营企业组别同年行业平均股东财富变动的回归系数均为正，表明民营企业 CEO 薪酬激励既没有体现出相对市场业绩评估，也没有体现出相对会计业绩评估，甚至民营企业的 CEO 财富变动与同年行业平均净利润显著正相关，体现出一定的"运气支付"。表 3 - 18 第（2）、第（5）列的回归结果显示，民营企业组别同年行业平均股东财富变动的回归系数均为负，但仅在以市场业绩衡量的回归中显著（第（2）列），表明国有企业的 CEO 薪酬激励体现出明显的相对市场业绩评估，但相对会计业绩评估微弱。该回归结果从 CEO 薪酬激励相对业绩评估的角度，为姜付秀等（2014）国有企业 CEO 薪酬契约可能更有效的观点提供了进一步的实证支持。

表 3 - 18　　　　　　股权性质与 CEO 薪酬激励中的相对业绩评价

VARIABLES	(1)	(2)	(3)	(4)	(5)	(6)
	DTW		b(2) - b(1)	DTW		b(5) - b(4)
	NonSOE	SOE		NonSOE	SOE	
$DSW_{i,t}$	15. 234*** (11. 76)	1. 011*** (3. 05)	- 14. 223*** (113. 89)			
$DSWInd_{j,t}$	1. 879 (1. 55)	- 0. 524** (- 2. 32)	- 2. 403* (3. 82)			
$DProfit_{i,t}$				53. 606*** (7. 53)	4. 345*** (2. 78)	- 49. 261*** (46. 64)
$DProfitInd_{j,t}$				23. 684* (1. 80)	- 0. 854 (- 0. 61)	- 24. 538* (3. 44)
Controls	YES	YES	YES	YES	YES	YES
Year FE	YES	YES	YES	YES	YES	YES
Industry FE	YES	YES	YES	YES	YES	YES
Cluster Firm	YES	YES	YES	YES	YES	YES
Observations	16 470	15 088		19 017	15 593	
Adjust R^2	0. 228	0. 027		0. 159	0. 011	

注：*** 、** 、* 分别表示在 1%、5%、10% 水平上显著，第（1）、第（2）、第（4）、第（5）列括号内为 T 值，第（3）、第（6）列括号内为卡方统计值量，标准误在公司层面聚类。

3.3.6　稳健性检验

1. 使用中位数回归检验 CEO 薪酬激励的基本理论推断。因 CEO 各类薪酬均呈现出明显的右偏特性，表使用中位数回归检验了 CEO 薪酬契约的基本推断。表 3 – 19 第（1）列和第（2）列分别汇报了基于市场业绩和会计业绩的 CEO 薪酬—业绩敏感性水平回归结果，第（3）列和第（4）列分别汇报了基于市场业绩和会计业绩的 CEO 相对业绩评价回归结果，第（5）列则汇报了 CEO 激励与风险关系的回归结果。表 3 – 19 第（1）列和第（2）列的回归结果显示，CEO 薪酬—市场业绩敏感性和 CEO 薪酬—会计业绩敏感性分别为 0.0022% 和 0.0166%，远小于表中估算出来的 0.535% 和 3.081%，也更是远低于美国早年及近年的 CEO 薪酬—业绩敏感性水平。表 3 – 19 第（3）列和第（4）列的回归结果显示，当期公司市场业绩和会计业绩的回归系数均显著为正，当期行业市场业绩和会计业绩的回归系数则分别显著为负和显著为正，这与表得到的结论相一致，即 CEO 薪酬契约具有相对市场业绩评价、缺乏相对会计业绩评价。在表 3 – 19 第（5）列中，当期股东财富变动的回归系数显著为正，股东财富变动与股票收益方差累计分布函数交乘项的回归系数显著为负。计算整理后的结果显示，在股票收益方差最小值和最大值处的 CEO 薪酬—业绩敏感性分别为 0.060 元/股东财富变动 1 000 元和 0.011 元/股东财富变动 1 000 元。总的来说，中位数回归的系数虽然在数值上小于 OLS 回归，但所得结论与 OLS 回归基本一致。

表 3 – 19　　使用中位数回归检验 CEO 薪酬激励的基本理论推断

VARIABLES	(1)	(2)	(3)	(4)	(5)
	DTW$_{i,t}$				
DSW$_{i,t}$	0.018***		0.018***		0.060***
	(15.30)		(16.68)		(13.70)
DSW$_{i,t-1}$	0.004***				
	(4.06)				

VARIABLES	（1）	（2）	（3）	（4）	（5）
	$DTW_{i,t}$				
$DProfit_{i,t}$		0.110***		0.097***	
		(10.72)		(12.38)	
$DProfit_{i,t-1}$		0.056***			
		(5.86)			
$DSWInd_{j,t}$			−0.002***		
			(−3.80)		
$DNPInd_{j,t}$				0.025**	
				(2.47)	
$DSW_{i,t} \times CDF_{i,t}$					−0.049***
					(−10.18)
$CDF_{i,t}$					−0.551
					(−0.52)
Controls	YES	YES	YES	YES	YES
Year FE	YES	YES	YES	YES	YES
Industry FE	YES	YES	YES	YES	YES
Observations	29 178	32 201	31 559	34 611	31 601
Pseudo R^2	0.0003	0.0002	0.0003	0.0002	0.0003

注：***、**、*分别表示在1%、5%、10%水平上显著；括号内为 T 值，标准误在公司层面聚类。

2. 使用一定存续期的公司样本检验 CEO 薪酬激励的基本理论推断。我们选取样本期间内至少存在 4 年的公司，进一步检验了一定存续期公司 CEO 薪酬契约的有效性。将表 3 - 20 第（1）列、第（2）列与表 3 - 20 第（4）列和表 3 - 20 第（4）列相比，可以发现一定存续期公司和全样本公司的 CEO 薪酬—业绩敏感性较为相近（CEO 薪酬—市场业绩敏感性分别为 0.537% 和 0.535%，CEO 薪酬—会计业绩敏感性分别为 3.138% 和 3.081%）。表 3 - 20 第（3）列和第（4）列显著为正的公司业绩回归系数与显著为负（为正且不显著）的行业市场业绩（行业会计业绩）回归系数，表明一定存续期公司的 CEO 薪酬契约也是具有相对市场业绩评价、缺乏相对会计业绩评价。此外,表 3 - 20 第(5)列的回归结果显示,当期股东财富变动的回归系数显著为正、股东财富变动与股票收益方差累计分布函数交乘项的回归系数显著为负,说明一定存续期公司的 CEO 薪酬契约同样呈现出 CEO 激励与风险的权衡。总之,与基于总样本回归得出的结论相一致,一定存续期公司的 CEO 薪酬契约也符合委托代理模型的基本推断。

表 3 - 20　使用一定存续期的公司样本检验 CEO 薪酬激励的基本理论推断

VARIABLES	(1)	(2)	(3)	(4)	(5)
	$DTW_{i,t}$				
$DSW_{i,t}$	5.647*** (10.05)		5.998*** (10.32)		28.931*** (13.03)
$DSW_{i,t-1}$	-0.282 (-1.15)				
$DProfit_{i,t}$		23.814*** (8.63)		23.037*** (8.07)	
$DProfit_{i,t-1}$		7.570*** (3.09)			
$DSWInd_{j,t}$			-1.306** (-2.31)		
$DNPInd_{j,t}$				3.766 (0.73)	
$DSW_{i,t} \times CDF_{i,t}$					-24.857*** (-10.60)
$CDF_{i,t}$					-6 275.585491*** (-7.70)
Controls	YES	YES	YES	YES	YES
Year FE	YES	YES	YES	YES	YES
Industry FE	YES	YES	YES	YES	YES
Cluster Firm	YES	YES	YES	YES	YES
Observations	28 918	31 198	30 662	32 856	30 704
Adjust R^2	0.127	0.109	0.130	0.102	0.144

注:***、**、* 分别表示在 1%、5%、10% 水平上显著;括号内为 T 值,标准误在公司层面聚类。

3. 使用一定任职期的 CEO 样本检验 CEO 薪酬激励的基本理论推断。我们选取样本期间内担任 CEO 职位至少 3 年的 CEO，进一步检验了一定任职期 CEO 的薪酬契约情况。将表 3-21 第（1）列、第（2）列与表 3-5 第（4）列和表 3-6 第（4）列比较，可以发现一定任职期 CEO 的薪酬—业绩敏感性略高于和全样本 CEO（CEO 薪酬—市场业绩敏感性分别为 0.582% 和 0.535%，CEO 薪酬—会计业绩敏感性分别为 3.488% 和 3.081%）。同时，表 3-21 第（3）列和第（4）列与表 3-10 和 3-11 第（4）列回归系数的符号及显著性一致、表 3-21 第（5）列与表 3-8 第（4）列回归系数的符号及显著性一致，意味着一定任职期 CEO 的薪酬契约同样具有相对市场业绩评价、缺乏相对会计业绩评价，并体现出 CEO 激励与风险的权衡。总而言之，一定任职期 CEO 的薪酬契约也与委托代理模型的基本推断相符。

表 3-21　　使用一定任职期的 CEO 样本检验 CEO 薪酬激励的基本理论推断

VARIABLES	(1)	(2)	(3)	(4)	(5)
	$DTW_{i,t}$				
$DSW_{i,t}$	6.165*** (9.82)		6.774*** (10.40)		33.000*** (12.97)
$DSW_{i,t-1}$	-0.350 (-1.25)				
$DProfit_{i,t}$		27.687*** (8.29)		27.106*** (7.83)	
$DProfit_{i,t-1}$		7.194** (2.42)			
$DSWInd_{j,t}$			-1.493** (-2.32)		
$DNPInd_{j,t}$				2.754 (0.45)	
$DSW_{i,t} \times CDF_{i,t}$					-28.435*** (-10.61)
$CDF_{i,t}$					-8 777.274252*** (-8.91)

续表

VARIABLES	(1)	(2)	(3)	(4)	(5)
	$DTW_{i,t}$				
Controls	YES	YES	YES	YES	YES
Year FE	YES	YES	YES	YES	YES
Industry FE	YES	YES	YES	YES	YES
Cluster Firm	YES	YES	YES	YES	YES
Observations	24 661	26 874	26 361	28 350	26 402
Adjust R^2	0.146	0.125	0.148	0.118	0.166

注：***、**、*分别表示在1%、5%、10%水平上显著；括号内为 T 值，标准误在公司层面聚类。

3.4　本章小结

CEO 薪酬激励是解决股东—CEO 委托代理问题的重要途径之一。薪酬激励水平作为 CEO 薪酬激励研究的基础，对其进行全面的定量评估对于完整而系统地认识中国上市公司 CEO 激励发展与现状至关重要。鉴于已有研究在 CEO 薪酬统计范围和度量方法上存在一定的缺陷，本章以 2003～2018 年中国 A 股上市公司为样本，采用具体到 CEO 个体的薪酬数据，将 CEO 新授予和已持有的权益价值变动纳入薪酬统计，全面地估算了中国上市公司 CEO 薪酬—业绩敏感性。本章的研究结果显示，我国上市公司 CEO 具有正的薪酬—业绩敏感性，其中股票类薪酬是中国上市公司 CEO 薪酬激励的主要来源，提供了超过 99% 的薪酬—业绩敏感性。这表明已有文献常使用的忽略权益类薪酬的做法可能会导致 CEO 薪酬—业绩敏感性的严重低估。

然而，仅通过薪酬—业绩敏感性的平均水平并不能判断 CEO 薪酬契约的有效性。为此，本章使用我国上市公司 CEO 薪酬数据进一步检验了委托代理模型的另外两个基本推断：相对业绩评价和薪酬激励与公司风险的权衡。实证结果显示我国上市公司 CEO 薪酬契约存在相对业绩评估，并体现出薪酬激励与公司风险的权衡，初步表明，我国上市公司的 CEO 薪酬激励符合委托代理模型的基本推断。以上结论在使用中位数回归、一定存续期的公司样本和一定任职期的 CEO 样本时也仍然成立。

本章的研究在一定程度上缓解了遗漏 CEO 权益类薪酬导致的 CEO 薪酬水平和薪酬—业绩敏感性度量偏差，所得的结论初步地肯定了我国上市公司 CEO 薪酬契约的有效性。本章的实证结果不但为 CEO 薪酬激励的相关研究提供了更精准的定量数据支持，还为我国上市公司高管薪酬改革和公司治理改进提供了有价值的参考。具体地，高管薪酬改革不该是简单的"限薪"，而应进一步加强 CEO 薪酬与股东价值变动的联系，特别是推动高管股权激励的实施，以提升 CEO 薪酬激励水平。

第 4 章

非控股大股东对 CEO 薪酬激励的影响

第 3 章的研究表明我国上市公司 CEO 薪酬激励符合委托代理模型的三个基本推断，进而初步证实我国上市公司 CEO 薪酬激励的有效性。接下来的章节将基于我国上市公司股权制衡特征，探究 CEO 薪酬激励的影响因素。

我国上市公司的股权高度集中，本章的样本数据显示 2003～2018 年我国上市公司控股股东持股比例均值高达 39.64%。这种高度集中的股权结构通常会引发控股股东掏空等问题（Shleifer and Vishny，1997；Jiang and Kim，2020），特别是在我国非流通股和流通股共存的股权分置条件下，股权的割裂使控股股东在"掏空"公司资产的同时不受公司股价下跌的影响。这不但损害了其他股东的利益，产生控股股东与其他股东之间的代理问题，还可能导致公司业绩评估 CEO 表现的精准性降低，进而加剧股东与 CEO 之间的代理冲突（苏冬蔚和熊家财，2013a）。在此背景下，亟须探索出一种公司治理机制，促使控股股东和 CEO 的行为符合股东们的利益。

非控股大股东是除控股股东以外的上市公司权益资本的重要供给者。本书的样本数据显示，63.68%（39.94%）的样本存在持股 5% 以上（10% 以上）的非控股大股东，他们持有一定量的公司股份，并相应地取得了参与公司盈余分配的现金流权和参与公司决策的投票权，有动机且有能力参与公司治理。因此，非控股大股东在我国上市公司中的治理作用受到研究者的广泛关注：一方面，非控股大股东既可以使用其持有投票权对公司内部事务进行直接干预（Grossman and Hart，1980；Shleifer and Vishny，1986；McCahery et al.，2016），又可以选择利用其拥有的私有信息在资本市场上进行竞争性交易，通过"退出"及"退出威胁"间接参与公司治理（Edmans，2009；Admati and Pfleiderer，2009；Edmans and Manso，2011）；另一方面，多个大股东结构产生的大股东之间的协商成本和利益冲突可能会降低公司治理效率（Winton，1993；Zwiebel，1995；Pagano and Röell，1998；Fang et al.，2018）。就 CEO 薪酬激励而言，非控股大股东既可能通过提出或投票表决 CEO 薪酬相关提案（"呼吁"）直接影响 CEO 薪酬激励，又可能通过抛售或威胁抛售股票（"退出"及"退出威胁"）间接影响 CEO 薪酬激励，还可能通过改变大股东之间的协商成本和利益冲突引起 CEO 薪酬与公司业绩联系的变化。然而，尚未有研究系统地分析非控股大股东对 CEO 薪酬激励的影响。

本章将基于现金流权和投票权从绝对制衡、相对制衡、存在性和数目三个方面测度非控股大股东制衡能力，采用赫克曼（Heckman）两步法和倾向得分匹配—双重差分法（PSM—DID）识别非控股大股东与 CEO 薪酬激励之间的因果关系，并通过股东大会高管薪酬（激励）决议、控股股东两权分离和股票流动性对非控股大股东与 CEO 薪酬激励关系的调节效应分析，探究非控股大股东影响 CEO 薪酬激励的可能机制。此外，本章还将区分大股东身份，讨论不同身份的非控股大股东对 CEO 薪酬激励影响，以及控股股东与非控股大股东身份相似性不同时，非控股大股东对 CEO 薪酬激励影响的差异，以进一步探索非控股大股东对 CEO 薪酬激励影响的异质性。

4.1　理论分析与研究假设

4.1.1　非控股大股东与 CEO 薪酬激励

随着我国市场化改革的推进和混合所有制的兴起，非控股大股东的治理作用成为我国公司治理领域的研究焦点，相关的实证研究随之涌现。姜付秀等（2015）在中国上市公司股权分置改革背景下检验了非控股大股东退出威胁对控股大股东私利行为的影响，发现非控股大股东的退出威胁能够有效抑制控股股东掏空，并进一步提升公司业绩。程等（Cheng et al.，2017）认为，非控股大股东既可以利用其信息优势获取正的股票超额收益，又能作为有效的监督者减少控股股东掏空。他们基于中国上市公司股权分置改革后期大股东抛售事件，实证检验发现非控股大股东在出售股票时获得与其信息优势正相关的正向异常收益，而控股大股东的正向异常收益与非控股大股东股权显著负相关，从而支持了他们的观点。姜付秀等（2017）实证研究发现，多个大股东的公司融资约束水平显著更低，并进一步通过中介效应检验证明，非控股大股东是通过抑制控股股东掏空降低企业融资约束。姜付秀（Jiang et al.，2018）实证检验了非控股大股东对公司投资决策的影响，发现多个大股东公司的投资效率显著更高，并通过进一步探究发现非控股大股东主要通过"呼吁"发挥治理作用。陈克兢（2019）在多个情境下研究了非控股大股东"退出威胁"对两类企业代理成本的影响，实证结果表明，由于控股股东和管理者重视公司股价，非控股大股东"退出威胁"能够发挥治理作用、降低两类代理成本。

同时，还有研究指出多个大股东结构产生的大股东之间的协商成本和利益冲突可能会降低公司治理效率。姜付秀（Jiang et al.，2018）的实证研究结果显示，多个大股东股权结构与高管超额现金薪酬显著正相关，并且在股权性质不同的大股东投票权相近的公司高管超额现金薪酬更多，进而他们认为大股东之间的协调成本降低了大股东的监督效率。朱冰等（2018）的实证研究表明，多个大股东股权结构产生的"过度监督"导致公司风险承担能力下降，对创新失败的容忍度降低，从而抑制了企业创新。姜付秀（Jiang et al.，2020）实证研究发现，多个大股东股权对公司盈余管理水平具有显著的正向影响，并且该正向影响在多个大股东股权性质（国有或民营）相同、大股东数目更多、非控股大股东相对控股股东持股比例更高时更为明显。

通过梳理大股东治理理论和现有实证研究，本章基于两类文献阐述了非控股大股东在公司治理，特别是在加强 CEO 薪酬——业绩敏感性方面发挥的作用。第一类文献强调非控股大股东的公司治理动机，即"非控股大股东为什么参与公司治理"。非控股大股东持有大量的本公司股份，其所持股份产生的现金流权使得他们可以从监督 CEO 或控股大股东的行为中获取较大部分的收益（Claessens et al.，2002；La Porta et al.，2002）。这为非控股大股东收集信息、实施干预以及增强 CEO 薪酬对股东财富的敏感性提供了直接的经济激励（Shleifer and Vishny，1986；Winton，1993）。第二类文献关注非控股大股东参与公司治理的渠道，即"非控股大股东如何参与公司治理"。一方面，非控股大股东可以使用其持有股份的投票权，提议召开股东大会或就相关提案进行表决，通过直接干预阻止 CEO 或控股股东的不当行为。另一方面，非控股大股东也可以利用其拥有的私有信息在资本市场上进行竞争性交易，推动公司股价向公司基本价值靠拢。非控股大股东的这种行为增加了股价信息含量，使市场业绩成为评估 CEO 表现更精准的信号，从而有助于改善公司治理、提升 CEO 薪酬激励（Boehmer and Kelley，2009；Edmans，2009；Chaigneau et al.，2018；苏冬蔚和熊家财，2013a）。此外，非控股大股东还可以通过"退出"及"退出威胁"对 CEO 或控股股东实施监督。如果 CEO 攫取私人利益或控股股东侵占公司资源，非控股大股东可以选择"用脚投票"，抛售其持有的公司股票。这种抛售可能导致股价下跌，进而减少 CEO 权益薪酬和控股股东财富。因此，非控股大股东抛售的压力将会促使 CEO 和控股股东在事前采取适当的行为（Admati and Pfleiderer，2009；Edmans，2009；Edmans and Manso，2011）。同时，这也有助于提高 CEO 薪酬—业绩敏感性，以进一步提高公司股价。据此提出第 4 章的第一个研究假设：

假设 4-1 非控股大股东现金流权或投票权有助于增强 CEO 薪酬—业绩敏感性。

4.1.2 非控股大股东与 CEO 薪酬激励的调节效应

1. 股东大会高管薪酬（激励）决议对非控股大股东与 CEO 薪酬激励关系的调节作用。直接干预是非控股大股东参与公司治理的主要方式之一

（Grossman and Hart，1980；Shleifer and Vishny，1986；Edmans and Holderness，2017）。就 CEO 薪酬激励而言，上市公司的非控股大股东可以利用其所持股份的投票权提议召开股东大会来纠正不合理的高管薪酬（激励），或者就高管薪酬（激励）相关提案进行表决。为此，根据公司每年股东大会中涉及高管薪酬（激励）决议的情况，本章初步预测在股东大会高管薪酬（激励）决议更多的上市公司，非控股大股东"呼吁"的治理作用将体现得更为明显。据此提出第 4 章的第二个研究假设：

假设 4 - 2　在股东大会高管薪酬（激励）决议更多的上市公司，非控股大股东投票权与 CEO 薪酬—业绩敏感性的正相关性更强。

2. 控股大股东两权分离对非控股大股东与 CEO 薪酬激励关系的调节作用。"退出"及"退出威胁"是非控股大股东参与公司治理另一种重要方式（Edmans，2009；Edmans and Manso，2011）。在控股股东两权分离的上市公司，控股股东对公司的控制权（投票权）超过了其参与公司现金流分配的权力，非控股大股东利用其所持股份的现金流权实施"退出"及"退出威胁"对 CEO 或控股股东不当行为的约束力相对更弱，公司业绩评估 CEO 表现的精准性也随之下降。因此，本章基于控股大股东两权分离状况，初步预测非控股大股东"退出"及"退出威胁"对 CEO 薪酬激励的影响在控股股东两权分离的公司被明显削弱。据此提出第 4 章的第三个研究假设：

假设 4 - 3　在控股股东两权分离的上市公司，非控股大股东现金流权与 CEO 薪酬—业绩敏感性的正相关性更弱。

3. 股票流动性对非控股大股东与 CEO 薪酬激励关系的调节作用。如果股价对股票交易量较敏感，也即股票的单位成交额对股价冲击较大，那么，非控股大股东使用其所持股份的现金流权"退出"成本相对更高、"退出威胁"的可信性降低，非控股大股东"退出"及"退出威胁"的治理效应也相应减弱。本章使用股票非流动性指标——个股 Amihud 衡量股价对股票交易量的敏感度，初步预测股价对股票交易量的敏感度越高，非控股大股东"退出"及"退出威胁"的成本越高，从而非控股大股东"退出"及"退出威胁"对 CEO 薪酬激励的影响就越弱。据此提出第 4 章的第四个研究假设：

假设 4 – 4 股价对股票交易量越敏感，也即个股 **Amihud** 指标越高，非控股大股东现金流权与 **CEO** 薪酬—业绩敏感性的正相关性更弱。

4.1.3　非控股大股东身份的异质性

大股东会根据自己的治理动机和专业知识选择治理机制（Edmans and Holderness，2017）。因此，不同类型的非控股大股东，例如金融机构股东、非金融企业股东和自然人股东，可能通过不同的治理机制影响 CEO 薪酬激励，从而不同类型非控股大股东的现金流权和投票权对 CEO 薪酬—业绩敏感性提升作用有所差异（Admati and Pfleiderer，2009；Edmans and Manso，2011）。此外，由于同一类型的大股东更可能结成同盟（Laeven and Levine，2008），当非控股大股东与控股股东类型相同时，他们之间"合谋"的可能性增加，非控股大股东通过抑制控股股东掏空提升公司业绩评估 CEO 表现精准性的作用可能会下降，进而削弱非控股大股东对 CEO 薪酬激励的影响。在区分第一大股东和第二大股东类型的基础上，结合上述分析，提出第 4 章的第五个和第六个研究假设：

假设 4 – 5 第二大股东的类型不同，其现金流权和投票权与 **CEO** 薪酬—业绩敏感性的相关性不同。

假设 4 – 6 第二大股东与第一大股东类型相同时，第二大股东绝对及相对的现金流权和投票权与 **CEO** 薪酬—业绩敏感性的正相关性更弱。

4.2　研究设计

4.2.1　样本选择与数据来源

本章样本选取和处理与第 3 章一致。在第 3 章数据基础上，本章还增加了非控股大股东持股比例数据、股权分置改革数据和股权结构决策变量数据。其中非控股大股东持股比例的数据来源于锐思数据库（RESSET），对于一致行动的大股东本章采用合并后的持股比例数据。股权分置改革数据和股权结构决策变量数据来源于国泰安数据库（CSMAR）。

4.2.2　变量选择与定义

1. CEO 薪酬—业绩敏感性。CEO 薪酬—业绩敏感性的度量主要参照金（Jin，2002）的计算方法。由于本章关注的是 CEO 激励水平（即薪酬—业绩敏感性），而不是相对业绩敏感性，我们在计算 CEO 薪酬—业绩敏感性时使用的是公司股票收益率变化 1%，而不是从市场中值收益率变化到高于中值收益率 1%。相关的计算公式如下：

$$\left[\frac{(CPAY_{i,t} + Restrict\_Grant_{i,t} + Option\_Grant_{i,t}) + (CSHV_{i,t,1\%} + COPV_{i,t,1\%})}{CSW_{i,t,1\%}} \right] \times 1\,000$$

（公式 4-1）

报酬期内受公司业绩影响的 CEO 薪酬由两部分构成：（1）直接薪酬，包括现金薪酬（$CPAY_{i,t}$）[①]、新授予的限制性股票（$Restrict\_Grant_{i,t}$）和新授予的股票期权（$Option\_Grant_{i,t}$），其中新授予限制性股票和股票期权价值的估计方法与第 3 章相同；（2）公司股票收益率变化 1% 带来的权益价值重估，包括公司股票收益率变化 1% 产生的已持股票价值变动（$CSHV_{i,t,1\%}$）和公司股票收益率变化 1% 产生的股票期权价值变动（$COPV_{i,t,1\%}$），其中已持股票和股票期权价值变动的估计方法与第 3 章相同。假定当期直接薪酬仅受当期业绩的影响而不受未来业绩的影响，那么将当期直接薪酬与权益价值重估相加即为与公司业绩相联系的 CEO 薪酬。报酬期内公司股票收益率变化 1% 产生的股东财富变动（$DSW_{i,t,1\%}$）由相应的公司收益率变化乘以年初市

---

① CEO 报告期从上市公司所领取的现金薪酬，包含工资、奖金和津贴。

值得到。因此，公式 4 - 1 中的薪酬—业绩敏感性度量了股东财富每变动 1 000 元带来的 CEO 薪酬变化。另外，考虑到现有的大多数中国高管薪酬实证研究主要基于现金薪酬，本章分别基于现金薪酬和总薪酬计算了 CEO 现金薪酬—业绩敏感性（$PPSC_{i,t}$）和 CEO 总薪酬—业绩敏感性（$PPS_{i,t}$）。

2. 非控股大股东。本章主要基于现金流权和投票权考察非控股大股东。

（1）现金流权。非控股大股东持有的股权赋予其按持股比例参与公司财产分红的权利。同等条件下，持股比例越高，现金流权也就越多，意味着非控股大股东因参与治理（不作为）得到的收益（遭受的损失）越多，进而非控股大股东通过干预治理公司的动机越强。同时，非控股大股东持股比例越高，还意味着非控股大股东在无法干预控股股东掏空或 CEO 抽租时，可抛售的本公司股份越多，抛售引起股价下跌的压力也就越大，进而非控股大股东通过"退出"及"退出威胁"治理公司的能力越强。

（2）投票权。本章使用夏普利值（Shapley value）衡量非控股大股东的投票权。夏普利值是一个大股东在形成多数联盟中起关键作用（选票超过50%）的概率（Milnor and Shapley，1978）。与持股比例相比，夏普利值可以更好地衡量大股东对公司政策的影响①。在构造夏普利值时，我们将十大股东视为个人参与者，其他小股东视为"海洋"，计算前十大股东中每一个股东的夏普利值，将其作为该股东投票权的代理变量。大股东夏普利值的计算方法参照米尔诺和沙普利（Milnor and Shapley，1978），具体细节见附录 1。

我们主要从绝对制衡、相对制衡、存在性和数目三个方面考察非控股大股东制衡能力。参考已有实证研究（Maury and Pajuste，2005；Laeven and Levine，2008；Fang et al.，2018；Jiang et al.，2018；姜付秀等，2017；朱冰等，2018）构建如下指标。

① 例如，在一个有 3 个股东的公司中，第 1 个、第 2 个股东和第 3 个股东分别持有 49%、49% 和 2% 的股份，每个股东在决定公司政策时是同等重要的，因为若要达到多数要求他们中至少两个股东一起投票。如果我们使用夏普利值衡量，每个股东的夏普利值均为 1/3，进而更好地代表了他们在决策中的影响力。相比之下，持股比例会低估第 3 个股东的投票权，因为该股东所持有的股份比第 1 个和第 2 个股东所持有的股份要少得多。

（1）非控股大股东的绝对制衡。使用第二大股东持股比例、第二至第五大股东持股比例总和（R2、R2345）衡量非控股大股东的绝对现金流权，第二大股东夏普利值、第二至第五大股东夏普利值总和衡量非控股大股东的绝对投票权（S2、S2345），并使用持股分别在5%和10%以上的非控股大股东持股比例总和（Mul5sum、Mul10sum）衡量具有一定影响力的非控股大股东的现金流权。

（2）非控股大股东的相对制衡。使用第二大股东持股比例、第二至第五大股东持股比例总和与第一大股东持股比例的比值衡量非控股大股东相对现金流权（R2to1、R2345to1），第二大股东夏普利值、第二至第五大股东夏普利值总和与第一大股东夏普利值的比值衡量非控股大股东相对投票权（S2to1、S2345to1），并使用持股分别在5%和10%以上的非控股大股东持股比例总和与第一大股东持股比例的比值（Mul5sumto1 和 Mul10sumto1）衡量具有一定影响力的非控股大股东的相对现金流权。

（3）非控股大股东的存在性和数目。分别以5%和10%为界点设置非控股大股东虚拟变量（Mul5 和 Mul10），即当第二大股东持股比例大于等于5%（10%）时，Mul5 = 1（Mul10 = 1），否则 Mul5 = 0（Mul10 = 0）。分别以5%和10%为界点统计的非控股大股东数目（Mul5num、Mul10num）。

3. 其他控制变量定义。CEO 薪酬—业绩敏感性的决策变量与第 3 章一致。非控股大股东决策变量的选取主要参考已有文献（Himmelberg et al.，1999；Helwege et al.，2007；Edmans and Holderness，2017；Hadlock and Schwartz-Ziv，2019；Jiang et al.，2018；姜付秀等，2017；朱冰等，2018），包括公司规模（Ln_Size）、公司杠杆（Lev）、股票收益波动率（Volatility）、托宾 Q（TobinQ）、个股 Amihud（Illiq）、总资产净利率（ROA）、固定资产比率（PPE）、资本支出（Capex/Asset）、公司性质（SOE）和公司年龄（FirmAge）。

本章薪酬与股票收益率数据经通胀回归系数调整为 2018 年的价值。为克服异常值对回归结果的影响，本章将连续变量缩尾至1%和99%分位数范围内。

表 4 - 1 为本章主要变量的名称、符号及定义的汇总。

表 4 - 1	变量定义	
变量名称	变量符号	计算方法
现金薪酬—业绩敏感性	PPSC	参考金（Jin, 2002）的计算方法，基于现金薪酬计算的薪酬—业绩敏感性
总薪酬—业绩敏感性	PPS	参考金（Jin, 2002）的计算方法，基于总薪酬计算的薪酬—业绩敏感性
超额现金薪酬—业绩敏感性	ExPPSC	公司 CEO 现金薪酬—业绩敏感性减去同年份同行业 CEO 现金薪酬—业绩敏感性均值
超额总薪酬—业绩敏感性	ExPPS	公司 CEO 总薪酬—业绩敏感性减去同年份同行业 CEO 总薪酬—业绩敏感性均值
第一大股东持股比例	R1	第一大股东持股数量/总股份数量
第二大股东持股比例	R2	第二大股东持股数量/公司总股份数量
第二至第五大股东持股比例	R2345	第二至第五大股东持股数量总和/公司总股份数量
第一大股东夏普利值	S1	参考 Milnor and Shapley（1978）的计算方法，基于前十大股东持股情况计算的第一大股东在形成多数联盟中起关键作用的概率
第二大股东夏普利值	S2	参考 Milnor and Shapley（1978）的计算方法，基于前十大股东持股情况计算的第二大股东在形成多数联盟中起关键作用的概率
第二至第五大股东夏普利值总和	S2345	参考 Milnor and Shapley（1978）的计算方法，基于前十大股东持股情况计算的第二至第五大股东在形成多数联盟中起关键作用的概率总和
持股 5% 以上的非控股大股东持股比例总和	Mul5sum	持股在 5% 以上的非控股大股东持股比例总和

变量名称	变量符号	计算方法
持股 10% 以上的非控股大股东持股比例总和	Mul10sum	持股在 10% 以上的非控股大股东持股比例总和
第二大股东与第一大股东持股比例比值	R2to1	第二大股东持股比例/第一大股东持股比例
第二至第五大股东持股比例总和与第一大股东持股比例比值	R2345to1	第二至第五大股东持股比例总和/第一大股东持股比例
第二大股东与第一大股东夏普利值比值	S2to1	第二大股东夏普利值/第一大股东夏普利值
第二至第五大股东夏普利值总和与第一大股东夏普利值比值	S2345to1	第二至第五大股东夏普利值总和/第一大股东夏普利值
持股 5% 以上的非控股大股东持股比例总和与第一大股东持股比例比值	Mul5sumto1	持股 5% 以上的非控股大股东持股比例总和/第一大股东持股比例
持股 10% 以上的非控股大股东持股比例总和与第一大股东持股比例比值	Mul10sumto1	持股 10% 以上的非控股大股东持股比例总和/第一大股东持股比例
非控股大股东虚拟变量（5%）	Mul5	第二大股东持股比例大于或等于 5% 时取值为 1，否则取值为 0
非控股大股东虚拟变量（10%）	Mul10	第二大股东持股比例大于或等于 10% 时取值为 1，否则取值为 0
非控股大股东数目（5%）	Mul5num	持股比例大于或等于 5% 的非控股大股东数目
非控股大股东数目（10%）	Mul10num	持股比例大于或等于 10% 的非控股大股东数目
非控股大股东较高组别虚拟变量	DR2、DR2345、DS2、DS2345、DMul5sum、DMul10sum DR2to1、DR2345to1、DS2to1、DS2345to1、DMul5sumto1、DMul10sumto1、DMul5、DMul10、DMul5num、DMul10num	非控股大股东度量指标大于同年份同行业均值时，其对应指标的虚拟变量取值为 1，否则取值为 0

续表

变量名称	变量符号	计算方法
行业非控股大股东变量	R2Ind、R2345Ind、S2Ind、S2345Ind、Mul5sumInd、Mul10sumInd、R2to1Ind、R2345to1Ind、S2to1Ind、S2345to1Ind、Mul5sumto1Ind、Mul10sumto1Ind、Mul5Ind、Mul10Ind、Mul5numInd、Mul10numInd	同年份同行业非控股大股东变量均值
托宾 Q	TobinQ	市值/（资产总计 – 无形资产净额 – 商誉净额）
个股 Amihud（年）	Illiq	参考阿米胡德（Amihud，2002）的计算方法，详见 CSMAR "股票流动性数据库说明书"
股东大会高管薪酬（激励）决议变量	Meeting	Log（1 + 股东大会高管薪酬（激励）决议数目）
控股股东两权分离虚拟变量	Seperation	控股股东所有权与控制权分离时取值为 1，否则取值为 0
第一大股东与第二大股东身份相似性虚拟变量	Similar	当第一大股东与第二大股东身份为同一类时 1，否则取值为 0
总资产净利率	ROA	净利润/总资产
固定资产比率	PPE	固定资产净额/总资产
资本支出	Capex/Asset	资本支出/总资产，其中，资本支出 = 经营租赁所支付的现金 + 购建固定资产、无形资产和其他长期资产所支付的现金 – 处置固定资产、无形资产和其他长期资产而收回的现金净额
公司年龄	FirmAge	（统计年份 – 公司成立年份）+ 1
非控股大股东分组虚拟变量	Treat	当公司属于匹配的非控股大股东变量较高组别时取值为 1，否则取值为 0
股权分置改革虚拟变量	Reform	在股权分置改革公司开始解锁股票当年及之后取值为 1，否则取值为 0

4.2.3　模型设定

1. 非控股大股东与 CEO 薪酬—业绩敏感性。本章建立以下回归模型检验非控股大股东与 CEO 薪酬—业绩敏感性的关系：

$$PSC(PPS)_{i,t} = \alpha + \beta_1 NLS_{i,t-1} + \beta_2 ROA_{i,t-1} + \beta_3 RET_{i,t-1} + \beta_4 ROA_{i,t} + \beta_5 RET_{i,t}$$
$$+ \beta_6 LnSize_{i,t} + \beta_7 MTB_{i,t} + \beta_8 Volatility_{i,t} + \beta_9 Lev_{i,t} + \beta_{10} SOE_{i,t}$$
$$+ \beta_{11} Top1_{i,t} + \beta_{12} Tenure_{i,t} + \beta_{13} Age_{i,t} + \beta_{14} Boardsize_{i,t} + \beta_{15} Dual_{i,t}$$
$$+ \beta_{16} Indratio_{i,t} + Year\ Dummies + Firm\ Dummies + \varepsilon_{i,t}$$

（模型 4 – 1）

在上述模型中，被解释变量分别为 CEO 现金薪酬—业绩敏感性（$PPSC_{i,t}$）和 CEO 总薪酬—业绩敏感性（$PPS_{i,t}$）。为避免反向因果产生的内生性问题，我们使用上一年度公司非控股大股东度量指标（$NLS_{i,t-1}$）作为主要研究变量，包括衡量非控股大股东绝对制衡的第二大股东持股比例、第二至第五大股东持股比例总和（R2、R2345）与第二大股东夏普利值、第二至第五大股东夏普利值总和（S2、S2345），以及持股分别在 5% 和 10% 以上的非控股大股东持股比例总和（Mul5sum 和 Mul10sum）；衡量非控股大股东相对制衡的第二大股东持股比例、第二至第五大股东持股比例总和与第一大股东持股比例之比（R2to1、R2345to1）和第二大股东夏普利值、第二至第五大股东夏普利值总和与第一大股东夏普利值之比（S2to1、S2345to1），以及持股分别在 5% 和 10% 以上的非控股大股东持股比例总和与第一大股东的持股比例之比（Mul5sumto1 和 Mul10sumto1）；衡量非控股大股东存在性的非控股大股东虚拟变量（Mul5 和 Mul10）以及统计非控股大股东数目的变量（Mul5num 和 Mul10num）。

CEO 薪酬—业绩敏感性控制变量的选取与第 3 章一致。特别地，除了加入年份虚拟变量控制时间趋势以外，我们还加入了公司固定效应，以控制不随时间变化的公司不可观测特征对 CEO 薪酬—业绩敏感性的影响。此外，由于公司所属行业在样本期内基本不变，我们在模型 4－1 中不再加入行业固定效应。

2. 因果关系分析。

（1）赫克曼（Heckman）两阶段模型。大股东可能更偏好于进入向 CEO 提供较强激励的公司，同时，公司也可能通过具有这些特征的 CEO 薪酬契约设计来吸引大股东的加入，从而形成多个大股东的股权结构。因此，模型 4－1 回归中的误差项可能与关键解释变量（即非控股大股东变量）相关，进而造成非控股大股东变量回归系数的估计偏差。为了纠正这种样本选择偏差（sample selection bias），我们采用赫克曼（Heckman，1979）两阶段模型进一步检验本章的假设 4－1。建立如下非控股大股东选择模型（赫克曼（Heckman）第一阶段模型）：

$$DNLS_{i,t} = \alpha + \beta_1 NLSInd_{j,t-1} + \beta_2 LnSize_{i,t-1} + \beta_3 Lev_{i,t-1} + \beta_4 Volatility_{i,t-1}$$
$$+ \beta_5 TobinQ_{i,t-1} + \beta_6 Illiq_{i,t-1} + \beta_7 ROA_{i,t-1} + \beta_8 PPE_{i,t-1}$$
$$+ \beta_9 Capex/Assets_{i,t-1} + \beta_{10} SOE_{i,t-1} + \beta_{11} Firmage_{i,t-1}$$
$$+ Year\ Dummies + Industry\ Dummies + \varepsilon_{i,t} \qquad （模型 4－2）$$

在上述模型中，被解释变量是根据非控股大股东变量（$NLS_{i,t}$）生成的虚拟变量（$DNLS_{i,t}$），即当 t 年公司非控股大股东度量指标大于同年份同行业均值时，其对应指标的虚拟变量取值为 1，否则取值为 0。主要解释变量为该度量指标在 t－1 年的同行业均值（$NLSInd_{j,t-1}$）。模型 4－2 中非控股大股东度量指标的选取与模型 4－1 一致。此外，本章借鉴现有的股权结构相关文献（Himmelberg et al.，1999；Helwege et al.，2007；Edmans and Holderness，2017；Hadlock and Schwartz-Ziv，2019；Jiang et al.，2018；姜付秀等，2017；朱冰等，2018），选取 t－1 年的公司特征变量作为非控股大股东的决策变量。

赫克曼（Heckman）第二阶段模型是在模型 4－2 的基础上，加入第一阶段非控股大股东选择模型计算得到的逆米尔斯比率（Mills Ratio）以控制选择性偏差，具体模型如下：

$$PSC(PPS)_{i,t} = \alpha + \beta_1 NLS_{i,t-1} + \beta_2 ROA_{i,t-1} + \beta_3 RET_{i,t-1} + \beta_4 ROA_{i,t} + \beta_5 RET_{i,t}$$
$$+ \beta_6 LnSize_{i,t} + \beta_7 MTB_{i,t} + \beta_8 Volatility_{i,t} + \beta_9 Lev_{i,t} + \beta_{10} SOE_{i,t}$$
$$+ \beta_{11} Top1_{i,t} + \beta_{12} Tenure_{i,t} + \beta_{13} Age_{i,t} + \beta_{14} Boardsize_{i,t} + \beta_{15} Dual_{i,t}$$
$$+ \beta_{16} Indratio_{i,t} + \beta_{17} Mills\ Ratio_{i,t} + Year\ Dummies$$
$$+ Firm\ Dummies + \varepsilon_{i,t} \qquad\qquad （模型 4-3）$$

（2）倾向得分匹配—双重差分（PSM - DID）。本章利用 2005 年开始实施的股权分置改革作为股票流动性的外生性冲击，使用倾向得分匹配—双重差分（PSM - DID）的方法缓解非控股大股东和 CEO 薪酬激励因果关系识别过程中可能存在的依可测变量自选择问题。首先，建立以下非控股大股东决策的 Logit 回归模型：

$$DNLS_{i,t} = \alpha + \beta_1 NLSInd_{j,t-1} + \beta_2 LnSize_{i,t-1} + \beta_3 Lev_{i,t-1} + \beta_4 Volatility_{i,t-1}$$
$$+ \beta_5 TobinQ_{i,t-1} + \beta_6 Illiq_{i,t-1} + \beta_7 ROA_{i,t-1} + \beta_8 PPE_{i,t-1}$$
$$+ \beta_9 Capex/Assets_{i,t-1} + \beta_{10} SOE_{i,t-1} + \beta_{11} Firmage_{i,t-1} + \varepsilon_{i,t}$$
$$（模型 4-4）$$

模型 4-4 的变量的选取和定义与模型 4-2 一致。在股权分置改革的前一年，我们基于模型 4-4，采用一对一、无放回的马氏最近邻匹配，为每个非控股大股东变量较高组别样本（High NLS，即 $DNLS_{i,t} = 1$ 的样本）匹配一个倾向得分匹配最接近的非控股大股东变量较低组别样本（Low NLS，即 $DNLS_{i,t} = 0$ 的样本），得到匹配非控股大股东变量较高组别（Predicted High NLS）和匹配的非控股大股东变量较低组别（Predicted Low NLS），分别将其作为处理组（$Treat_i = 1$）和控制组（$Treat_i = 0$）。

然后，使用以下双重差分模型检验匹配的处理组和控制组非控股大股东对 CEO 薪酬—业绩敏感性影响的差异在股权分置改革前后的变化：

$$PPSC(PPS)_{i,t} = \alpha + \beta_1 Treat_i \times Reform_{i,t} + \beta_2 Treat_i + \beta_3 Reform_{i,t} + \beta_4 ROA_{i,t-1}$$
$$+ \beta_5 RET_{i,t-1} + \beta_6 ROA_{i,t} + \beta_7 RET_{i,t} + \beta_8 LnSize_{i,t} + \beta_9 MTB_{i,t}$$
$$+ \beta_{10} Volatility_{i,t} + \beta_{11} Lev_{i,t} + \beta_{12} SOE_{i,t} + \beta_{13} Top1_{i,t} + \beta_{14} Tenure_{i,t}$$
$$+ \beta_{15} Age_{i,t} + \beta_{16} Boardsize_{i,t} + \beta_{17} Dual_{i,t} + \beta_{18} Indratio_{i,t}$$
$$+ Year\ Dummies + Industry\ Dummies + \varepsilon_{i,t} \qquad （模型 4-5）$$

在上述模型中，主要解释变量为非控股大股东分组虚拟变量（$Treat_i$）与股权分置改革虚拟变量（$Reform_{i,t}$）的交叉项（$Treat_i \times Reform_{i,t}$）。当公司属于匹配的非控股大股东变量较高组别（匹配的非控股大股东变量较低组别）时，$Treat_i = 1$（$Treat_i = 0$）。$Reform_{i,t}$ 在股权分置改革公司开始解锁股票之前（当年及之后）的公司一年取值为 0（取值为 1）。为控制非控股大股东变量较高组别与较低组别薪酬—业绩敏感性的差异、改革之前与改革之后薪酬—业绩敏感性的差异，我们在模型 4 – 1 选取的控制变量基础上加入了非控股大股东分组虚拟变量（$Treat_i$）与股权分置改革虚拟变量（$Reform_{i,t}$）。

3. 调节效应检验。考虑到非控股大股东治理的"呼吁""退出""退出威胁"机制都可能直接或间接地影响 CEO 持有的（包括股票、限制性股票和股票期权在内的）本公司权益的价值（Edmans，2009；Edmans and Manso，2011；Edmans and Holderness，2017），因此本章主要基于 CEO 总薪酬—业绩敏感性检验非控股大股东影响 CEO 薪酬激励的调节效应。

（1）股东大会高管薪酬（激励）决议对非控股大股东与 CEO 薪酬激励关系的调节作用。本章建立以下回归模型检验高管薪酬（激励）决议对非控股大股东与 CEO 薪酬激励关系的调节作用：

$$
\begin{aligned}
PPS_{i,t} = {}& \alpha + \beta_1 NLS_{i,t-1} + \beta_2 NLS_{i,t-1} \times Meeting_{i,t} + \beta_3 Meeting_{i,t} + \beta_4 ROA_{i,t-1} \\
& + \beta_5 RET_{i,t-1} + \beta_6 ROA_{i,t} + \beta_7 RET_{i,t} + \beta_8 LnSize_{i,t} + \beta_9 MTB_{i,t} \\
& + \beta_{10} Volatility_{i,t} + \beta_{11} Lev_{i,t} + \beta_{12} SOE_{i,t} + \beta_{13} Top1_{i,t} + \beta_{14} Tenure_{i,t} \\
& + \beta_{15} Age_{i,t} + \beta_{16} Boardsize_{i,t} + \beta_{17} Dual_{i,t} + \beta_{18} Indratio_{i,t} \\
& + Year\ Dummies + Firm\ Dummies + \varepsilon_{i,t}
\end{aligned}
\tag{模型 4 – 6}
$$

在上述模型中，主要解释变量为股东大会高管薪酬（激励）决议变量（$Meeting_{i,t}$）与非控股大股东变量（$NLS_{i,t-1}$）的交叉项（$NLS_{i,t-1} \times Meeting_{i,t}$）。为控制与股东大会高管薪酬（激励）决议数量相联系的 CEO 薪酬—业绩敏感性的变化，我们在模型 4 – 1 选取的控制变量基础上加入了股东大会高管薪酬（激励）决议变量（$Meeting_{i,t}$）。

（2）控股大股东两权分离对非控股大股东与 CEO 薪酬激励关系的调节作用。本章建立以下回归模型检验控股大股东两权分离对非控股大股东与 CEO 薪酬激励关系的调节作用：

$$PPS_{i,t} = \alpha + \beta_1 NLS_{i,t-1} + \beta_2 NLS_{i,t-1} \times Seperation_{i,t} + \beta_3 Seperation_{i,t} + \beta_4 ROA_{i,t-1}$$
$$+ \beta_5 RET_{i,t-1} + \beta_6 ROA_{i,t} + \beta_7 RET_{i,t} + \beta_8 LnSize_{i,t} + \beta_9 MTB_{i,t}$$
$$+ \beta_{10} Volatility_{i,t} + \beta_{11} Lev_{i,t} + \beta_{12} SOE_{i,t} + \beta_{13} Top1_{i,t} + \beta_{14} Tenure_{i,t}$$
$$+ \beta_{15} Age_{i,t} + \beta_{16} Boardsize_{i,t} + \beta_{17} Dual_{i,t} + \beta_{18} Indratio_{i,t} + Year\ Dummies$$
$$+ Firm\ Dummies + \varepsilon_{i,t} \qquad\qquad （模型 4-7）$$

在上述模型中，主要解释变量为控股大股东两权分离虚拟变量（Seperation$_{i,t}$）与非控股大股东变量（NLS$_{i,t-1}$）的交叉项（NLS$_{i,t-1}$ × Seperation$_{i,t}$）。当控股大股东的现金流权和控制权分离（相同）时，Seperation$_{i,t}$ = 1（Seperation$_{i,t}$ = 0）。为控制与控股大股东两权分离状况相联系的 CEO 薪酬—业绩敏感性变化，我们在模型 4-1 选取的控制变量基础上加入了两权分离虚拟变量（Seperation$_{i,t}$）。

（3）股票非流动性对非控股大股东与 CEO 薪酬激励关系的调节作用。本章建立以下回归模型检验股票非流动性对非控股大股东与 CEO 薪酬激励关系的调节作用：

$$PPS_{i,t} = \alpha + \beta_1 NLS_{i,t-1} + \beta_2 NLS_{i,t-1} \times Illq_{i,t} + \beta_3 Illq_{i,t} + \beta_4 ROA_{i,t-1} + \beta_5 RET_{i,t-1}$$
$$+ \beta_6 ROA_{i,t} + \beta_7 RET_{i,t} + \beta_8 LnSize_{i,t} + \beta_9 MTB_{i,t} + \beta_{10} Volatility_{i,t} + \beta_{11} Lev_{i,t}$$
$$+ \beta_{12} SOE_{i,t} + \beta_{13} Top1_{i,t} + \beta_{14} Tenure_{i,t} + \beta_{15} Age_{i,t} + \beta_{16} Boardsize_{i,t}$$
$$+ \beta_{17} Dual_{i,t} + \beta_{18} Indratio_{i,t} + Year\ Dummies + Firm\ Dummies + \varepsilon_{i,t}$$

$$（模型 4-8）$$

在上述模型中，主要解释变量为衡量股票非流动性的个股 Amihud 指标（Illq$_{i,t}$）与非控股大股东变量（NLS$_{i,t-1}$）的交叉项（NLS$_{i,t-1}$ × Illq$_{i,t}$）。为进一步控制与股票流动性相联系的 CEO 薪酬—业绩敏感性变化，我们在模型 4-1 选取的控制变量基础上加入了个股 Amihud 指标（Illq$_{i,t}$）。

4. 非控股大股东身份的异质性分析。考虑到不同类型大股东的治理渠道和治理效果有所差异，本章在模型 4 - 9 的基础上通过分组检验了第二大股东分别为金融企业、非金融企业、自然人和其他时，第二大股东绝对及相对的现金流权和投票权对 CEO 总薪酬—业绩敏感性的影响。此外，考虑到大股东身份相似时更容易结盟（Laeven and Levine，2008），我们基于以下回归模型检验了第一大股东与第二大股东类型相同时和不同时非控股大股东对 CEO 总薪酬激励影响的差异：

$$PPS_{i,t} = \alpha + \beta_1 NLS_{i,t-1} + \beta_2 NLS_{i,t-1} \times Similar_{i,t-1} + \beta_3 Similar_{i,t-1} + \beta_4 ROA_{i,t-1}$$
$$+ \beta_5 RET_{i,t-1} + \beta_6 ROA_{i,t} + \beta_7 RET_{i,t} + \beta_8 LnSize_{i,t} + \beta_9 MTB_{i,t}$$
$$+ \beta_{10} Volatility_{i,t} + \beta_{11} Lev_{i,t} + \beta_{12} SOE_{i,t} + \beta_{13} Top1_{i,t} + \beta_{14} Tenure_{i,t}$$
$$+ \beta_{15} Age_{i,t} + \beta_{16} Boardsize_{i,t} + \beta_{17} Dual_{i,t} + \beta_{18} Indratio_{i,t}$$
$$+ Year\ Dummies + Firm\ Dummies + \varepsilon_{i,t} \qquad (模型 4 - 9)$$

在上述模型中，主要解释变量为第一大股东与第二大股东身份相似性指标（$Similar_{i,t-1}$）与非控股大股东变量（$NLS_{i,t-1}$）的交叉项（$NLS_{i,t-1} \times Similar_{i,t-1}$）。当第一大股东与第二大股东身份相同（不相同）时，$Similar_{i,t-1} = 1$（$Similar_{i,t-1} = 0$）。为进一步控制与第一大股东和第二大股东相似性相联系的 CEO 薪酬—业绩敏感性变化，我们在模型 4 - 1 选取的控制变量基础上加入了第一大股东与第二大股东相似性指标（$Similar_{i,t-1}$）。

4.3 实证分析

4.3.1 描述性统计

表 4 - 2 汇报了 CEO 薪酬激励和非控股大股东变量的描述性统计。从表 4 - 2 可以看出，CEO 现金薪酬—业绩敏感性（PPSC）和总薪酬—业绩敏感性（PPS）的均值分别取值为 16.118 和 49.579，意味着股东财富每变动 1 000 元，CEO 现金薪酬和总薪酬分别平均变动 16.118 元和 49.579 元。还

可以发现，CEO 现金薪酬—业绩敏感性均值仅为 CEO 总薪酬—业绩敏感性均值的 1/3，这表明 CEO 薪酬—业绩敏感性的主要来源可能不是现金薪酬，而是 CEO 权益类薪酬。由于研究区间和薪酬统计范围的差异，本章基于总薪酬的 CEO 薪酬—业绩敏感性在数值上高于已有中国高管薪酬激励实证文献的结果，但基本可比（Firth et al.，2006；Conyon and He，2011；苏冬蔚和熊家财，2013a）。

　　表 4 – 2 中衡量非控股大股东绝对制衡的指标显示：（1）第二大股东平均持股比例（R2）和夏普利值（S2）分别为 9.56% 和 6.49%，表明第二大股东的现金流权和表决权普遍超过 5%，其持股变动和投票具有一定的影响力；（2）第二至第五大股东平均持股比例总和（R2345）和夏普利值总和（S2345）分别取值为 18.09% 和 12.81%，约为第二大股东平均持股比例（R2）和夏普利值（S2）的 2 倍；（3）持股超过 5% 的非控股大股东持股比例总和（Mul5sum）与持股超过 10% 的非控股大股东持股比例总和（Mul10sum）的均值分别取值为 12.60% 与 8.18%，后者低于前者的主要原因是持股超过 10% 的非控股大股东相对更少，同时非控股大股东持股比例均低于 10% 时 Mul10sum 取值为 0。表 4 – 2 中衡量非控股大股东相对制衡的指标显示：（1）第二大股东与第一大股东持股比例之比（R2to1）和夏普利值之比（S2to1）的均值分别为 34.08% 和 22.01%，意味着第二大股东现金流权（表决权）平均约为第一大股东现金流权（表决权）的 1/3（1/4）；（2）第二至第五大股东持股比例总和与第一大股东持股比例之比（R2345to1）、第二至第五大股东夏普利值与第一大股东夏普利值之比（S2345to1）的均值分别为 67.51%、44.67%，同样约为第二大股东指标（R2to1 和 S2to1）的 2 倍；（3）持股超过 5% 的非控股大股东持股比例总和与第一大股东持股比例之比（Mul5sumto1）与持股超过 10% 的非控股大股东持股比例总和与第一大股东持股比例之比（Mul10sumto1）的均值分别为 47.64% 与 29.08%。表 4 – 2 中衡量非控股大股东存在性和数目的指标显示：（1）约有 2/3（2/5）的样本存在持股比例超过 5%（10%）的非控股大股东，说明非控股大股东在中国上市公司中普遍存在；（2）样本期内持股比例超过 5% 和 10% 的非控股大股

东数目平均取值分别为 1.129 和 0.500。上述度量非控股大股东的指标在数值上与非控股大股东或多个大股东实证文献（Fang et al.，2018；Jiang et al.，2020；姜付秀等，2017；朱冰等，2018；姜付秀等，2020；罗宏和黄婉，2020）基本可比。

表 4 - 2   样本描述性统计

变量名	样本量	均值	中位数	标准差
PPSC	34 613	16.118	11.018	16.494
PPS	34 613	49.579	14.635	96.537
ExPPSC	34 613	−0.212	−2.960	14.707
ExPPS	34 613	−1.200	−17.369	91.916
R1	34 613	35.98%	33.75%	15.43%
R2	34 613	9.56%	7.70%	7.53%
R2345	34 613	18.09%	16.47%	11.86%
S1	34 613	55.62%	48.10%	29.69%
S2	34 613	6.49%	4.20%	6.83%
S2345	34 613	12.81%	9.40%	12.72%
Mul5sum	34 613	12.60%	9.35%	13.01%
Mul10sum	34 613	8.18%	0.00%	11.44%
R2to1	34 613	34.08%	25.03%	29.12%
R2345to1	34 613	67.51%	51.33%	59.45%
S2to1	34 613	22.01%	10.24%	26.33%
S2345to1	34 613	44.67%	21.67%	54.85%
Mul5sumto1	34 613	47.64%	28.63%	57.48%
Mul10sumto1	34 613	29.08%	0.00%	43.48%
Mul5	34 613	0.637	1.000	0.481
Mul10	34 613	0.399	0.000	0.490
Mul5num	34 613	1.129	1.000	1.178
Mul10num	34 613	0.500	0.000	0.696
Tobin Q	34 613	10.969	1.571	51.831
Illiq	34 613	0.321	0.055	1.175
ROA	34 613	0.034	0.036	0.072

续表

变量名	样本量	均值	中位数	标准差
PPE	34 613	0.239	0.203	0.176
Capexp/Asset	34 613	0.054	0.038	0.054
FirmAge	34 613	16.589	16.000	6.086

4.3.2　非控股大股东与 CEO 薪酬激励的时序变化分析

1. 非控股大股东变量的时序变化。图 4 - 1 和图 4 - 2 分别刻画了样本期内大股东绝对持股比例和夏普利值、相对持股比例和夏普利值的年度变化情况。由图 4 - 1 可以看出，第一大股东平均持股比例（夏普利值）在样本期内呈下降趋势，从 2003 年的 42.56%（66.19%）降至 2018 年的 33.61%（51.09%）。与此同时，基于第二大股东和第二至第五大股东衡量的非控股大股东持股比例（夏普利值）呈增长趋势，其中第二大股东持股比例（夏普利值）由 9.27%（5.94%）增长至 10.32%（7.34%），第二至第五大股东持股比例总和（夏普利值总和）在样本期内由 16.07%（11.02%）增长至 20.67%（15.25%）。

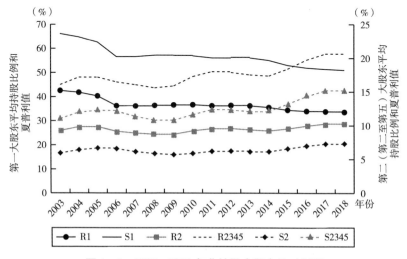

图 4 - 1　2003 ~ 2018 年非控股大股东绝对制衡

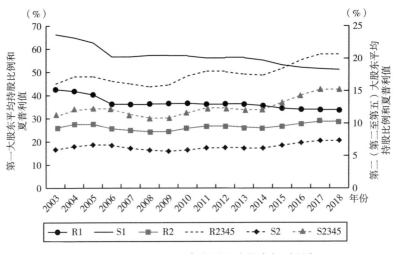

图 4 - 2　2003 ~ 2018 年非控股大股东相对制衡

随着样本期内第一大股东持股比例（夏普利值）的下降与第二大股东和第二至第五大股东持股比例总和（夏普利值总和）的增加，图 4 - 2 中以第二大股东持股比例（夏普利值）、第二至第五大股东持股比例总和（夏普利值总和）与第一大股东持股比例（夏普利值）之比衡量的非控股大股东相对制衡指标在样本期内呈现出明显的上升趋势，特别是第二至第五大股东持股比例总和与第一大股东持股比例之比，由 55.52%（2003 年）上升至 80.30%（2018 年）。

图 4 - 3 描绘了非控股大股东存在性的年度变化情况。由图 4 - 3 可以看出，存在持股 5% 以上非控股大股东的样本占比呈明显的波动上升趋势，由 2003 年的 0.56 升至 2018 年的 0.74，而存在持股 10% 以上非控股大股东的样本占比在样本期内变化不大。

2. CEO 薪酬—业绩敏感性的时序变化。图 4 - 3 展示了 CEO 现金薪酬—业绩敏感性和 CEO 总薪酬—业绩敏感性均值的年度变化情况。从图 4 - 3 可以看出，CEO 现金薪酬—业绩敏感性均值在样本期内小幅波动，其中最高值为 30.98（2006 年），最低值为 7.93（2016 年）。CEO 总薪酬—业绩敏感性均值呈波动上升趋势，由 2003 年的 12.34 上升至 2018 年的 70.92，增长了

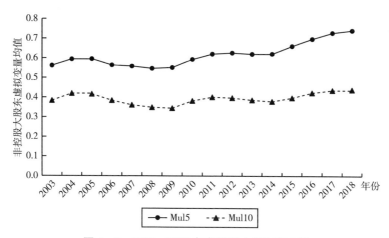

图 4 - 3　2003 ~ 2018 年非控股大股东存在性

约 4. 75 倍①。与此同时，CEO 现金薪酬—业绩敏感性均值和 CEO 总薪酬—业绩敏感性均值的差距也逐渐增大，从 0. 51（2003 年）增长至 57. 31（2018 年）。由此可以初步推断，样本期内 CEO 总薪酬—业绩敏感性增长的主要来源是权益薪酬—业绩敏感性，而非现金薪酬—业绩敏感性。此外，样本期内权益类薪酬（现金薪酬）提供的薪酬—业绩敏感性在 CEO 总薪酬—业绩敏感性中所占比重也在逐渐上升（下降）。

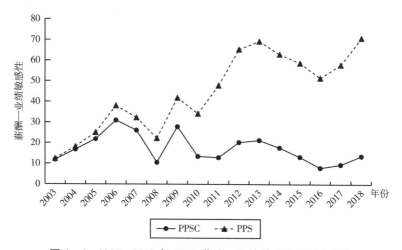

图 4 - 4　2003 ~ 2018 年 CEO 薪酬—业绩敏感性的时序变化

---

① 　（70. 92 - 12. 34）/12. 34 = 4. 75（倍）。

4.3.3　非控股大股东与 CEO 薪酬激励的回归分析

为探究非控股大股东对 CEO 薪酬—业绩敏感性条件期望和条件分布的影响，本章分别采用最小二乘回归（OLS）和分位数回归（QR）对模型 4−1 进行了基础回归分析。

1. 非控股大股东绝对制衡与 CEO 薪酬—业绩敏感性。表 4−3 和表 4−4 汇报了非控股大股东绝对制衡与 CEO 薪酬—业绩敏感性的 OLS 回归结果，其中表 4−3 的被解释变量为 CEO 现金薪酬—业绩敏感性，表 4−4 中的被解释变量为 CEO 总薪酬—业绩敏感性。表 4−3 和表 4−4 的第（1）至第（6）列主要解释变量分别为第二大股东持股比例（R2）、第二至第五大股东持股比例总和（R2345）、第二大股东夏普利值（S2）、第二至第五大股东夏普利值总和（S2345）、持股 5% 以上的非控股大股东持股比例总和（Mul5sum）和持股 10% 以上的非控股大股东持股比例总和（Mul10sum）。从表 4−3 可以看出，非控股大股东的绝对现金流权和绝对投票权均与 CEO 现金薪酬—业绩敏感性正相关，但第二大股东、第二至第五大股东持股比例总和以及持股 10% 以上的非控股大股东持股比例总和的回归系数在 10% 水平上并不显著。以第二大股东为例，表 4−3 第（1）列和第（3）列的回归系数显示，在其他条件保持不变的情况下，第二大股东持股比例（夏普利值）每增加或减少一个标准差，CEO 现金薪酬—业绩敏感性平均增加或减少（显著增加或减少）0. 203（0. 493），仅为 CEO 现金薪酬—业绩敏感性均值的 1. 25%（3. 06%）[①]，表明非控股大股东绝对制衡与 CEO 平均现金薪酬—业绩敏感性的关联较弱。

---

① 基于第二大股东持股比例的计算公式：［7. 53% ×2. 696÷16. 118×100%］＝1. 25%；基于第二大股东夏普利值的计算公式：［6. 83% ×7. 225÷16. 118×100%］＝3. 06%。

表 4-3　非控股大股东绝对制衡与 CEO 现金薪酬—业绩敏感性 OLS 回归

VARIABLES	(1)	(2)	(3)	(4)	(5)	(6)
	$PPSC_{i,t}$					
	R2	R2345	S2	S2345	Mul5sum	Mul10sum
$NLS_{i,t-1}$	2.696	2.134	7.225**	3.808**	3.130**	2.755
	(1.00)	(1.27)	(2.34)	(2.23)	(2.08)	(1.59)
$ROA_{i,t-1}$	-4.829**	-4.931**	-4.814**	-4.906**	-4.993**	-4.892**
	(-2.46)	(-2.50)	(-2.45)	(-2.50)	(-2.54)	(-2.49)
$RET_{i,t-1}$	-2.118***	-2.120***	-2.118***	-2.120***	-2.111***	-2.114***
	(-16.23)	(-16.23)	(-16.24)	(-16.24)	(-16.18)	(-16.21)
$ROA_{i,t}$	8.048***	7.996***	8.015***	7.973***	7.987***	8.040***
	(4.47)	(4.43)	(4.46)	(4.43)	(4.43)	(4.47)
$RET_{i,t}$	4.533***	4.538***	4.532***	4.537***	4.540***	4.533***
	(22.94)	(22.95)	(22.96)	(22.96)	(22.97)	(22.94)
$Ln\_Size_{i,t}$	-3.614***	-3.631***	-3.627***	-3.642***	-3.639***	-3.619***
	(-11.97)	(-11.99)	(-12.01)	(-12.00)	(-12.06)	(-11.99)
$MTB_{i,t}$	-0.508***	-0.508***	-0.506***	-0.507***	-0.507***	-0.507***
	(-11.32)	(-11.31)	(-11.28)	(-11.29)	(-11.30)	(-11.29)
$Sdret_{i,t}$	-108.168***	-108.687***	-108.347***	-108.560***	-109.165***	-108.267***
	(-6.51)	(-6.54)	(-6.53)	(-6.54)	(-6.57)	(-6.51)
$Lev_{i,t}$	4.775***	4.812***	4.777***	4.820***	4.862***	4.807***
	(4.37)	(4.40)	(4.39)	(4.41)	(4.44)	(4.40)
$SOE_{i,t}$	-1.635*	-1.623*	-1.598*	-1.601*	-1.606*	-1.632*
	(-1.93)	(-1.91)	(-1.89)	(-1.89)	(-1.89)	(-1.92)
$Top1_{i,t}$	-0.734	-0.518	0.494	0.528	-0.346	-0.607
	(-0.43)	(-0.30)	(0.28)	(0.30)	(-0.21)	(-0.36)
$Tenure_{i,t}$	0.012***	0.012***	0.012***	0.012***	0.013***	0.012***
	(3.30)	(3.36)	(3.35)	(3.38)	(3.43)	(3.35)
$Age_{i,t}$	0.104***	0.103***	0.104***	0.104***	0.103***	0.103***
	(4.10)	(4.10)	(4.12)	(4.12)	(4.10)	(4.09)
$Boardsize_{i,t}$	0.045	0.041	0.037	0.034	0.035	0.044
	(0.41)	(0.37)	(0.33)	(0.31)	(0.31)	(0.40)

续表

VARIABLES	(1)	(2)	(3)	(4)	(5)	(6)
	$PPSC_{i,t}$					
	R2	R2345	S2	S2345	Mul5sum	Mul10sum
$Dual_{i,t}$	0.013	0.009	0.019	0.014	0.008	0.018
	(0.03)	(0.02)	(0.05)	(0.03)	(0.02)	(0.04)
$Indratio_{i,t}$	2.143	2.147	2.146	2.148	2.187	2.135
	(0.77)	(0.77)	(0.77)	(0.77)	(0.78)	(0.76)
Constant	91.921***	92.131***	91.593***	91.922***	92.249***	92.014***
	(13.34)	(13.37)	(13.31)	(13.35)	(13.40)	(13.36)
Year FE	YES	YES	YES	YES	YES	YES
Firm FE	YES	YES	YES	YES	YES	YES
Cluster Firm	YES	YES	YES	YES	YES	YES
Observations	30 543	30 543	30 543	30 543	30 543	30 543
Adjust R^2	0.550	0.550	0.550	0.550	0.550	0.550

注：***、**、*分别表示在1%、5%、10%水平上显著；括号内为T值，标准误在公司层面聚类。

表4-4中的结果显示，非控股大股东的绝对现金流权和绝对投票权与CEO总薪酬—业绩敏感性均至少在1%水平上显著正相关，具体来说，在其他条件保持不变的情况下，第二大股东持股比例（夏普利值）每增加或减少1个标准差，CEO总薪酬—业绩敏感性平均增加或减少5.402（4.333），约为CEO总薪酬—业绩敏感性均值的11.07%（8.74%）[1]，意味着，无论是在统计上还是经济意义上，非控股大股东绝对制衡的增强均能够显著提升CEO总薪酬与公司业绩的联系。比较表4-3和表4-4的结果，可以发现非控股大股东绝对制衡与CEO总薪酬—业绩敏感性的联系同其与现金薪酬—业绩敏感性的联系相比更为紧密，初步表明，非控股大股东绝对制衡对CEO薪酬激励的治理作用主要体现在增强CEO股权类薪酬与公司业绩的联系，而不是现金薪酬与公司业绩的联系。因此，我们初步推断，由于忽略了CEO

---

① 基于第二大股东持股比例的计算公式：[7.53% ×71.740÷49.579×100%] =10.90%；基于第二大股东夏普利值的计算公式：[6.83% ×63.453÷49.579×100%] =8.91%。

权益类薪酬产生的薪酬激励以及 CEO 与其他高管之间的差异，方等（Fang et al.，2018）得到的研究结论与本章不同：方等（Fang et al.，2018）基于前三名高管超额现金薪酬的实证研显示，非控股大股东与高管超额现金薪酬显著正相关，从而认为非控股大股东加剧了股东与 CEO 之间的代理冲突；而本章基于 CEO 总薪酬实证检验发现，非控股大股东增强了 CEO 薪酬与公司业绩联系，进而有助于缓解股东与 CEO 之间的代理冲突。

表 4 - 4   非控股大股东绝对制衡与 CEO 总薪酬—业绩敏感性 OLS 回归

VARIABLES	(1)	(2)	(3)	(4)	(5)	(6)
	$PPS_{i,t}$					
	R2	R2345	S2	S2345	Mul5sum	Mul10sum
$NLS_{i,t-1}$	71.740***	64.454***	63.453***	49.299***	53.296***	41.916***
	(6.89)	(9.44)	(5.51)	(7.08)	(8.25)	(6.24)
$ROA_{i,t-1}$	19.170***	15.862**	20.372***	18.991***	16.946**	18.887***
	(2.81)	(2.35)	(2.99)	(2.79)	(2.50)	(2.77)
$RET_{i,t-1}$	-3.066***	-3.130***	-3.125***	-3.140***	-2.989***	-3.040***
	(-4.99)	(-5.10)	(-5.08)	(-5.10)	(-4.88)	(-4.94)
$ROA_{i,t}$	36.106***	34.407***	36.340***	35.538***	35.343***	36.324***
	(5.10)	(4.87)	(5.13)	(5.02)	(4.99)	(5.14)
$RET_{i,t}$	5.684***	5.851***	5.630***	5.705***	5.768***	5.657***
	(7.56)	(7.81)	(7.50)	(7.61)	(7.70)	(7.53)
$Ln\_Size_{i,t}$	-4.254***	-4.818***	-4.107***	-4.419***	-4.540***	-4.161***
	(-4.10)	(-4.66)	(-3.98)	(-4.31)	(-4.42)	(-4.02)
$MTB_{i,t}$	-0.542***	-0.552***	-0.541***	-0.544***	-0.541***	-0.540***
	(-3.66)	(-3.74)	(-3.65)	(-3.67)	(-3.65)	(-3.64)
$Sdret_{i,t}$	-4.321	-22.078	4.312	-1.580	-15.817	0.684
	(-0.06)	(-0.32)	(0.06)	(-0.02)	(-0.23)	(0.01)
$Lev_{i,t}$	2.097	3.343	1.427	2.153	3.204	2.134
	(0.55)	(0.88)	(0.37)	(0.57)	(0.84)	(0.56)
$SOE_{i,t}$	-7.067***	-6.586***	-7.197***	-6.967***	-6.810***	-7.303***
	(-3.27)	(-3.09)	(-3.36)	(-3.28)	(-3.19)	(-3.40)

续表

VARIABLES	(1)	(2)	(3)	(4)	(5)	(6)
	$PPS_{i,t}$					
	R2	R2345	S2	S2345	Mul5sum	Mul10sum
$Top1_{i,t}$	27.616***	35.248***	32.844***	39.686***	31.238***	25.990***
	(3.69)	(4.72)	(4.47)	(5.48)	(4.27)	(3.54)
$Tenure_{i,t}$	0.082***	0.089***	0.078***	0.081***	0.087***	0.081***
	(4.40)	(4.74)	(4.24)	(4.41)	(4.66)	(4.38)
$Age_{i,t}$	0.592***	0.588***	0.593***	0.594***	0.588***	0.588***
	(3.72)	(3.71)	(3.73)	(3.74)	(3.71)	(3.69)
$Boardsize_{i,t}$	0.869**	0.700*	0.940**	0.834*	0.765*	0.943**
	(2.05)	(1.65)	(2.20)	(1.95)	(1.81)	(2.22)
$Dual_{i,t}$	50.020***	49.875***	50.134***	50.071***	49.967***	50.124***
	(15.16)	(15.14)	(15.17)	(15.16)	(15.16)	(15.17)
$Indratio_{i,t}$	18.476	18.582	18.575	18.602	19.262	18.407
	(1.34)	(1.35)	(1.34)	(1.34)	(1.39)	(1.33)
Constant	74.097***	80.434***	71.262***	74.141***	79.703***	75.540***
	(3.13)	(3.40)	(3.00)	(3.13)	(3.38)	(3.18)
Year FE	YES	YES	YES	YES	YES	YES
Firm FE	YES	YES	YES	YES	YES	YES
Cluster Firm	YES	YES	YES	YES	YES	YES
Observations	30 543	30 543	30 543	30 543	30 543	30 543
Adjust R^2	0.740	0.741	0.740	0.740	0.741	0.740

注：***、**、*分别表示在1%、5%、10%水平上显著；括号内为 T 值，标准误在公司层面聚类。

就控制变量而言，与现有研究相一致，在规模更小、当期股票收益或会计收益更高企业，CEO 现金薪酬及总薪酬的薪酬—业绩敏感性显著更高（Jensen and Murphy，1990；Hall and Liebman，1998；苏冬蔚和熊家财，2013a、2013b）；国有企业 CEO 的现金薪酬及总薪酬的薪酬—业绩敏感性显著更低（Firth et al.，2007；苏冬蔚和熊家财，2013a）；第一大股东持股比例更多的公司，控股股东对 CEO 的监督力度更大，CEO 总薪酬—业绩敏感性显著更高（苏冬蔚和熊家财，2013a）；任期更长和年龄更大的 CEO，能力不确定性更低，其现金薪酬及总薪酬的薪酬—业绩敏感性显著更高（Core and Guay，1999）。此外，比较表 4 - 3 和表 4 - 4 中调整的 R^2，可以发现本章的回归模型分别解释了 CEO 现金薪酬—业绩敏感性 55% 的变异和 CEO 总薪酬—业绩敏感性 74% 的变异，表明本章模型变量对 CEO 薪酬—业绩敏感性的拟合程度较好。

　　表 4 - 3 和表 4 - 4 的 OLS 回归结果考察了非控股大股东绝对制衡对 CEO 薪酬—业绩敏感性条件期望的影响，为进一步探究非控股大股东绝对制衡对 CEO 薪酬—业绩敏感性条件分布的影响，本章还在表 4 - 5 和表 4 - 6 的 Panel A、Panel B 以及 Panel C 中分别汇报了 25th、50th 以及 75th 分位数回归结果。表 4 - 5 和表 4 - 6 均同时控制了公司固定效应和年份固定效应，其中表 4 - 5 的被解释变量为 CEO 现金薪酬—业绩敏感性，表 4 - 6 的被解释变量为 CEO 总薪酬—业绩敏感性。

表 4 - 5　　非控股大股东绝对制衡与 CEO 现金薪酬—业绩敏感性分位数回归

VARIABLES	(1)	(2)	(3)	(4)	(5)	(6)
	$PPSC_{i,t}$					
	R2	R2345	S2	S2345	Mul5sum	Mul10sum
Panel A：25th 分位数结果						
$NLS_{i,t-1}$	2.779**	2.027**	2.125	1.418*	1.779***	1.811**
	(2.20)	(2.52)	(1.44)	(1.68)	(2.64)	(2.24)
Panel B：50th 分位数结果						
$NLS_{i,t-1}$	5.216***	3.325***	5.947***	3.138***	2.788***	3.223***
	(2.76)	(3.06)	(2.78)	(2.75)	(2.84)	(2.85)
Panel C：75th 分位数结果						
$NLS_{i,t-1}$	5.237*	7.118***	5.897*	3.640*	3.407*	3.515
	(1.65)	(3.51)	(1.71)	(1.79)	(1.86)	(1.56)
Controls	YES	YES	YES	YES	YES	YES
Year FE	YES	YES	YES	YES	YES	YES
Firm FE	YES	YES	YES	YES	YES	YES
Observations	30 934	30 934	30 934	30 934	30 934	30 934

注：***、**、*分别表示在 1%、5%、10% 水平上显著；括号内为 T 值。

表 4 - 6 　　　非控股大股东绝对制衡与 CEO 总薪酬—业绩敏感性分位数回归

VARIABLES	(1)	(2)	(3)	(4)	(5)	(6)
	$PPS_{i,t}$					
	R2	R2345	S2	S2345	Mul5sum	Mul10sum
Panel A：25th分位数结果						
$NLS_{i,t-1}$	2.824	3.552***	4.678**	3.341***	3.096***	2.578**
	(1.58)	(3.02)	(2.30)	(2.83)	(2.87)	(2.23)
Panel B：50th分位数结果						
$NLS_{i,t-1}$	12.604***	11.790***	17.540***	14.102***	15.819***	10.999***
	(3.71)	(5.05)	(4.38)	(5.32)	(6.65)	(4.37)
Panel C：75th分位数结果						
$NLS_{i,t-1}$	43.827***	60.966***	67.388***	70.711***	57.781***	34.359***
	(4.53)	(7.13)	(6.36)	(6.47)	(7.60)	(5.34)
Controls	YES	YES	YES	YES	YES	YES
Year FE	YES	YES	YES	YES	YES	YES
Firm FE	YES	YES	YES	YES	YES	YES
Observations	30 934	30 934	30 934	30 934	30 934	30 934

注：*** 、 ** 、 * 分别表示在 1% 、5% 、10% 水平上显著；括号内为 T 值。

　　本章所有 CEO 现金薪酬—业绩敏感性和总薪酬—业绩敏感性回归的控制变量回归系数均与表 4 - 3 和表 4 - 4 十分接近，故在此及之后的表格中不再单独汇报控制变量回归系数。由表 4 - 5 可以看出，非控股大股东的绝对现金流权和投票权与 CEO 现金薪酬—业绩敏感性的 25th、50th以及 75th分位数均呈正相关关系，其中 50th分位数回归中的回归系数均在 1% 水平上显著，表明非控股大股东绝对制衡的增强能够显著提升 CEO 现金薪酬—业绩敏感性中位数。以第二大股东为例，第二大股东持股比例（夏普利值）每增加或减少一个标准差，CEO 现金薪酬—业绩敏感性中位数增加或减少 0.393（0.396），约为 CEO 现金薪酬—业绩敏感性中值的 3.57% （3.59% ）①。

　　表 4 - 6 的结果显示，非控股大股东的绝对现金流权和投票权与 CEO 总

---

　　① 基于第二大股东持股比例的计算公式：[7.53% ×5.216 ÷11.018 ×100%] =2.44% ；基于第二大股东夏普利值的计算公式：[6.83% ×5.947 ÷11.018 ×100%] =2.46% 。

薪酬—业绩敏感性的 25th、50th 以及 75th 分位数几乎都至少在 5% 水平上显著正相关，并且非控股大股东回归系数随着 CEO 总薪酬—业绩敏感性分位数的提升（由 25th 到 50th 再到 75th）而增加，表明非控股大股东绝对制衡对 CEO 总薪酬—业绩敏感性条件分布的影响随分位数递增。在其他条件不变的情况下，第二大股东持股比例（夏普利值）每增加或减少一个标准差，CEO 总薪酬—业绩敏感性 25th、50th 以及 75th 分位数分别增加或减少 0.213（0.320）、0.949（1.198）及 3.300（4.603），分别约为 CEO 总薪酬—业绩敏感性 25th、50th 及 75th 分位数的 3.17%（4.77%）、6.49%（8.19%）及 9.28%（12.94%）[①]。

2. 非控股大股东相对制衡与 CEO 薪酬—业绩敏感性。表 4 – 7 和表 4 – 8 汇报了非控股大股东相对制衡与 CEO 薪酬—业绩敏感性的回归结果，其中表 4 – 7 的被解释变量为 CEO 现金薪酬—业绩敏感性，表 4 – 8 的被解释变量为 CEO 总薪酬—业绩敏感性。表 4 – 7 和表 4 – 8 的第（1）至第（6）列主要解释变量分别为第二大股东与第一大股东持股比例之比（R2to1）、第二至第五大股东持股比例总和与第一大股东持股比例之比（R2345to1）、第二大股东与第一大股东夏普利值之比（S2to1）、第二至第五大股东夏普利值总和与第一大股东夏普利值之比（S2345to1）、持股 5% 以上的非控股大股东持股比例总和与第一大股东持股比例之比（Mul5sumto1）和持股 10% 以上的非控股大股东持股比例总和与第一大股东持股比例之比（Mul10sumto1）。从表 4 – 7 可以看出，非控股大股东的相对现金流权和相对投票权与 CEO 现金薪酬—业绩敏感性的回归系数数值较小且在 10% 水平上不显著，表明非控股大股东相对制衡与 CEO 现金薪酬—业绩敏感性的关联十分微弱。

---

① 基于第二大股东持股比例的计算公式：（1）25th 分位数 $[7.53\% \times 2.824 \div 6.698 \times 100\%]$ = 3.17%；（2）50th 分位数 $[7.53\% \times 12.604 \div 14.635 \times 100\%]$ = 6.49%；（3）75th 分位数 $[7.53\% \times 43.827 \div 35.573 \times 100\%]$ = 9.28%。基于第二大股东夏普利值的计算公式：（1）25th 分位数 $[6.83\% \times 4.678 \div 6.698 \times 100\%]$ = 4.77%；（2）50th 分位数 $[6.83\% \times 17.54 \div 14.635 \times 100\%]$ = 8.19%；（3）75th 分位数 $[6.83\% \times 67.388 \div 35.573 \times 100\%]$ = 12.94%。

表 4-7　非控股大股东相对制衡与 CEO 现金薪酬—业绩敏感性 OLS 回归

VARIABLES	(1)	(2)	(3)	(4)	(5)	(6)
	$PPSC_{i,t}$					
	R2to1	R2345to1	S2to1	S2345to1	Mul5sumto1	Mul10sumto1
$NLSto1_{i,t-1}$	0.663	0.207	1.054	0.289	0.596	0.687
	(0.91)	(0.53)	(1.28)	(0.68)	(1.60)	(1.51)
Controls	YES	YES	YES	YES	YES	YES
Year FE	YES	YES	YES	YES	YES	YES
Firm FE	YES	YES	YES	YES	YES	YES
Cluster Firm	YES	YES	YES	YES	YES	YES
Observations	30 543	30 543	30 543	30 543	30 543	30 543
Adjust R^2	0.550	0.550	0.550	0.550	0.550	0.550

注：***、**、*分别表示在 1%、5%、10% 水平上显著；括号内为 T 值，标准误在公司层面聚类。

表 4-8 的结果显示，非控股大股东的相对现金流权和相对投票权与 CEO 总薪酬—业绩敏感性均至少在 1% 水平上显著正相关，具体来说，在其他条件保持不变的情况下，第二大股东相对第一大股东持股比例（夏普利值）每增加或减少一个标准差，CEO 总薪酬—业绩敏感性增加或减少 4.067（3.131），约为 CEO 总薪酬—业绩敏感性均值的 8.20%（6.31%）[①]，表明非控股大股东相对制衡的增强能够显著提升 CEO 总薪酬—业绩敏感性。并且与非控股大股东绝对制衡类似，非控股大股东相对制衡对 CEO 薪酬激励的治理作用也主要体现在增强 CEO 的股权激励。

表 4-8　非控股大股东相对制衡与 CEO 总薪酬—业绩敏感性 OLS 回归

VARIABLES	(1)	(2)	(3)	(4)	(5)	(6)
	$PPS_{i,t}$					
	R2to1	R2345to1	S2to1	S2345to1	Mul5sumto1	Mul10sumto1
$NLSto1_{i,t-1}$	13.967***	8.711***	11.891***	7.244***	9.575***	9.257***
	(5.17)	(5.86)	(5.16)	(4.43)	(6.67)	(5.67)
Controls	YES	YES	YES	YES	YES	YES

① 基于第二大股东持股比例的计算公式：[29.12% × 13.967 ÷ 49.579 × 100%] = 8.20%；基于第二大股东夏普利值的计算公式：[26.33% × 11.891 ÷ 49.579 × 100%] = 6.31%。

续表

VARIABLES	(1)	(2)	(3)	(4)	(5)	(6)
	$PPS_{i,t}$					
	R2to1	R2345to1	S2to1	S2345to1	Mul5sumto1	Mul10sumto1
Year FE	YES	YES	YES	YES	YES	YES
Firm FE	YES	YES	YES	YES	YES	YES
Cluster Firm	YES	YES	YES	YES	YES	YES
Observations	30 543	30 543	30 543	30 543	30 543	30 543
Adjust R^2	0.740	0.740	0.740	0.740	0.740	0.740

注：*** 、** 、* 分别表示在 1%、5%、10% 水平上显著；括号内为 T 值，标准误在公司层面聚类。

此外，由于其他大股东相对第一大股东的持股比例（夏普利值）越高，表示大股东之间的股权（投票权）分布越均匀，表 4-8 的实证结果还意味着，大股东之间的股权（投票权）分布越均匀，CEO 薪酬与公司业绩之间的联系越紧密。之前的实证研究表明，大股东之间股权（投票权）分布更均匀时，公司价值更高（Maury and Pajuste，2005；Attig et al.，2009）、公司股利支付率更高（Gugler and Yurtoglu，2003）。表 4-8 的实证结果则从 CEO 薪酬激励的角度进一步支持了本尼森和沃尔芬森（Bennedsen and Wolfenzon，2000）的理论预测：大股东之间的股权（投票权）分布越均匀，越有助于缓解股东与 CEO 之间的代理冲突，进而改善公司治理。

本章还在表 4-9 和表 4-10 汇报了非控股大股东相对制衡对 CEO 薪酬—业绩敏感性条件分布的影响，其中表 4-9 的被解释变量为 CEO 现金薪酬—业绩敏感性，表 4-10 的被解释变量为 CEO 总薪酬—业绩敏感性。

表 4-9　非控股大股东相对制衡与 CEO 现金薪酬—业绩敏感性分位数回归

	(1)	(2)	(3)	(4)	(5)	(6)
	$PPSC_{i,t}$					
	R2to1	R2345to1	S2to1	S2345to1	Mul5sumto1	Mul10sumto1
Panel A：25th 分位数结果						
$NLSto1_{i,t-1}$	0.913***	0.474**	0.735*	0.425**	0.482***	0.483**
	(2.62)	(2.32)	(1.91)	(2.00)	(2.89)	(2.25)

续表

	(1)	(2)	(3)	(4)	(5)	(6)
	$PPSC_{i,t}$					
	R2to1	R2345to1	S2to1	S2345to1	Mul5sumto1	Mul10sumto1
Panel B：50th 分位数结果						
$NLSto1_{i,t-1}$	1.754***	0.796***	1.712***	0.789***	0.684***	0.893***
	(3.56)	(3.26)	(3.06)	(2.84)	(2.77)	(3.02)
Panel C：75th 分位数结果						
$NLSto1_{i,t-1}$	2.193**	1.189**	2.246**	1.197**	0.987**	1.015**
	(2.57)	(2.31)	(2.22)	(2.19)	(2.13)	(1.98)
Controls	YES	YES	YES	YES	YES	YES
Year FE	YES	YES	YES	YES	YES	YES
Firm FE	YES	YES	YES	YES	YES	YES
Observations	30 934	30 934	30 934	30 934	30 934	30 934

注：*** 、** 、* 分别表示在 1% 、5% 、10% 水平上显著；括号内为 T 值。

表 4 – 10　非控股大股东相对制衡与 CEO 总薪酬—业绩敏感性分位数回归

VARIABLES	(1)	(2)	(3)	(4)	(5)	(6)
	$PPS_{i,t}$					
	R2to1	R2345to1	S2to1	S2345to1	Mul5sumto1	Mul10sumto1
Panel A：25th 分位数结果						
$NLSto1_{i,t-1}$	1.064**	0.972***	1.144**	0.881***	0.941***	0.653**
	(2.36)	(3.37)	(2.07)	(2.69)	(3.31)	(2.12)
Panel B：50th 分位数结果						
$NLSto1_{i,t-1}$	3.302***	3.799***	4.127***	3.743***	3.747***	2.169***
	(3.73)	(5.77)	(3.77)	(4.52)	(5.48)	(3.54)
Panel C：75th 分位数结果						
$NLSto1_{i,t-1}$	13.252***	12.922***	14.627***	12.207***	14.364***	10.832***
	(6.02)	(7.49)	(5.61)	(6.11)	(7.94)	(5.70)
Controls	YES	YES	YES	YES	YES	YES
Year FE	YES	YES	YES	YES	YES	YES
Firm FE	YES	YES	YES	YES	YES	YES
Observations	30 934	30 934	30 934	30 934	30 934	30 934

注：*** 、** 、* 分别表示在 1% 、5% 、10% 水平上显著；括号内为 T 值。

由表 4 - 9 和表 4 - 10 可以看出，无论是基于现金薪酬还是总薪酬，非控股大股东的相对现金流权和相对投票权对 CEO 现金薪酬及总薪酬—业绩敏感性条件分布的正向影响均随分位数（由 25th 到 50th 再到 75th）递增。其中 CEO 现金薪酬—业绩敏感性（CEO 总薪酬—业绩敏感性）不同分位数处的非控股大股东相对制衡指标的回归系数均至少在 10%（5%）水平上显著。具体来说，在其他条件保持不变的情况下，第二大股东与第一大股东持股比例（夏普利值）之比每增加或减少一个标准差，CEO 现金薪酬—业绩敏感性 25th、50th 与 75th 分位数分别增加或减少 0.266（0.194）、0.511（0.451）与 0.639（0.591），分别为 CEO 现金薪酬—业绩敏感性 25th、50th 以及 75th 分位数的 4.69%（3.41%）、4.64%（4.09%）与 3.11%（2.88%）[①]；CEO 总薪酬—业绩敏感性 25th、50th 与 75th 分位数分别增加或减少 0.310（0.301）、0.962（1.087）与 3.859（3.851），分别为 CEO 总薪酬—业绩敏感性 25th、50th 与 75th 分位数的 4.63%（4.50%）、6.57%（7.43%）与 10.85%（10.83%）[②]。

3. 非控股大股东存在性和数目与 CEO 薪酬—业绩敏感性。表 4 - 11 和表 4 - 12 汇报了非控股大股东存在性和数目与 CEO 薪酬—业绩敏感性的回归结果，其中表 4 - 11 的被解释变量为 CEO 现金薪酬—业绩敏感性，表 4 - 12 的被解释变量为 CEO 总薪酬—业绩敏感性。表 4 - 11 和表 4 - 12 的第（1）至第（4）列主要解释变量分别为以持股比例 5% 为界点设置非控股大股东虚拟变量（Mul5）、以持股比例 10% 为界点设置非控股大股东虚拟变量

①　基于第二大股东与第一大股东持股比例之比的计算公式：（1）25th 分位数 ［29.12% × 2.824 ÷ 5.669 × 100%］= 4.69%；（2）50th 分位数 ［29.12% × 12.604 ÷ 11.018 × 100%］= 4.64%；（3）75th 分位数 ［29.12% × 43.827 ÷ 20.565 × 100%］= 3.11%；基于第二大股东与第一大股东夏普利值之比的计算公式：（1）25th 分位数 ［26.33% × 4.678 ÷ 5.669 × 100%］= 3.41%；（2）50th 分位数 ［26.33% × 17.54 ÷ 11.018 × 100%］= 4.09%；（3）75th 分位数 ［26.33% × 67.388 ÷ 20.565 × 100%］= 2.88%。

②　基于第二大股东与第一大股东持股比例之比的计算公式：（1）25th 分位数 ［29.12% × 1.064 ÷ 6.698 × 100%］= 4.63%；（2）50th 分位数 ［29.12% × 3.302 ÷ 14.635 × 100%］= 6.57%；（3）75th 分位数 ［29.12% × 13.252 ÷ 35.573 × 100%］= 10.85%；基于第二大股东与第一大股东夏普利值之比的计算公式：（1）25th 分位数 ［26.33% × 1.144 ÷ 6.698 × 100%］= 4.50%；（2）50th 分位数 ［26.33% × 4.127 ÷ 14.635 × 100%］= 7.43%；（3）75th 分位数 ［26.33% × 14.627 ÷ 35.573 × 100%］= 10.83%。

（Mul10）、以持股比例 5% 为界点统计的非控股大股东数目（Mul5num）和以持股比例 10% 为界点统计的非控股大股东数目（Mul10num）。

由表 4 - 11 可知，非控股大股东存在性和数目与 CEO 现金薪酬—业绩敏感性的相关性较小且统计显著性较低，仅有持股比例超过 10% 非控股大股东数目的回归系数在 10% 水平上显著。表 4 - 12 的回归结果显示，非控股大股东的存在显著提升了 CEO 总薪酬—业绩敏感性，并且非控股大股东越多，CEO 总薪酬—业绩敏感性越高。具体而言，在其他条件保持不变的情况下，与非控股大股东持股比例均低于 5%（10%）的公司相比，存在持股 5%（10%）以上非控股大股东的公司的 CEO 平均总薪酬—业绩敏感性高出 5.976（7.314），约为 CEO 总薪酬—业绩敏感性均值的 12.05%（14.75%）[①]。

表 4 - 11　　　　非控股大股东存在性和数目与 CEO 现金薪酬—业绩敏感性 OLS 回归

VARIABLES	(1)	(2)	(3)	(4)
	$PPSC_{i,t}$			
	Mul5	Mul10	Mul5num	Mul10num
$NLSnum_{i,t-1}$	0.144	0.430	0.281*	0.464*
	(0.44)	(1.22)	(1.92)	(1.79)
Controls	YES	YES	YES	YES
Year FE	YES	YES	YES	YES
Firm FE	YES	YES	YES	YES
Cluster Firm	YES	YES	YES	YES
Observations	30 543	30 543	30 543	30 543
Adjust R^2	0.550	0.550	0.550	0.550

注：***、**、* 分别表示在 1%、5%、10% 水平上显著；括号内为 T 值，标准误在公司层面聚类。

---

① 持股 5% 以上非控股大股东对应的计算：（5.976 ÷ 49.579）× 100% = 12.05%；持股 10% 以上非控股大股东对应的计算：（7.314 ÷ 49.579）× 100% = 14.75%。

表 4 - 12　　　　　　　**非控股大股东存在性和数目与 CEO 总薪酬—**

业绩敏感性 OLS 回归

VARIABLES	(1)	(2)	(3)	(4)
	$PPS_{i,t}$			
	Mul5	Mul10	Mul5num	Mul10num
$NLSnum_{i,t-1}$	5.976***	7.314***	4.891***	5.379***
	(4.69)	(5.32)	(6.70)	(5.34)
Controls	YES	YES	YES	YES
Year FE	YES	YES	YES	YES
Firm FE	YES	YES	YES	YES
Cluster Firm	YES	YES	YES	YES
Observations	30 543	30 543	30 543	30 543
Adjust R^2	0.740	0.740	0.740	0.740

注：***、**、*分别表示在 1%、5%、10%水平上显著；括号内为 T 值，标准误在公司层面聚类。

现有的实证研究显示，非控股大股东的存在性和数目与更高的公司价值（Laeven and Levine，2008；Attig et al.，2009）、更低的股权融资成本和债权融资成本（Attig et al.，2008；王运通和姜付秀，2017）、更高的投资效率（Jiang et al.，2018）以及更多的股利支付（Faccio et al.，2001；Jiang et al.，2019）显著相关。表 4 - 12 的实证结果表明非控股大股东的存在性和数目有助于增强 CEO 总薪酬与公司业绩的联系，从而为非控股大股东在缓解股东—CEO 代理问题中发挥的作用提供了实证证据。

表 4 - 13 和表 4 - 14 是非控股大股东存在性和数目与 CEO 薪酬—业绩敏感性的分位数结果，其中，表 4 - 13 中的被解释变量为 CEO 现金薪酬—业绩敏感性，表 4 - 14 中的被解释变量为 CEO 总薪酬—业绩敏感性。

表 4 - 13　　　　　　　**非控股大股东存在性和数目与 CEO 现金薪酬—**

业绩敏感性分位数回归

VARIABLES	(1)	(2)	(3)	(4)
	$PPSC_{i,t}$			
	Mul5	Mul10	Mul5num	Mul10num
Panel A：25th 分位数结果				
$NLSnum_{i,t-1}$	0.316**	0.157	0.033	0.101
	(2.10)	(1.08)	(0.49)	(0.98)

续表

VARIABLES	(1)	(2)	(3)	(4)
	PPSC$_{i,t}$			
	Mul5	Mul10	Mul5num	Mul10num
Panel B：50th 分位数结果				
NLSnum$_{i,t-1}$	0.539***	0.403**	0.120	0.258*
	(2.70)	(2.01)	(1.40)	(1.71)
Panel C：75th 分位数结果				
NLSnum$_{i,t-1}$	0.689*	0.582	0.243	0.489
	(1.87)	(1.61)	(1.40)	(1.55)
Controls	YES	YES	YES	YES
Year FE	YES	YES	YES	YES
Firm FE	YES	YES	YES	YES
Observations	34 598	34 598	34 598	34 598

注：***、**、* 分别表示在 1%、5%、10% 水平上显著；括号内为 T 值。

表 4-14　　　　非控股大股东存在性和数目与 CEO 总薪酬——
业绩敏感性分位数回归

VARIABLES	(1)	(2)	(3)	(4)
	PPS$_{i,t}$			
	Mul5	Mul10	Mul5num	Mul10num
Panel A：25th 分位数结果				
NLSnum$_{i,t-1}$	0.286	0.112	0.127	0.036
	(1.49)	(0.54)	(1.38)	(0.24)
Panel B：50th 分位数结果				
NLSnum$_{i,t-1}$	0.913***	0.298	0.698***	0.252
	(2.92)	(0.86)	(3.87)	(0.84)
Panel C：75th 分位数结果				
NLSnum$_{i,t-1}$	2.574***	1.930*	2.558***	2.028**
	(2.84)	(1.81)	(4.92)	(2.10)
Controls	YES	YES	YES	YES
Year FE	YES	YES	YES	YES
Firm FE	YES	YES	YES	YES
Observations	34 598	34 598	34 598	34 598

注：***、**、* 分别表示在 1%、5%、10% 水平上显著；括号内为 T 值。

从表 4-13 和表 4-14 可以发现：非控股大股东存在性和数目的回归系数随着 CEO 薪酬—业绩敏感性分位数的提升（由 25th 到 50th 再到 75th）而增加，表明非控股大股东存在性和数目对 CEO 薪酬—业绩敏感性条件分布的影响随分位数递增；非控股大股东存在性和数目在 CEO 现金薪酬—业绩敏感性 50th 分位数回归中几乎均在 10% 水平上显著，以 5% 为界点统计的非控股大股东存在性和数目在 CEO 总薪酬 50th 分位数回归中均至少在 1% 水平上显著，表明非控股大股东存在性和数目有助于提升 CEO 总薪酬—业绩敏感性中位数。具体来说，在其他条件不变的情况下，与其他股东持股比例均低于 5%（10%）的公司相比，存在持股 5%（10%）以上非控股大股东公司的 CEO 总薪酬—业绩敏感性中位数高出 0.539（0.913），约为 CEO 总薪酬—业绩敏感性中位数的 3.68%（6.24%）[①]。

4.3.4　非控股大股东与 CEO 薪酬激励的因果关系分析

在上述基本回归分析中，我们使用的是滞后一期非控股大股东变量，这在一定程度上缓解了反向因果产生的内生性问题。然而，基础回归的实证结果仍不足以说明非控股大股东与 CEO 薪酬—业绩敏感性之间存在因果关系。非控股大股东变量与 CEO 薪酬—业绩敏感性之间的相关性还可能源于样本自选择（如大股东可能更会挑选公司治理结构良好的公司，同时这类公司也具有较强的 CEO 激励），这将导致 CEO 薪酬—业绩敏感性回归中的误差项与非控股大股东变量相关，进而造成非控股大股东变量回归系数的估计偏差。为此，本章先后采用赫克曼（Heckman）两阶段模型和倾向得分匹配—双重差分模型，以缓解非控股大股东和 CEO 薪酬激励因果关系识别过程中由样本选择偏差导致的内生性问题。

1. 赫克曼（Heckman）两步法。

（1）赫克曼（Heckman）第一阶段回归结果。表 4-15、表 4-16 和

---

① 持股 5% 以上非控股大股东对应的计算：（0.539÷14.635）×100% = 3.68%；持股 10% 以上非控股大股东对应的计算：（0.913÷14.635）×100% = 6.24%。

表 4 – 17 依次是基于非控股大股东绝对制衡、相对制衡以及存在性和数目的赫克曼（Heckman）第一阶段回归结果。其中被解释变量为非控股大股东较高组别虚拟变量，主要解释变量为上一期同行业同年份非控股大股东变量均值。表 4 – 16 和表 4 – 17 中的其他股权结构决策变量回归系数较为相近，故本章仅在表 4 – 15 中单独汇报了其他股权结构决策变量的回归结果。表 4 – 15 和表 4 – 17 中的结果显示，上一期同行业同年份非控股大股东变量均值的回归系数均至少在 5% 水平上显著为正，意味着上一期同行业同年份非控股大股东变量平均水平越高的公司，当期属于非控股大股东较高组别的概率就越大。就其他股权结构决策变量而言，上一期成长性越好、股价对交易量越敏感、资本支出越多的公司，当期属于非控股大股东较高组别的概率就越大；上一期为国有性质的公司，当期属于非控股大股东较高组别的概率就越小。该实证结果初步表明，基于本章的样本，非控股大股东变量水平的高低确实存在一定的自选择倾向。

表 4 – 15　　赫克曼（Heckman）第一阶段—非控股大股东绝对制衡

VARIABLES	(1) $DR2_{i,t}$	(2) $DR2345_{i,t}$	(3) $DS2_{i,t}$	(4) $DS2345_{i,t}$	(5) $DMul5sum_{i,t}$	(6) $DMul10sum_{i,t}$
$NLSInd_{j,t-1}$	4.833*** (6.00)	1.499*** (3.32)	6.541*** (7.21)	2.966*** (6.47)	2.519*** (5.84)	6.142*** (11.30)
$Ln\_Size_{i,t-1}$	0.022*** (2.94)	−0.001 (−0.19)	−0.085*** (−10.97)	−0.086*** (−11.13)	0.016** (2.09)	0.040*** (5.23)
$Lev_{i,t-1}$	−0.172*** (−4.28)	−0.131*** (−3.27)	0.039 (0.97)	0.018 (0.44)	−0.182*** (−4.50)	−0.248*** (−6.03)
$Sdret_{i,t-1}$	2.581** (2.14)	5.181*** (4.25)	1.998* (1.65)	1.798 (1.49)	4.712*** (3.87)	2.818** (2.30)
$TobinQ_{i,t-1}$	0.001*** (4.76)	0.001*** (8.07)	0.001*** (4.59)	0.001*** (5.50)	0.001*** (7.39)	0.001*** (5.28)
$ILLIQ_{i,t-1}$	0.054*** (7.94)	0.071*** (9.77)	0.011* (1.75)	0.021*** (3.19)	0.068*** (9.65)	0.059*** (8.65)
$ROA_{i,t-1}$	0.209 (1.58)	0.174 (1.32)	−0.293** (−2.23)	−0.233* (−1.77)	0.106 (0.80)	0.125 (0.92)

续表

VARIABLES	(1) $DR2_{i,t}$	(2) $DR2345_{i,t}$	(3) $DS2_{i,t}$	(4) $DS2345_{i,t}$	(5) $DMul5sum_{i,t}$	(6) $DMul10sum_{i,t}$
$PPE_{i,t-1}$	0.083 (1.53)	-0.053 (-0.97)	-0.091* (-1.66)	-0.139** (-2.54)	-0.034 (-0.62)	0.079 (1.42)
$Capexp/Asset_{i,t-1}$	0.446*** (3.03)	1.048*** (7.10)	0.327** (2.20)	0.592*** (4.00)	0.644*** (4.37)	0.523*** (3.51)
$SOE_{i,t-1}$	-0.342*** (-19.61)	-0.482*** (-27.66)	-0.434*** (-24.69)	-0.494*** (-28.25)	-0.429*** (-24.55)	-0.317*** (-17.92)
$Firm\ Age_{i,t-1}$	-0.005*** (-3.04)	-0.009*** (-5.48)	0.013*** (8.58)	0.011*** (7.12)	-0.007*** (-4.71)	-0.005*** (-3.48)
Constant	-0.844*** (-4.56)	-0.025 (-0.13)	1.209*** (6.58)	1.383*** (7.55)	-0.538*** (-2.98)	-1.468*** (-8.14)
Year FE	YES	YES	YES	YES	YES	YES
Industry FE	YES	YES	YES	YES	YES	YES
Observations	30 940	30 940	30 940	30 940	30 940	30 940
Persdo R^2	0.0208	0.0389	0.0376	0.0441	0.0325	0.0318

注：***、**、*分别表示在 1%、5%、10% 水平上显著；括号内为 T 值，标准误在公司层面聚类。

表 4-16　赫克曼（Heckman）第一阶段—非控股大股东相对制衡

VARIABLES	(1) $DR2to1_{i,t}$	(2) $DR2345to1_{i,t}$	(3) $DS2to1_{i,t}$	(4) $DS2345to1_{i,t}$	(5) $DMul5sumto1_{i,t}$	(6) $DMul10sumto1_{i,t}$
$NLSto1Ind_{j,t-1}$	1.445*** (6.25)	0.258** (2.45)	1.418*** (5.48)	0.393*** (3.27)	0.510*** (4.68)	1.379*** (9.08)
Controls	YES	YES	YES	YES	YES	YES
Year FE	YES	YES	YES	YES	YES	YES
Industry FE	YES	YES	YES	YES	YES	YES
Observations	30 940	30 940	30 940	30 940	30 940	30 940
Persdo R^2	0.0266	0.0342	0.0371	0.0406	0.0287	0.0249

注：***、**、*分别表示在 1%、5%、10% 水平上显著；括号内为 T 值，标准误在公司层面聚类。

表 4 – 17　　赫克曼（Heckman）第一阶段—非控股大股东存在性和数目

VARIABLES	(1) DMul5$_{i,t}$	(2) DMul10$_{i,t}$	(3) DMul5num$_{i,t}$	(4) DMul10num$_{i,t}$
NLSnumInd$_{j,t-1}$	1. 772*** (14. 22)	1. 920*** (15. 01)	0. 336*** (3. 51)	1. 147*** (13. 04)
Controls	YES	YES	YES	YES
Year FE	YES	YES	YES	YES
Industry FE	YES	YES	YES	YES
Observations	30 927	30 940	30 940	30 940
Persdo R^2	0. 0771	0. 0380	0. 0707	0. 0362

注：***、**、*分别表示在1%、5%、10%水平上显著；括号内为 T 值，标准误在公司层面聚类。

（2）赫克曼（Heckman）第二阶段回归结果。表 4 – 18 和表 4 – 19 是赫克曼（Heckman）第二阶段基于非控股大股东绝对制衡的回归结果，其中表 4 –18 的被解释变量为 CEO 现金薪酬—业绩敏感性，表 4 – 19 的被解释变量为 CEO 总薪酬—业绩敏感性。逆米尔斯比率（IMR$_{i,t}$）是基于表 4 – 15 赫克曼（Heckman）第一阶段回归构造得到的。由表 4 – 18 和表 4 – 19 可知，CEO 现金薪酬—业绩敏感性和 CEO 总薪酬—业绩敏感性回归中非控股大股东绝对制衡的回归系数均至少在 1% 水平上显著，表明非控股大股东的绝对制衡对 CEO 薪酬—业绩敏感性具有显著的正向影响。此外，还可以发现表 4 – 18 的非控股大股东绝对制衡回归系数大于表 4 – 3，表 4 – 19 的非控股大股东绝对制衡回归系数与表 4 – 4 相近，这意味着在纠正了样本选择偏差之后，非控股大股东绝对制衡与 CEO 现金薪酬—业绩敏感性的联系在统计上和经济意义上都有所增强，与 CEO 总薪酬—业绩敏感性的联系变化不大。

表 4 – 18　　赫克曼（Heckman）第二阶段—非控股大股东绝对制衡的
现金薪酬—业绩敏感性回归

VARIABLES	(1)	(2)	(3)	(4)	(5)	(6)
	PPSC$_{i,t}$					
	R2	R2345	S2	S2345	Mul5sum	Mul10sum
NLS$_{i,t}$	7. 272*** (2. 73)	6. 099*** (3. 40)	9. 639*** (3. 05)	5. 860*** (3. 05)	5. 879*** (3. 64)	4. 711*** (2. 68)
IMR$_{i,t}$	0. 052 (0. 03)	1. 035 (0. 90)	– 2. 988* （– 1. 88)	– 2. 087 （– 1. 47)	0. 354 (0. 29)	– 0. 379 （– 0. 33)

续表

VARIABLES	(1)	(2)	(3)	(4)	(5)	(6)
	$PPSC_{i,t}$					
	R2	R2345	S2	S2345	Mul5sum	Mul10sum
Controls	YES	YES	YES	YES	YES	YES
Year FE	YES	YES	YES	YES	YES	YES
Firm FE	YES	YES	YES	YES	YES	YES
Cluster Firm	YES	YES	YES	YES	YES	YES
Observations	30 543	30 543	30 543	30 543	30 543	30 543
Adjust R^2	0.550	0.550	0.550	0.550	0.550	0.550

注：***、**、*分别表示在 1%、5%、10% 水平上显著；括号内为 T 值，标准误在公司层面聚类。

表 4 – 19　赫克曼（Heckman）第二阶段—非控股大股东绝对制衡的

总薪酬—业绩敏感性回归

VARIABLES	(1)	(2)	(3)	(4)	(5)	(6)
	$PPS_{i,t}$					
	R2	R2345	S2	S2345	Mul5sum	Mul10sum
$NLS_{i,t}$	68.359***	61.766***	68.269***	52.522***	44.928***	37.515***
	(5.88)	(8.18)	(5.27)	(6.60)	(6.39)	(5.12)
$IMR_{i,t}$	− 19.933***	− 15.644***	− 18.305***	− 17.907***	− 17.301***	− 17.963***
	(− 3.20)	(− 3.21)	(− 3.41)	(− 3.44)	(− 3.45)	(− 3.99)
Controls	YES	YES	YES	YES	YES	YES
Year FE	YES	YES	YES	YES	YES	YES
Firm FE	YES	YES	YES	YES	YES	YES
Cluster Firm	YES	YES	YES	YES	YES	YES
Observations	30 543	30 543	30 543	30 543	30 543	30 543
Adjust R^2	0.740	0.741	0.740	0.740	0.740	0.740

注：***、**、*分别表示在 1%、5%、10% 水平上显著；括号内为 T 值，标准误在公司层面聚类。

　　表 4 – 20 和表 4 – 21 分别是赫克曼（Heckman）第二阶段基于非控股大股东相对制衡的回归结果，其中表 4 – 20 中的被解释变量为 CEO 现金薪酬—业绩敏感性，表 4 – 21 中的被解释变量为 CEO 总薪酬—业绩敏感性。逆米尔斯比率（$IMR_{i,t}$）是基于表 4 – 16 赫克曼（Heckman）第一阶段回归构造得

到的。由表 4-20 和表 4-21 可知，CEO 现金薪酬—业绩敏感性与非控股大股东相对制衡的关联较弱，而 CEO 总薪酬—业绩敏感性回归的非控股大股东相对制衡回归系数均至少在 1% 水平上显著，这间接说明非控股大股东相对制衡主要影响 CEO 薪酬激励中的权益激励部分。

表 4-20 赫克曼（Heckman）第二阶段—非控股大股东相对制衡的现金薪酬—业绩敏感性回归

VARIABLES	(1)	(2)	(3)	(4)	(5)	(6)
	$PPSC_{i,t}$					
	R2to1	R2345to1	S2to1	S2345to1	Mul5sumto1	Mul10sumto1
$NLSto1_{i,t}$	0.969	0.347	0.897	0.101	0.747*	0.853*
	(1.25)	(0.77)	(1.02)	(0.20)	(1.87)	(1.89)
$IMR_{i,t}$	-0.736	-0.471	-4.879**	-3.929**	-0.516	-1.269
	(-0.38)	(-0.28)	(-2.54)	(-2.17)	(-0.35)	(-0.94)
Controls	YES	YES	YES	YES	YES	YES
Year FE	YES	YES	YES	YES	YES	YES
Firm FE	YES	YES	YES	YES	YES	YES
Cluster Firm	YES	YES	YES	YES	YES	YES
Observations	30 543	30 543	30 543	30 543	30 543	30 543
Adjust R^2	0.550	0.550	0.550	0.550	0.550	0.550

注：***、**、* 分别表示在 1%、5%、10% 水平上显著；括号内为 T 值，标准误在公司层面聚类。

表 4-21 赫克曼（Heckman）第二阶段—非控股大股东相对制衡的总薪酬—业绩敏感性回归

VARIABLES	(1)	(2)	(3)	(4)	(5)	(6)
	$PPS_{i,t}$					
	R2to1	R2345to1	S2to1	S2345to1	Mul5sumto1	Mul10sumto1
$NLSto1_{i,t}$	14.398***	8.889***	12.199***	7.133***	7.991***	7.726***
	(4.53)	(5.24)	(3.45)	(3.87)	(5.12)	(4.49)
$IMR_{i,t}$	-14.488**	-15.386***	-19.226***	-18.490***	-17.887***	-21.406***
	(-2.41)	(-2.65)	(-3.36)	(-3.20)	(-3.18)	(-4.14)
Controls	YES	YES	YES	YES	YES	YES
Year FE	YES	YES	YES	YES	YES	YES
Firm FE	YES	YES	YES	YES	YES	YES

续表

VARIABLES	(1)	(2)	(3)	(4)	(5)	(6)
	$PPS_{i,t}$					
	R2to1	R2345to1	S2to1	S2345to1	Mul5sumto1	Mul10sumto1
Cluster Firm	YES	YES	YES	YES	YES	YES
Observations	30 543	30 543	30 543	30 543	30 543	30 543
Adjust R^2	0.740	0.740	0.740	0.740	0.740	0.740

注：*** 、** 、* 分别表示在 1%、5%、10% 水平上显著；括号内为 T 值，标准误在公司层面聚类。

表 4 – 22 和表 4 – 23 分别是赫克曼（Heckman）第二阶段基于非控股大股东存在性和数目的回归结果，其中表 4 – 22 中的被解释变量为 CEO 现金薪酬—业绩敏感性，表 4 – 23 中的被解释变量为 CEO 总薪酬—业绩敏感性。逆米尔斯比率（$IMR_{i,t}$）是基于表 4 – 17 赫克曼（Heckman）第一阶段回归构造得到的。由表 4 – 22 和表 4 – 23 可知，CEO 现金薪酬—业绩敏感性和 CEO 总薪酬—业绩敏感性回归中非控股大股东存在性和数目的回归系数分别至少在 10% 水平和 1% 水平上显著，表明非控股大股东存在性和数目对 CEO 现金薪酬—业绩敏感性和总薪酬—业绩敏感性均具有显著的正向影响。此外，与表 4 – 11 和表 4 – 12 相比还可以发现，表 4 – 22 非控股大股东存在性和数目回归系数相对较大，表 4 – 23 中的非控股大股东存在性和数目系数回归系数相对较小，这意味着，在纠正了样本选择偏差之后，非控股大股东存在性和数目与 CEO 现金薪酬—业绩敏感性的联系增强，与 CEO 总薪酬—业绩敏感性的联系减少。

表 4 – 22　赫克曼（Heckman）第二阶段—非控股大股东存在性和数目的现金薪酬—业绩敏感性回归

VARIABLES	(1)	(2)	(3)	(4)
	$PPSC_{i,t}$			
	Mul5	Mul10	Mul5num	Mul10num
$NLSnum_{i,t}$	0.574* (1.69)	0.615* (1.73)	0.515*** (3.27)	0.663** (2.44)
$IMR_{i,t}$	− 0.901 （− 0.80）	− 0.713 （− 0.73）	− 0.445 （− 1.20）	− 0.732 （− 0.69）

VARIABLES	(1)	(2)	(3)	(4)
	$PPSC_{i,t}$			
	Mul5	Mul10	Mul5num	Mul10num
Controls	YES	YES	YES	YES
Year FE	YES	YES	YES	YES
Firm FE	YES	YES	YES	YES
Cluster Firm	YES	YES	YES	YES
Observations	30 530	30 543	30 499	30 543
Adjust R^2	0.550	0.550	0.550	0.550

注：***、**、*分别表示在1%、5%、10%水平上显著；括号内为 T 值，标准误在公司层面聚类。

表4-23　赫克曼（Heckman）第二阶段—非控股大股东存在性和

数目的总薪酬—业绩敏感性回归

VARIABLES	(1)	(2)	(3)	(4)
	$PPS_{i,t}$			
	Mul5	Mul10	Mul5num	Mul10num
$NLSnum_{i,t}$	4.877***	5.445***	3.648***	4.545***
	(3.57)	(3.71)	(4.74)	(4.22)
$IMR_{i,t}$	-18.969***	-14.471***	-2.546*	-15.875***
	(-4.94)	(-3.80)	(-1.68)	(-3.79)
Controls	YES	YES	YES	YES
Year FE	YES	YES	YES	YES
Firm FE	YES	YES	YES	YES
Cluster Firm	YES	YES	YES	YES
Observations	30 530	30 543	30 499	30 543
Adjust R^2	0.740	0.740	0.740	0.740

注：***、**、*分别表示在1%、5%、10%水平上显著；括号内为 T 值，标准误在公司层面聚类。

2. 倾向得分匹配—双重差分。

（1）倾向得分匹配。表4-24 汇报了股权分置改革前一年采用一对一、无放回马氏最近邻匹配前和匹配后，非控股大股东变量较高组别和较低组别股权结构决定变量的差异。其中"Low NLS"和"High NLS"分别表示匹配

表4-24　　匹配前、后不同非控股大股东组别股权结构决策变量差异性检验

	Low R2 (L)		High R2 (H)		Difference (H-L)		Predicted Low NLS (PL)		Predicted High NLS (PH)		Difference (PH-PL)	
	Obs	mean	Obs	mean	mean	t	Obs	mean	Obs	mean	mean	t
$R2Ind_{i,t-1}$	694	0.095	513	0.099	0.004***	3.75	415	0.099	417	0.098	-0.001	-0.65
$LnSize_{i,t-1}$	694	21.329	513	20.954	-0.376***	-6.80	415	21.147	417	21.111	-0.036	-0.60
$Lev_{i,t-1}$	694	0.497	513	0.512	0.016	1.25	415	0.495	417	0.495	-0.001	-0.05
$Sdret_{i,t-1}$	694	0.022	513	0.024	0.002***	4.55	415	0.023	417	0.023	0.000	0.10
$TobinQ_{i,t-1}$	694	3.195	513	3.052	-0.143	-0.10	415	3.067	417	3.391	0.325	0.20
$ILLIQ_{i,t-1}$	694	0.540	513	0.748	0.208***	5.00	415	0.585	417	0.609	0.024	0.65
$ROA_{i,t-1}$	700	0.021	515	0.013	-0.008*	-1.90	415	0.020	417	0.020	-0.001	-0.15
$PPE_{i,t-1}$	694	0.312	513	0.306	-0.006	-0.55	415	0.310	417	0.310	-0.001	0.00
$Capexp/Asset_{i,t-1}$	694	0.068	513	0.062	-0.006	-1.55	415	0.067	417	0.066	-0.001	-0.15
$SOE_{i,t-1}$	694	0.814	513	0.647	-0.167***	-6.70	415	0.742	417	0.734	-0.009	-0.25
$FirmAge_{i,t-1}$	694	10.303	513	10.813	0.511**	1.95	415	10.617	417	10.590	-0.027	-0.10

注：***、**、*分别表示在1%、5%、10%水平上显著。

前的非控股大股东变量较低组别和较高组别，"Predicted Low NLS"和"Predicted High NLS"分别表示匹配后的非控股大股东变量较低组别和较高组别，"Difference"表示非控股大股东变量较高组别与较低组别股权结构变量的平均差异。以第二大股东持股比例为例，匹配前第二大股东持股比例较高组别（High R2）的第二大股东持股比例行业均值、股票收益波动率和个股 Amihud 显著更高，公司规模显著更小，国有企业显著更少。匹配后，所有股权结构决定变量在第二大股东持股比例较高组别（Predicted High R2）和较低组别（Predicted Low R2）之间不存在显著差异。其他非控股大股东变量的较高组别与较低组别，在匹配前后股权结构决定变量差异的方向和显著性与第二大股东持股比例基本一致，故在此不再单独汇报。

（2）双重差分回归。表 4 – 25 至表 2 – 47 是基于非控股大股东绝对制衡匹配样本在股权分置改革 [– 3, 3] 年的双重差分回归结果。其中表 4 – 25、表 4 – 26 和表 4 – 27 的被解释变量为 CEO 现金薪酬—业绩敏感性，表 4 – 28、表 4 – 29 和表 4 – 30 的被解释变量为 CEO 总薪酬—业绩敏感性。由表 4 – 25、表 4 – 26 和表 4 – 27 可知，在 CEO 现金薪酬—业绩敏感性回归中，非控股大股东分组虚拟变量与股权分置改革虚拟变量的交叉项回归系数（$Treat_i \times Reform_{i,t}$）数值较小且几乎均在 10% 水平上不显著。这表明股权分置改革前后，非控股大股东变量较高组别和较低组别 CEO 现金薪酬—业绩敏感性的差异变化不大。

表 4 – 25　　非控股大股东绝对制衡与 CEO 现金薪酬—业绩敏感性的双重差分回归

VARIABLES	(1)	(2)	(3)	(4)	(5)	(6)
	$PPSC_{i,t}$					
	R2	R2345	S2	S2345	Mul5sum	Mul10sum
$Treat_i \times Reform_{i,t}$	0.915	0.615	– 0.183	0.555	2.091**	0.585
	(0.94)	(0.75)	(– 0.15)	(0.48)	(2.74)	(0.86)
$Reform_{i,t}$	1.026	0.946	3.630**	1.519	0.865	2.349
	(0.65)	(0.59)	(2.06)	(0.81)	(0.42)	(0.85)

续表

VARIABLES	(1)	(2)	(3)	(4)	(5)	(6)
	PPSC$_{i,t}$					
	R2	R2345	S2	S2345	Mul5sum	Mul10sum
Treat$_i$	−1.416	0.626	1.726	0.642	−0.842	−0.586
	(−1.39)	(0.67)	(1.30)	(0.56)	(−1.12)	(−0.70)
Controls	YES	YES	YES	YES	YES	YES
Year FE	YES	YES	YES	YES	YES	YES
Industry FE	YES	YES	YES	YES	YES	YES
Cluster Firm	YES	YES	YES	YES	YES	YES
Observations	5 468	5 647	4 722	4 737	5 468	5 260
Adjust R^2	0.267	0.278	0.257	0.249	0.280	0.272

注: ***、**、*分别表示在1%、5%、10%水平上显著；括号内为 T 值，标准误在公司层面聚类。

表 4 - 26　　　非控股大股东相对制衡与 CEO 现金薪酬——

业绩敏感性的双重差分回归

VARIABLES	(1)	(2)	(3)	(4)	(5)	(6)
	PPSC$_{i,t}$					
	R2to1	R2345to1	S2to1	S2345to1	Mul5sumto1	Mul10sumto1
Treat$_i$ × Reform$_{i,t}$	−0.100	1.108	0.056	1.029	1.109	1.880**
	(−0.12)	(1.04)	(0.05)	(0.93)	(1.37)	(2.83)
Reform$_{i,t}$	1.957	1.242	2.322	1.158	1.381	2.089
	(0.70)	(0.70)	(1.25)	(0.66)	(0.66)	(1.08)
Treat$_i$	0.388	0.476	0.864	1.593	0.251	−0.443
	(0.36)	(0.40)	(0.67)	(1.37)	(0.23)	(−0.41)
Controls	YES	YES	YES	YES	YES	YES
Year FE	YES	YES	YES	YES	YES	YES
Industry FE	YES	YES	YES	YES	YES	YES
Cluster Firm	YES	YES	YES	YES	YES	YES
Observations	5 281	5 108	4 475	4 581	5 068	5 024
Adjust R^2	0.270	0.272	0.268	0.254	0.277	0.254

注: ***、**、*分别表示在1%、5%、10%水平上显著；括号内为 T 值，标准误在公司层面聚类。

表4-27   非控股大股东存在性和数目与 CEO 现金薪酬——
业绩敏感性的双重差分回归

VARIABLES	(1)	(2)	(3)	(4)
	$PPSC_{i,t}$			
	Mul5	Mul10	Mul5num	Mul10num
$Treat_i \times Reform_{i,t}$	0.763	0.233	0.591	0.845
	(0.98)	(0.38)	(0.82)	(1.15)
$Reform_{i,t}$	0.898	2.584	2.367	3.384
	(0.49)	(1.19)	(1.28)	(1.63)
$Treat_i$	1.812**	0.722	1.410	0.385
	(2.52)	(0.79)	(1.51)	(0.55)
Controls	YES	YES	YES	YES
Year FE	YES	YES	YES	YES
Industry FE	YES	YES	YES	YES
Cluster Firm	YES	YES	YES	YES
Observations	5 114	5 408	5 656	5 331
Adjust R^2	0.310	0.267	0.274	0.275

注：***、**、*分别表示在1%、5%、10%水平上显著；括号内为 T 值，标准误在公司层面聚类。

表4-28、表4-29和表4-30的回归结果显示，在 CEO 总薪酬——业绩敏感性回归中，以非控股大股东绝对现金流权为分组变量[表4-28第（1）、第（2）、第（5）、第（6）列]、以相对现金流权为分组变量[表4-29第（1）、第（2）、第（5）、第（6）列]和以现金流权统计的非控股大股东存在性和数目为分组变量[表4-30第（1）至第（4）列]的双重差分回归系数均至少在5%水平上显著为正，而以非控股大股东绝对投票为分组变量[表4-28第（3）、第（4）列]和以相对投票权为分组变量[表4-29第（3）、第（4）列]的双重差分回归系数虽然也为正，但几乎均在10%水平上不显著（第二至第五大股东夏普利值总和除外）。该实证结果表明与股权分置改革相联系的股票流动性增加能够明显增强非控股大股东现金流权对 CEO 总薪酬——业绩敏感性的提升作用，但未能显著影响非控股大股东投票权与 CEO 总薪酬——业绩敏感性关系。

表 4 - 28　　　　非控股大股东绝对制衡与 **CEO** 总薪酬—业绩敏感性的

双重差分回归

VARIABLES	(1)	(2)	(3)	(4)	(5)	(6)
	$PPS_{i,t}$					
	R2	R2345	S2	S2345	Mul5sum	Mul10sum
$Treat_i \times Reform_{i,t}$	3.312**	3.549***	2.741	3.244*	4.475***	2.649**
	(2.18)	(3.09)	(1.50)	(1.82)	(4.09)	(2.26)
$Reform_{i,t}$	2.032	1.449	5.013**	1.606	1.739	3.800
	(1.00)	(0.82)	(2.21)	(0.65)	(0.76)	(1.29)
$Treat_i$	-2.904**	0.044	1.443	0.074	-1.215	-1.832
	(-2.08)	(0.03)	(0.80)	(0.05)	(-0.99)	(-1.29)
Controls	YES	YES	YES	YES	YES	YES
Year FE	YES	YES	YES	YES	YES	YES
Industry FE	YES	YES	YES	YES	YES	YES
Cluster Firm	YES	YES	YES	YES	YES	YES
Observations	5 468	5 647	4 722	4 737	5 468	5 260
Adjust R^2	0.158	0.159	0.141	0.143	0.161	0.162

注：***、**、*分别表示在1%、5%、10%水平上显著；括号内为 T 值，标准误在公司层面聚类。

表 4 - 29　　　　非控股大股东相对制衡与 **CEO** 总薪酬—业绩敏感性的

双重差分回归

VARIABLES	(1)	(2)	(3)	(4)	(5)	(6)
	$PPS_{i,t}$					
	R2to1	R2345to1	S2to1	S2345to1	Mul5sumto1	Mul10sumto1
$Treat_i \times Reform_{i,t}$	2.739**	3.349**	2.367	2.423	3.753***	3.370**
	(2.33)	(2.04)	(1.39)	(1.57)	(3.46)	(2.50)
$Reform_{i,t}$	3.549	3.016	2.527	1.473	2.755	3.810*
	(1.27)	(1.30)	(1.14)	(0.70)	(1.28)	(1.76)
$Treat_i$	0.444	0.556	-0.421	2.408	1.124	-1.751
	(0.29)	(0.33)	(-0.23)	(1.52)	(0.80)	(-1.15)
Controls	YES	YES	YES	YES	YES	YES
Year FE	YES	YES	YES	YES	YES	YES

续表

VARIABLES	(1)	(2)	(3)	(4)	(5)	(6)
	PPS$_{i,t}$					
	R2to1	R2345to1	S2to1	S2345to1	Mul5sumto1	Mul10sumto1
Industry FE	YES	YES	YES	YES	YES	YES
Cluster Firm	YES	YES	YES	YES	YES	YES
Observations	5 281	5 108	4 475	4 581	5 068	5 024
Adjust R^2	0.142	0.152	0.155	0.145	0.157	0.146

注：***、**、*分别表示在1%、5%、10%水平上显著；括号内为 T 值，标准误在公司层面聚类。

表4-30　非控股大股东存在性和数目与 CEO 总薪酬—业绩敏感性的

双重差分回归

VARIABLES	(1)	(2)	(3)	(4)
	PPS$_{i,t}$			
	Mul5	Mul10	Mul5num	Mul10num
Treat$_i$ × Reform$_{i,t}$	2.110**	2.089**	2.536***	2.608***
	(2.17)	(2.46)	(3.15)	(3.19)
Reform$_{i,t}$	2.939	3.981*	3.128	5.544**
	(1.39)	(1.84)	(1.51)	(2.50)
Treat$_i$	2.151**	-0.450	1.601	-0.676
	(2.40)	(-0.29)	(1.20)	(-0.62)
Controls	YES	YES	YES	YES
Year FE	YES	YES	YES	YES
Industry FE	YES	YES	YES	YES
Cluster Firm	YES	YES	YES	YES
Observations	5 114	5 408	5 656	5 331
Adjust R^2	0.159	0.154	0.152	0.155

注：***、**、*分别表示在1%、5%、10%水平上显著；括号内为 T 值，标准误在公司层面聚类。

上述实证结果初步证实非控股大股东治理的"退出"及"退出威胁"机制对股票流动性的变化更为敏感，同时，非控股大股东"退出"及"退出威胁"的治理作用也在包含股权激励的 CEO 总薪酬—业绩敏感性上体现得更为明显。进而上述分析为非控股大股东"退出"及"退出威胁"理论模型（Edmans，2009；Edmans and Manso，2011；Admati and Pfleiderer，2009）在中国上市公司的适用性提供了实证支持，补充了非控股大股东治理机制的相关研究。

总的来说，表 4 - 28 至表 4 - 30 的实证结果支持了本章的假设 4 - 1，即在非控股大股东现金流权或投票权有助于增强 CEO 薪酬—业绩敏感性。

4.3.5　非控股大股东与 CEO 薪酬激励的调节效应分析

接下来，本章将基于 CEO 总薪酬—业绩敏感性，分析股东大会高管薪酬（激励）决议、控股股东两权分离和股票流动性状况对非控股大股东与CEO 薪酬激励关系的调节作用。

1. 高管薪酬（激励）决议对非控股大股东与 CEO 薪酬激励关系的调节作用。表 4 - 31、表 4 - 32 和表 4 - 33 分别检验了股东大会高管薪酬（激励）决议（$Meeting_{i,t}$）对非控股大股东绝对制衡、相对制衡、存在性和数目与CEO 总薪酬—业绩敏感性关系的调节作用。

表 4 - 31　　　　　高管薪酬激励决议对非控股大股东绝对制衡与
CEO 薪酬激励关系的调节作用

VARIABLES	(1)	(2)	(3)	(4)	(5)	(6)
	$PPS_{i,t}$					
	R2	R2345	S2	S2345	Mul5sum	Mul10sum
$NLS_{i,t-1}$	62.743***	56.842***	-32.814	1.115	49.560***	36.898***
	(3.03)	(3.89)	(-0.79)	(0.05)	(4.04)	(2.84)
$NLS_{i,t-1} \times Meeting_{i,t}$	9.547	8.065	138.284**	69.393**	4.351	5.714
	(0.51)	(0.60)	(2.38)	(2.22)	(0.39)	(0.48)
$Meeting_{i,t}$	14.104***	13.559***	32.099***	32.171***	14.711***	14.735***
	(5.05)	(3.93)	(5.13)	(4.91)	(5.98)	(7.21)

续表

VARIABLES	(1)	(2)	(3)	(4)	(5)	(6)
	PPS$_{i,t}$					
	R2	R2345	S2	S2345	Mul5sum	Mul10sum
Controls	YES	YES	YES	YES	YES	YES
Year FE	YES	YES	YES	YES	YES	YES
Firm FE	YES	YES	YES	YES	YES	YES
Cluster Firm	YES	YES	YES	YES	YES	YES
Observations	30 543	30 543	30 543	30 543	30 543	30 543
Adjust R^2	0. 741	0. 742	0. 741	0. 741	0. 742	0. 741

注：*** 、** 、* 分别表示在 1% 、5% 、10% 水平上显著；括号内为 T 值，标准误在公司层面聚类。

表 4 - 32　　　　高管薪酬激励决议对非控股大股东相对制衡与

CEO 薪酬激励关系的调节作用

VARIABLES	(1)	(2)	(3)	(4)	(5)	(6)
	PPS$_{i,t}$					
	R2to1	R2345to1	S2to1	S2345to1	Mul5sumto1	Mul10sumto1
NLSto1$_{i,t-1}$	4. 231	4. 681*	- 12. 459	- 2. 575	7. 041**	7. 364**
	(0. 43)	(1. 67)	(-1. 19)	(-0. 52)	(2. 57)	(2. 11)
NLSto1$_{i,t-1}$ × Meeting$_{i,t}$	9. 570	3. 987	34. 694**	13. 983**	2. 585	2. 030
	(1. 01)	(1. 59)	(2. 40)	(2. 07)	(1. 05)	(0. 64)
Meeting$_{i,t}$	11. 017**	11. 798***	33. 472***	35. 084***	13. 651***	14. 519***
	(2. 19)	(4. 47)	(5. 83)	(6. 20)	(6. 18)	(7. 31)
Controls	YES	YES	YES	YES	YES	YES
Year FE	YES	YES	YES	YES	YES	YES
Firm FE	YES	YES	YES	YES	YES	YES
Cluster Firm	YES	YES	YES	YES	YES	YES
Observations	30 543	30 543	30 543	30 543	30 543	30 543
Adjust R^2	0. 741	0. 741	0. 741	0. 741	0. 741	0. 741

注：*** 、** 、* 分别表示在 1% 、5% 、10% 水平上显著；括号内为 T 值，标准误在公司层面聚类。

表 4 - 33　　　　高管薪酬激励决议对非控股大股东存在性和数目与

CEO 薪酬激励的调节作用

VARIABLES	(1)	(2)	(3)	(4)
	$PPS_{i,t}$			
	Mul5	Mul10	Mul5num	Mul10num
$NLSnum_{i,t-1}$	4.116	7.151**	5.188***	4.896**
	(1.02)	(2.18)	(3.76)	(2.20)
$NLSnum_{i,t-1} \times Meeting_{i,t}$	1.874	0.310	-0.226	0.605
	(0.50)	(0.10)	(-0.18)	(0.30)
$Meeting_{i,t}$	13.673***	15.141***	15.687***	14.957***
	(4.02)	(6.85)	(6.53)	(7.29)
Controls	YES	YES	YES	YES
Year FE	YES	YES	YES	YES
Firm FE	YES	YES	YES	YES
Cluster Firm	YES	YES	YES	YES
Observations	30 543	30 543	30 543	30 543
Adjust R^2	0.741	0.741	0.741	0.741

注：***、**、*分别表示在1%、5%、10%水平上显著；括号内为 T 值，标准误在公司层面聚类。

实证结果显示，非控股大股东绝对现金流权［表4-31 第（1）、第（2）、第（5）、第（6）列］、相对现金流权［表4-32 第（1）、第（2）、第（5）、第（6）列］以及以现金流权统计的非控股大股东存在性和数目［表4-33 第（1）至第（4）列］的回归系数大多仍在10%水平上显著为正，其数值和统计显著性与表4-4、表4-8 和表4-12 相比略有下降，而它们与股东大会高管薪酬（激励）决议数目的交叉项回归系数均在10%水平上不显著，表明股东大会高管薪酬（激励）决议对非控股大股东现金流权与 CEO 薪酬激励关系的调节作用微弱。非控股大股东绝对投票权［表4-31 第（3）、第（4）列］和相对投票权［表4-32 第（3）、第（4）列］的回归系数均在10%水平上不显著，甚至为负，但它们与股东大会高管薪酬（激励）决议数目的交叉项回归系数均至少在5%水平上显著为正，并且从绝对数值上大于非控股大股东投票权回归系数，表明股东大会高管薪酬（激励）

决议对非控股大股东投票权与 CEO 薪酬激励关系具有显著的正向调节作用。该实证结果与本章的假设 4－2 相一致。

鉴于股东大会高管薪酬决议是非控股大股东直接干预的重要方式之一（McCahery et al.，2016），并且非控股大股东主要使用其投票权实施"呼吁"，上述结果还为非控股大股东影响 CEO 薪酬激励的"呼吁"机制提供了初步的实证支持。

2. 控股股东两权分离对非控股大股东与 CEO 薪酬激励关系的调节作用。表 4－34、表 4－35 和表 4－36 分别检验了控股股东两权分离（$Seperation_{i,t}$）对非控股大股东绝对制衡、相对制衡、存在性和数目与 CEO 总薪酬—业绩敏感性关系的调节作用。

表 4－34　　　　控股股东两权分离对非控股大股东绝对制衡与
CEO 薪酬激励关系的调节作用

VARIABLES	(1)	(2)	(3)	(4)	(5)	(6)
	$PPS_{i,t}$					
	R2	R2345	S2	S2345	Mul5sum	Mul10sum
$NLS_{i,t-1}$	102.027***	93.160***	75.590***	59.672***	78.040***	60.706***
	(6.29)	(8.92)	(4.23)	(5.60)	(7.85)	(5.69)
$NLS_{i,t-1} \times Seperation_{i,t}$	−45.725**	−44.995***	−13.789	−13.241	−39.121***	−28.114**
	(−2.55)	(−3.81)	(−0.69)	(−1.12)	(−3.39)	(−2.28)
$Seperation_{i,t}$	−3.789	−0.325	−6.927***	−6.074***	−3.398	−5.730***
	(−1.61)	(−0.14)	(−3.00)	(−2.63)	(−1.62)	(−2.66)
Controls	YES	YES	YES	YES	YES	YES
Year FE	YES	YES	YES	YES	YES	YES
Firm FE	YES	YES	YES	YES	YES	YES
Cluster Firm	YES	YES	YES	YES	YES	YES
Observations	29 247	29 247	29 247	29 247	29 247	29 247
Adjust R^2	0.744	0.745	0.744	0.744	0.745	0.744

注：***、**、*分别表示在 1%、5%、10% 水平上显著；括号内为 T 值，标准误在公司层面聚类。

表 4 – 35　　　　　**控股股东两权分离对非控股大股东相对制衡与**

CEO 薪酬激励关系的调节作用

VARIABLES	(1)	(2)	(3)	(4)	(5)	(6)
	$PPS_{i,t}$					
	R2to1	R2345to1	S2to1	S2345to1	Mul5sumto1	Mul10sumto1
$NLSto1_{i,t-1}$	18. 541***	11. 910***	15. 027***	8. 916***	13. 175***	12. 677***
	(6. 78)	(8. 75)	(4. 65)	(5. 42)	(9. 41)	(7. 43)
$NLSto1_{i,t-1} \times$ Seperation$_{i,t}$	− 4. 464	− 3. 443**	− 0. 721	− 0. 572	− 4. 941***	− 4. 713**
	(− 1. 62)	(− 2. 16)	(− 0. 19)	(− 0. 31)	(− 2. 88)	(− 2. 19)
Seperation$_{i,t}$	− 6. 391***	− 5. 499***	− 7. 701***	− 7. 496***	− 5. 555***	− 6. 593***
	(− 4. 60)	(− 3. 92)	(− 4. 97)	(− 4. 84)	(− 3. 67)	(− 4. 60)
Controls	YES	YES	YES	YES	YES	YES
Year FE	YES	YES	YES	YES	YES	YES
Firm FE	YES	YES	YES	YES	YES	YES
Cluster Firm	YES	YES	YES	YES	YES	YES
Observations	29 247	29 247	29 247	29 247	29 247	29 247
Adjust R^2	0. 744	0. 745	0. 744	0. 744	0. 745	0. 744

注：*** 、** 、* 分别表示在 1% 、5% 、10% 水平上显著；括号内为 T 值，标准误在公司层面聚类。

表 4 – 36　　　　**控股股东两权分离对非控股大股东存在性和数目与**

CEO 薪酬激励的调节作用

VARIABLES	(1)	(2)	(3)	(4)
	$PPS_{i,t}$			
	Mul5	Mul10	Mul5num	Mul10num
$NLSnum_{i,t-1}$	10. 269***	10. 943***	7. 645***	8. 175***
	(5. 01)	(4. 69)	(6. 81)	(5. 06)
$NLSnum_{i,t-1} \times Seperation_{i,t}$	− 7. 642***	− 5. 891**	− 4. 711***	− 4. 550**
	(− 3. 13)	(− 2. 19)	(− 3. 48)	(− 2. 39)
Seperation$_{i,t}$	− 3. 104	− 5. 552***	− 2. 840	− 5. 598***
	(− 1. 49)	(− 2. 58)	(− 1. 38)	(− 2. 64)
Controls	YES	YES	YES	YES
Year FE	YES	YES	YES	YES

续表

VARIABLES	(1)	(2)	(3)	(4)
	$PPS_{i,t}$			
	Mul5	Mul10	Mul5num	Mul10num
Firm FE	YES	YES	YES	YES
Cluster Firm	YES	YES	YES	YES
Observations	29 247	29 247	29 247	29 247
Adjust R^2	0.744	0.744	0.745	0.744

注：***、**、*分别表示在 1%、5%、10% 水平上显著；括号内为 T 值，标准误在公司层面聚类。

实证结果显示，非控股大股东绝对现金流权［表 4 – 34 第（1）、第（2）、第（5）、第（6）列］、相对现金流权［表 4 – 35 第（1）、第（2）、第（5）、第（6）列］以及以现金流权统计的非控股大股东存在性和数目［表 4 – 36 第（1）至第（4）列］的回归系数均在 1% 水平上显著为正，它们与控股股东两权分离虚拟变量的交叉项回归系数几乎均在 5% 水平上显著为负，表明控股股东两权分离对非控股大股东现金流权与 CEO 薪酬激励关系具有显著的负向调节作用。非控股大股东绝对投票权［表 4 – 34 第（3）、第（4）列］和相对投票权［表 4 – 35 第（3）、第（4）列］的回归系数均在 1% 水平上显著为正，它们与控股股东两权分离虚拟变量的交叉项回归系数均在 10% 水平上不显著，表明控股股东两权分离对非控股大股东投票权与 CEO 薪酬激励关系的调节作用微弱。

上述实证结果支持了本章的假设 4 – 3。同时，考虑到控股股东的两权分离状况会影响非控股大股东"退出"及"退出威胁"对控股大股东掏空的约束力，并且非控股大股东主要凭借所持有的股份（现金流权）实施"退出"及"退出威胁"（Edmans，2009；Edmans and Manso，2011；Admati and Pfleiderer，2009），表 4 – 34、表 4 – 35 和表 4 – 36 的实证结果还初步证实了非控股大股东影响 CEO 薪酬激励的"退出"及"退出威胁"机制，丰富了非控股大股东治理的相关实证研究。

3. 股票非流动性对非控股大股东与 CEO 薪酬激励关系的调节作用。

表 4 – 37、表 4 – 38 和表 4 – 39 分别检验了以个股 Amihud 衡量的股票非流动性（$Illiq_{i,t}$）对非控股大股东绝对制衡、相对制衡、存在性和数目与 CEO 总薪酬—业绩敏感性关系的调节作用。

表 4 – 37　　　　　股票非流动性对非控股大股东绝对制衡与

CEO 薪酬激励关系的调节作用

VARIABLES	(1)	(2)	(3)	(4)	(5)	(6)
	$PPS_{i,t}$					
	R2	R2345	S2	S2345	Mul5sum	Mul10sum
$NLS_{i,t-1}$	76. 403***	67. 574***	65. 272***	50. 677***	55. 867***	45. 652***
	(7. 01)	(9. 60)	(5. 41)	(6. 85)	(8. 37)	(6. 52)
$NLS_{i,t-1} \times Illiq_{i,t}$	− 18. 635***	− 12. 787***	− 7. 478	− 5. 158	− 10. 655***	− 14. 131***
	(− 3. 03)	(− 3. 79)	(− 1. 08)	(− 1. 50)	(− 3. 57)	(− 3. 50)
$Illiq_{i,t}$	2. 528**	3. 119***	1. 121	1. 275	2. 162**	2. 034**
	(2. 34)	(2. 92)	(1. 18)	(1. 42)	(2. 34)	(2. 16)
Controls	YES	YES	YES	YES	YES	YES
Year FE	YES	YES	YES	YES	YES	YES
Firm FE	YES	YES	YES	YES	YES	YES
Cluster Firm	YES	YES	YES	YES	YES	YES
Observations	30 543	30 543	30 543	30 543	30 543	30 543
Adjust R^2	0. 740	0. 741	0. 740	0. 741	0. 741	0. 740

注：*** 、** 、* 分别表示在 1% 、5% 、10% 水平上显著；括号内为 T 值，标准误在公司层面聚类。

表 4 – 38　　　　　股票非流动性对非控股大股东相对制衡与

CEO 薪酬激励关系的调节作用

VARIABLES	(1)	(2)	(3)	(4)	(5)	(6)
	$PPS_{i,t}$					
	R2to1	R2345to1	S2to1	S2345to1	Mul5sumto1	Mul10sumto1
$NLSto1_{i,t-1}$	9. 160***	5. 520***	11. 923***	7. 287***	9. 795***	10. 053***
	(5. 12)	(5. 41)	(5. 66)	(6. 43)	(10. 71)	(5. 21)
$NLSto1_{i,t-1} \times Illiq_{i,t}$	− 2. 066**	− 0. 994**	− 0. 381	− 0. 327	− 1. 146**	− 3. 262***
	(− 2. 38)	(− 2. 24)	(− 0. 38)	(− 0. 64)	(− 2. 29)	(− 4. 50)

续表

VARIABLES	(1)	(2)	(3)	(4)	(5)	(6)
	$PPS_{i,t}$					
	R2to1	R2345to1	S2to1	S2345to1	Mul5sumto1	Mul10sumto1
$Illiq_{i,t}$	1.463**	1.441*	0.648	0.696	1.191	1.808**
	(2.38)	(2.02)	(1.28)	(1.17)	(1.61)	(2.38)
Controls	YES	YES	YES	YES	YES	YES
Year FE	YES	YES	YES	YES	YES	YES
Firm FE	YES	YES	YES	YES	YES	YES
Cluster Firm	YES	YES	YES	YES	YES	YES
Observations	30 543	30 543	30 543	30 543	30 543	30 543
Adjust R^2	0.740	0.740	0.740	0.740	0.740	0.740

注：***、**、*分别表示在1%、5%、10%水平上显著；括号内为 T 值，标准误在公司层面聚类。

表4-39　　股票非流动性对非控股大股东存在性和数目与

CEO 薪酬激励的调节作用

VARIABLES	(1)	(2)	(3)	(4)
	$PPS_{i,t}$			
	Mul5	Mul10	Mul5num	Mul10num
$NLSnum_{i,t-1}$	5.865***	7.988***	5.000***	5.896***
	(4.46)	(5.11)	(10.52)	(4.75)
$NLSnum_{i,t-1} \times Illiq_{i,t}$	0.609	-3.509***	-0.571**	-2.176***
	(0.87)	(-3.54)	(-2.32)	(-4.52)
$Illiq_{i,t}$	0.113	2.402**	1.336	2.080**
	(0.18)	(2.29)	(1.52)	(2.28)
Controls	YES	YES	YES	YES
Year FE	YES	YES	YES	YES
Firm FE	YES	YES	YES	YES
Cluster Firm	YES	YES	YES	YES
Observations	30 543	30 543	30 543	30 543
Adjust R^2	0.740	0.740	0.740	0.740

注：***、**、*分别表示在1%、5%、10%水平上显著；括号内为 T 值，标准误在公司层面聚类。

实证结果显示，非控股大股东绝对现金流权［表 4 - 37 第（1）、第（2）、第（5）、第（6）列］、相对现金流权［表 4 - 38 第（1）、第（2）、第（5）、第（6）列］以及以现金流权统计的非控股大股东存在性和数目［表 4 - 39 第（1）至第（4）列］的回归系数均在 1% 水平上显著为正，它们与股票非流动性指标的交叉项回归系数几乎均在 5% 水平上显著为负，表明股票非流动性对非控股大股东现金流权与 CEO 薪酬激励关系具有显著的负向调节作用。非控股大股东绝对投票权［表 4 - 37 第（3）、第（4）列］和相对投票权［表 4 - 38 第（3）、第（4）列］的回归系数均在 1% 水平上显著为正，它们与非流动性指标的交叉项回归系数均在 10% 水平上不显著，表明股票非流动性对非控股大股东投票权与 CEO 薪酬激励关系的调节作用微弱。该实证结果与本章的假设 4 - 4 相一致。

由于个股 Amihud 衡量的股价对股票交易量的敏感度会影响非控股大股东"退出"成本和"退出威胁"的可信性（Edmans，2009；Edmans and Manso，2011），上述结果再次证实非控股大股东影响 CEO 薪酬激励的"退出"及"退出威胁"机制。

4.3.6　非控股大股东与 CEO 薪酬激励的异质性分析

1. 非控股大股东身份的异质性分析。表 4 - 40 和表 4 - 41 基于第二大股东探究了不同身份的非控股大股东与 CEO 总薪酬—业绩敏感性的关系，其中表 4 - 40（表 4 - 41）的第（1）、第（3）、第（5）、第（7）列是基于第二大股东绝对现金流权（相对现金流权）的回归结果，表 4 - 40（表 4 - 41）的第（2）、第（4）、第（6）、第（8）列是基于第二大股东绝对投票权（相对投票权）的回归结果。回归结果显示，无论第二大股东为金融机构、非金融公司还是自然人，其现金流权均与 CEO 总薪酬—业绩敏感性显著正相关，而其投票权与 CEO 总薪酬—业绩敏感性的正相关性仅在第二大股东为非金融公司时显著。

表 4 – 40 　　　　　非控股大股东身份、非控股大股东绝对制衡与
CEO 薪酬激励

VARIABLES	(1)	(2)	(3)	(4)	(5)	(6)	(7)	(8)
	$PPS_{i,t}$							
	金融机构		非金融公司		自然人		其他	
$R2_{i,t-1}(S2_{i,t-1})$	51.446***	14.413	23.515***	20.837**	136.042***	49.335	28.970	31.834
	(3.44)	(0.82)	(2.66)	(2.14)	(3.37)	(1.16)	(0.36)	(0.42)
Controls	YES	YES	YES	YES	YES	YES	YES	YES
Year FE	YES	YES	YES	YES	YES	YES	YES	YES
Firm FE	YES	YES	YES	YES	YES	YES	YES	YES
Cluster Firm	YES	YES	YES	YES	YES	YES	YES	YES
Observations	8 948	8 948	11 880	11 880	6 284	6 284	531	531
Adjust R^2	0.769	0.769	0.606	0.606	0.784	0.784	0.550	0.550

注：***、**、*分别表示在1%、5%、10%水平上显著；括号内为 T 值，标准误在公司层面聚类。

表 4 – 41 　　　　　非控股大股东身份、非控股大股东相对制衡与
CEO 薪酬激励

VARIABLES	(1)	(2)	(3)	(4)	(5)	(6)	(7)	(8)
	$PPS_{i,t}$							
	金融机构		一般公司		自然人		其他	
$R2to1_{i,t-1}$	9.096**	2.689	5.678**	5.022**	17.834*	8.022	14.376	14.257
$(S2to1_{i,t-1})$	(2.22)	(0.56)	(2.42)	(2.33)	(1.85)	(0.70)	(0.72)	(0.73)
Controls	YES	YES	YES	YES	YES	YES	YES	YES
Year FE	YES	YES	YES	YES	YES	YES	YES	YES
Firm FE	YES	YES	YES	YES	YES	YES	YES	YES
Cluster Firm	YES	YES	YES	YES	YES	YES	YES	YES
Observations	8 948	8 948	11 880	11 880	6 284	6 284	531	531
Adjust R^2	0.770	0.770	0.607	0.607	0.788	0.788	0.552	0.552

注：***、**、*分别表示在1%、5%、10%水平上显著；括号内为 T 值，标准误在公司层面聚类。

　　鉴于非控股大股东主要使用其投票权实施"呼吁"（McCahery et al.，2016），使用其现金流权实施"退出"及"退出威胁"（Edmans，2009；Edmans and Manso, 2011; Admati and Pfleiderer, 2009), 该回归结果初步验证了不同身份的非控股大股东可能倾向于选择不同的治理机制: 金融机构和自然人非控股大股东主要充当金融投资者, 通过"退出"及"退出威胁"间接实施治理; 而非金融公司非控股大股东同时充当了积极股东与金融投资者, 既通过"呼吁"进行直接干预, 又通过"退出"及"退出威胁"间接实施治理。从而, 上述实证结果支持了本章的假设 4 - 5, 并补充了我国上市公司大股东身份异质性的相关研究。

表 4 - 42 基于第二大股东探究了控股股东和非控股大股东身份相似时与不同时, 非控股大股东绝对制衡和相对制衡对 CEO 总薪酬激励影响, 并进一步检验了该影响在控股股东和非控股大股东身份相似性不同的两组别之间是否存在显著差异。其中表 4 - 42 Panel A (Panel B) 的第 (1) 至第 (3) 列和第 (4) 至第 (6) 列分别是基于第二大股东绝对现金流权 (相对现金流权) 和绝对投票权 (相对投票权) 的回归结果。表 4 - 42 的第 (1)、第 (4) 列 [第 (2)、第 (5) 列] 为第一大股东和第二大股东身份不同的样本 (身份相似的样本) 的回归结果, 第 (3) 列和第 (6) 列使用似无相关回归模型 (SUR) 检验了控股股东和非控股大股东身份相似组别与身份不同组别回归系数的差异。

表 4 - 42　控股股东与非控股大股东身份的相似性、非控股大股东与 CEO 薪酬激励

VARIABLES	(1)	(2)	(3)	(4)	(5)	(6)
	$PPS_{i,t}$		b(2) - b(1)	$PPS_{i,t}$		b(5) - b(4)
	Similar = 0	Similar = 1		Similar = 0	Similar = 1	
Panel A: 第二大股东绝对制衡						
$R2(S2)_{i,t-1}$	124.751***	70.205***	-54.546***	103.731***	60.793***	-42.938**
	(8.51)	(5.11)	(9.29)	(5.79)	(4.38)	(4.43)
Panel B: 第二大股东相对制衡						
$R2to1(S2to1)_{i,t-1}$	21.346***	13.507***	-7.839*	16.138***	12.275***	-3.881
	(5.72)	(3.62)	(2.73)	(3.58)	(3.16)	(0.51)
Controls	YES	YES	YES	YES	YES	YES

续表

VARIABLES	(1)	(2)	(3)	(4)	(5)	(6)
	$PPS_{i,t}$		b(2) − b(1)	$PPS_{i,t}$		b(5) − b(4)
	Similar = 0	Similar = 1		Similar = 0	Similar = 1	
Year FE	YES	YES	YES	YES	YES	YES
Firm FE	YES	YES	YES	YES	YES	YES
Cluster Firm	YES	YES	YES	YES	YES	YES
Observations	15 767	13 704	29 847	15 767	13 704	29 847

注：***、**、*分别表示在 1%、5%、10% 水平上显著；第（1）、第（2）、第（4）、第（5）列括号内为 T 值，第（3）、第（6）列括号内为卡方统计值量，标准误在公司层面聚类。

由表 4 - 42 Panel A 和 Panel B 的第（1）、第（2）、第（4）、第（5）列可知，无论控股股东和非控股大股东身份是否相似，第二大股东变量回归系数均在 1% 水平上显著为正。第（3）、第（6）列回归系数差异性检验结果显示，控股股东和非控股大股东身份相似组别的第二大股东变量回归系数显著更低（S2to1 指标除外），表明在控股股东和非控股大股东相似的组别非控股大股东对 CEO 总薪酬—业绩敏感性的正向影响显著更弱，进而与本章的假设 4 - 6 相一致。

上述实证结果支持了大股东身份相似时更容易结盟的观点（Laeven and Levine，2008）：控股股东与非控股大股东类型的相似性增加其"合谋"的可能性，降低非控股大股东通过抑制控股股东掏空提升公司业绩评价精准性的作用，进而削弱非控股大股东对 CEO 薪酬激励的影响。

2. 股权性质的异质性分析。表 4 - 43 基于第二大股东检验了股权性质不同时非控股大股东绝对制衡和相对制衡对 CEO 总薪酬激励影响，并进一步检验了该影响在股权性质不同的两组别之间是否存在显著差异。其中，表 4 - 43 Panel A（Panel B）的第（1）至第（3）列和第（4）至第（6）列分别是基于第二大股东绝对现金流权（相对现金流权）和绝对投票权（相对投票权）的回归结果。表 4 - 43 中的第（1）、第（4）列〔第（2）、第（5）列〕为民营企业样本（国有企业样本）的回归结果，第（3）列和第（6）列使用似无相关回归模型（SUR）检验了不同股权性质组别回归系数的差异。

表 4 – 43　　　　　股权性质、非控股大股东与 CEO 薪酬激励

	(1)	(2)	(3)	(4)	(5)	(6)
	$PPS_{i,t}$		b(2) – b(1)	$PPS_{i,t}$		b(5) – b(4)
	SOE = 0	SOE = 1		SOE = 0	SOE = 1	
Panel A：第二大股东绝对制衡						
$R2(S2)_{i,t-1}$	167.312***	2.318	–164.994***	130.889***	12.085*	–118.804***
	(8.01)	(0.45)	(60.81)	(6.09)	(1.74)	(28.92)
Panel B：第二大股东相对制衡						
$R2to1(S2to1)_{i,t-1}$	29.887***	0.503	–29.384***	24.592***	2.019	–22.573***
	(5.99)	(0.33)	(33.06)	(4.54)	(1.06)	(16.13)
Controls	YES	YES	YES	YES	YES	YES
Year FE	YES	YES	YES	YES	YES	YES
Firm FE	YES	YES	YES	YES	YES	YES
Cluster Firm	YES	YES	YES	YES	YES	YES
Observations	16 117	14 358	30 550	16 117	14 358	30 550

注：***、**、*分别表示在1%、5%、10%水平上显著；第（1）、第（2）、第（4）、第（5）列括号内为 T 值，第（3）、第（6）列括号内为卡方统计值量，标准误在公司层面聚类。

由表 4 – 43 Panel A 和 Panel B 的第（1）、第（2）、第（4）、第（5）列可知，民营企业组别第二大股东变量回归系数均在 1% 水平上显著为正且回归系数的绝对数值较高，国有企业组别第二大股东变量回归系数几乎均在 10% 水平上不显著（S2 指标除外）且回归系数的绝对数值较小，表明在民营企业非控股大股东对 CEO 薪酬激励具有显著的正向影响，而该影响在国有企业并不明显。表 4 – 43 第（3）、第（6）列回归系数差异性检验结果显示，国有企业的第二大股东变量回归系数显著更低，表明在国有企业组别非控股大股东对 CEO 总薪酬—业绩敏感性的正向影响显著更弱。

上述实证结果部分归因于国有企业的股权结构相对集中，非控股大股东的监督动机和监督效率在一定程度上被削弱；同时，由于国有企业的股票流动性相对较差，非控股大股东"退出"及"退出威胁"的治理效率也相对更低。

4.3.7　稳健性检验

1. 剔除非控股大股东为 CEO 的样本。如果 CEO 本身就是非控股大股

东，那么非控股大股东变量与 CEO 总薪酬—业绩敏感性自然而然地存在正向关联。为排除上述可能性，本章剔除非控股大股东为 CEO 的样本，进一步检验了非控股大股东对 CEO 总薪酬—业绩敏感性的影响。根据度量指标的不同，分别在非控股大股东变量为第二大股东持股比例（夏普利值）及其与第一大股东持股比例（夏普利值）之比的回归中，剔除第二大股东为 CEO 的样本；在非控股大股东变量为第二至第五大股东持股比例（夏普利值）总和及其与第一大股东持股比例（夏普利值）之比的回归中，剔除第二至第五大股东为 CEO 的样本；在持股 5% 或 10% 以上的非控股大股东持股比例总和及其与第一大股东持股比例之比、以持股 5% 或 10% 统计的非控股大股东存在性和数目的回归中，分别剔除 CEO 持股 5% 以上或 10% 以上的样本。表 4 - 44、表 4 - 45 和表 4 - 46 分别汇报了剔除非控股大股东为 CEO 的样本后，非控股大股东绝对制衡、相对制衡、存在性和数目与 CEO 总薪酬—业绩敏感性的关系。可以发现，几乎所有非控股大股东指标仍至少在 10% 水平上显著为正，但回归系数数值与表 4 - 44、表 4 - 45 和表 4 - 46 相比有所下降，表明剔除非控股大股东为 CEO 的样本后，非控股大股东与 CEO 总薪酬—业绩敏感性的正相关性有所下降，但非控股大股东增强 CEO 总薪酬—业绩敏感性的假设仍然成立。

表 4 - 44　非控股大股东为 CEO 的样本后非控股大股东绝对制衡与 CEO 薪酬激励

VARIABLES	(1)	(2)	(3)	(4)	(5)	(6)
	PPS$_{i,t}$					
	R2	R2345	S2	S2345	Mul5sum	Mul10sum
NLS$_{i,t-1}$	51.459***	7.292**	44.329***	7.307**	10.953***	19.865***
	(5.30)	(2.23)	(4.11)	(2.19)	(3.01)	(4.12)
Controls	YES	YES	YES	YES	YES	YES
Year FE	YES	YES	YES	YES	YES	YES
Firm FE	YES	YES	YES	YES	YES	YES
Cluster Firm	YES	YES	YES	YES	YES	YES

VARIABLES	(1)	(2)	(3)	(4)	(5)	(6)
	PPS$_{i,t}$					
	R2	R2345	S2	S2345	Mul5sum	Mul10sum
Observations	29 212	25 358	29 212	25 358	27 330	28 482
Adjust R^2	0.747	0.412	0.747	0.412	0.312	0.473

注： ***、**、*分别表示在1%、5%、10%水平上显著；括号内为T值，标准误在公司层面聚类。

表 4 - 45　非控股大股东为 CEO 的样本后非控股大股东相对制衡与 CEO 薪酬激励

VARIABLES	(1)	(2)	(3)	(4)	(5)	(6)
	PPS$_{i,t}$					
	R2to1	R2345to1	S2to1	S2345to1	Mul5sumto1	Mul10sumto1
NLSto1$_{i,t-1}$	8.931***	0.589	7.065**	0.944	2.682***	5.598***
	(3.54)	(0.79)	(2.46)	(1.16)	(2.79)	(4.32)
Controls	YES	YES	YES	YES	YES	YES
Year FE	YES	YES	YES	YES	YES	YES
Firm FE	YES	YES	YES	YES	YES	YES
Cluster Firm	YES	YES	YES	YES	YES	YES
Observations	29 212	25 358	29 212	25 358	27 330	28 482
Adjust R^2	0.747	0.412	0.746	0.412	0.312	0.473

注： ***、**、*分别表示在1%、5%、10%水平上显著；括号内为T值，标准误在公司层面聚类。

表 4 - 46　非控股大股东为 CEO 的样本后非控股大股东存在性数目与 CEO 薪酬激励

VARIABLES	(1)	(2)	(3)	(4)
	PPS$_{i,t}$			
	Mul5	Mul10	Mul5num	Mul10num
NLSnum$_{i,t-1}$	1.048	3.298***	1.482***	2.944***
	(1.44)	(3.58)	(3.51)	(3.99)
Controls	YES	YES	YES	YES
Year FE	YES	YES	YES	YES
Firm FE	YES	YES	YES	YES

续表

VARIABLES	(1)	(2)	(3)	(4)
	\multicolumn{4}{c}{$PPS_{i,t}$}			
	Mul5	Mul10	Mul5num	Mul10num
Cluster Firm	YES	YES	YES	YES
Observations	27 330	28 482	27 330	28 482
Adjust R^2	0.311	0.473	0.311	0.473

注：***、**、* 分别表示在 1%、5%、10% 水平上显著；括号内为 T 值，标准误在公司层面聚类。

2. 剔除 CEO 薪酬激励中的行业成分。公司所处行业的所有权结构可能通过同辈效应与公司层面的 CEO 薪酬激励相联系（Edmans et al.，2017），例如公司层面的 CEO 薪酬激励与行业层面的 CEO 薪酬激励相关；同时，行业层面的 CEO 薪酬激励与行业层面的股权结构相互影响。为排除该可能性，本章使用剔除同辈效应的 CEO 超额总薪酬—业绩敏感性，即 CEO 总薪酬—业绩敏感性与同行业、同年份平均 CEO 总薪酬—业绩敏感性的差值，再次检验了非控股大股东对 CEO 薪酬激励的影响。

表 4 - 47、表 4 - 48 和表 4 - 49 分别汇报了非控股大股东绝对制衡、相对制衡、存在性和数目与 CEO 超额总薪酬—业绩敏感性的关系。表 4 - 47、表 4 - 48 和表 4 - 49 显示，所有非控股大股东变量的回归系数均在 1% 水平上显著为正，并且回归系数数值与表 4 - 4、表 4 - 8 和表 4 - 12 相比有所提升。该实证结果表明，在剔除 CEO 的同辈效应之后，非控股大股东与 CEO（超额）薪酬激励的联系更加紧密。

表 4 - 47　　非控股大股东绝对制衡与 CEO 超额薪酬激励的关系

VARIABLES	(1)	(2)	(3)	(4)	(5)	(6)
	\multicolumn{6}{c}{$ExPPS_{i,t}$}					
	R2	R2345	S2	S2345	Mul5sum	Mul10sum
$NLS_{i,t-1}$	84.500***	73.786***	68.742***	53.517***	62.816***	50.950***
	(7.70)	(10.24)	(5.67)	(7.29)	(9.23)	(7.14)
Controls	YES	YES	YES	YES	YES	YES
Year FE	YES	YES	YES	YES	YES	YES

续表

VARIABLES	(1)	(2)	(3)	(4)	(5)	(6)
	$ExPPS_{i,t}$					
	R2	R2345	S2	S2345	Mul5sum	Mul10sum
Firm FE	YES	YES	YES	YES	YES	YES
Cluster Firm	YES	YES	YES	YES	YES	YES
Observations	30 543	30 543	30 543	30 543	30 543	30 543
Adjust R^2	0.698	0.699	0.697	0.697	0.698	0.697

注：***、**、*分别表示在1%、5%、10%水平上显著；括号内为 T 值，标准误在公司层面聚类。

表 4 - 48　　非控股大股东相对制衡与 CEO 超额薪酬激励的关系

VARIABLES	(1)	(2)	(3)	(4)	(5)	(6)
	$ExPPS_{i,t}$					
	R2to1	R2345to1	S2to1	S2345to1	Mul5sumto1	Mul10sumto1
$NLSto1_{i,t-1}$	16.241***	9.847***	13.442***	8.127***	11.252***	11.133***
	(5.75)	(6.33)	(5.67)	(4.73)	(7.43)	(6.41)
Controls	YES	YES	YES	YES	YES	YES
Year FE	YES	YES	YES	YES	YES	YES
Firm FE	YES	YES	YES	YES	YES	YES
Cluster Firm	YES	YES	YES	YES	YES	YES
Observations	30 543	30 543	30 543	30 543	30 543	30 543
Adjust R^2	0.697	0.697	0.697	0.697	0.697	0.697

注：***、**、*分别表示在1%、5%、10%水平上显著；括号内为 T 值，标准误在公司层面聚类。

表 4 - 49　　非控股大股东存在性和数目与 CEO 超额薪酬激励的关系

VARIABLES	(1)	(2)	(3)	(4)
	$ExPPS_{i,t}$			
	Mul5	Mul10	Mul5num	Mul10num
$NLSnum_{i,t-1}$	7.204***	8.486***	5.707***	6.523***
	(5.34)	(5.80)	(7.53)	(6.07)
Controls	YES	YES	YES	YES
Year FE	YES	YES	YES	YES

续表

VARIABLES	(1)	(2)	(3)	(4)
	ExPPS$_{i,t}$			
	Mul5	Mul10	Mul5num	Mul10num
Firm FE	YES	YES	YES	YES
Cluster Firm	YES	YES	YES	YES
Observations	30 543	30 543	30 543	30 543
Adjust R^2	0.697	0.697	0.698	0.697

注：***、**、*分别表示在 1%、5%、10% 水平上显著；括号内为 T 值，标准误在公司层面聚类。

4.4 本章小结

本章基于现金流权和投票权从非控股大股东绝对制衡、相对制衡、存在性和数目三个方面探究了非控股大股东对 CEO 薪酬激励的影响，发现非控股大股东的现金流权和投票权均能显著增强 CEO 总薪酬—业绩敏感性。进一步的研究显示：非控股大股东投票权对 CEO 总薪酬—业绩敏感性的提升作用在股东大会高管薪酬（激励）决议更多的上市公司更为明显，初步表明非控股大股东治理的"呼吁"机制有助于增强 CEO 总薪酬与公司业绩的联系；非控股大股东现金流权对 CEO 总薪酬—业绩敏感性的提升作用在控股股东两权分离和股票流动性更差的上市公司相对更弱，初步验证了非控股大股东影响 CEO 薪酬激励的"退出"及"退出威胁"机制。

此外，本章区分了非控股大股东身份，实证检验发现金融机构和自然人非控股大股东治理主要是通过"退出"及"退出威胁"实施治理，非金融公司非控股大股东同时使用"呼吁"和"退出"或"退出威胁"实施治理，而控股大股东与非控股大股东身份的相似性将增加他们"合谋"的可能性，进而降低非控股大股东的治理效率。

我国上市公司控股股东掏空和内部人控制问题普遍存在，CEO 薪酬与公司业绩的联系也相对较弱（Jiang and Kim，2020）。在此背景下，本章的研究揭示了一种能够增强 CEO 薪酬—业绩敏感性的机制——非控股大股东治理，不但有助于缓解股东与 CEO 之间的代理冲突，还增加了 CEO 对抗潜在控股股东掏空的可能性。本书的研究结果为股权制衡与 CEO 薪酬激励关系的研究提供了新的实证证据，丰富了 CEO 薪酬激励影响因素的相关文献，并进一步拓展了非控股大股东治理的相关研究。此外，本书的研究结论还对上市公司股权结构设计和治理结构的完善提供了一些有益的借鉴。

| 第 5 章 |

国有股权性质对 CEO 薪酬激励的影响

第 4 章的研究表明非控股大股东对 CEO 薪酬激励具有显著的影响，本章将关注我国上市公司股权特征的另一要素——股权性质，考察国有股权性质对 CEO 薪酬激励的影响。

20 世纪 90 年代末，我国国有企业股份制改革全面展开，我国上市公司中开始出现两类股权性质不同的企业——国有企业和民营企业，前者的终极控制人为政府主体，后者的终极控制人为民营主体。其中国有企业兼具政治属性与经济属性，除盈利目标外还肩负着许多社会责任，例如充分就业、社会稳定、科技发展等，这使得国有企业的"经营性亏损"和"政策性亏损"难以区分，进而可能引发预算软约束问题（Kornai，1986）；而且，国有企业的所有者（全体人民）不能真正行使国有资产所有者的职能，这会造成国有企业出资人和责任主体的缺失，进而带来所有者缺位等问题（刘远航，2003）。国有企业的预算软约束问题使得国有企业的公司业绩不能准确地反映 CEO 的努力和能力，而所有者缺位问题则造成对国有企业 CEO 有效监管的缺失，这些都可能导致国有企业 CEO 薪酬与公司业绩关联性的削弱。此外，由于国有企业 CEO 身兼"政治人"和"经济人"双重身份，晋升等隐性激励成为国有企业 CEO 薪酬激励的有效补充（Cao et al.，2019），在职消费和福利性收入等隐性收入也因薪酬管制的存在成为国有企业 CEO 薪酬的替代性选择（陈冬华等，2005；梁上坤和陈冬华，2014），这些都可能引起国有企业 CEO 显性薪酬及薪酬激励的降低。

1992 年起，国有企业改革进入以建立"产权清晰、权责明确、政企分开、管理科学"的现代企业制度为目标的新阶段，上市公司终极控制权性质由国有转变为民营的事件（国有企业混合所有制改革）时有发生。在混合所有制改革过程中，企业的政治属性削弱，出资人和责任主体的空缺得到弥补，预算软约束和所有者缺位等问题有所缓解，公司业绩衡量 CEO 表现的精准性和股东对 CEO 监督的有效性可能随之提升（Chaigneau et al.，2018；Gan et al.，2018；王甄和胡军，2016）。同时，CEO 福利性收入等隐性收入和晋升等隐性激励也可能相应减少（陈冬华等，2005；Cao et al.，2019）。这些转变可能会随着混合所有制改革过程中 CEO 薪酬契约的重新拟定逐渐显现。更重要的是，国企在混合所有制改革之前和之后的股权性质分别为国有和民营，因此，混合所有制改革过程中 CEO 薪酬激励契约的变化在一定程度上还反映出国有股权性质对 CEO 薪酬水平和薪酬激励的影响。

本章将利用国有企业混合所有制改革实践，采用倾向得分匹配（PSM）法缓解因果关系识别过程中可能存在的依可观测变量样本自选择问题，并通过平行趋势假设检验排除其潜在的依不可观测变量样本自选择问题，然后再采用双重差分（DID）回归，识别国有股权性质对 CEO 薪酬水平和薪酬激励的影响。鉴于国有股比例水平不同的国有企业对混合所有制改革敏感程度不同（Gan et al.，2018），本章基于三重差分模型检验了国有股比例对国有股权性质与 CEO 薪酬激励关系的调节作用。考虑到各级政府混合所有制改革国有企业的动机和监督国有企业的激励可能不同（Bai et al.，2006），本章根据隶属政府的级别将国有企业划分为中央级、省级和地市级国企，分组检验了国有股权性质对 CEO 薪酬激励的影响。由于混合所有制改革过程中企业的实际控制人往往会发生变动，新的控制人可能会重新任命管理层（王甄和胡军，2016），而 CEO 是管理层中最重要的决策者（刘慧龙等，2010），本章通过考察混合所有制改革期间 CEO 政治关联和任职来源的变化以进一步理解企业的混合所有制改革转型。

5.1 理论分析与研究假设

5.1.1 混合所有制改革与 CEO 薪酬激励

上市公司终极控制权在进行混合所有制改革的过程中，企业承担的充分就业等政策性目标削弱，企业多目标带来的利益冲突减少，预算软约束问题和所有者缺位问题都得到一定的缓解（Gan et al.，2018；王甄和胡军，2016）。这使得公司业绩能够更准确地反映 CEO 的努力和能力，并且股东也更有动机更有效地监督 CEO。同时，随着企业混合所有制改革的逐步推进，政府对高管薪酬和股权激励的限制消除①，CEO 的福利性收入和晋升激励相应减弱，从而 CEO 的隐性收入和隐性激励都有所下降。此外，在混合所有制改革期间，企业的实际控制人往往会发生变动，新的实际控制人通常会重新拟定 CEO 薪酬激励契约甚至更换管理层。混合所有制改革过程中上述改变都可能体现在 CEO 薪酬激励契约的调整中，例如混合所有制改革国企的公司业绩在混合所有制改革后更能反映 CEO 的表现，从而在新的 CEO 薪酬激励契约中 CEO 薪酬与公司业绩的联系可能更为紧密（Chaigneau et al.，2018）；政府对国企 CEO 的薪酬管制在混合所有制改革后可能会放松甚至取消，从而在新的 CEO 薪酬激励契约中 CEO 的薪酬水平可能会上升；国企 CEO 的隐性收入和隐性激励在混合所有制改革后均有所下降，进而在新的 CEO 薪酬激励契约中 CEO 的薪酬和薪酬激励水平都可能相应提升（陈冬华等，2005；Cao et al.，2019）。

更重要的是，由于国企在混合所有制改革之前与混合所有制改革之后的 CEO 薪酬激励契约分别代表着相同企业在不同股权性质下的 CEO 薪酬水平

---

① 详见多部委联合下发的《关于进一步规范中央企业负责人薪酬管理的指导意见》和国资委《关于实施〈关于规范国有企业职工持股、投资的意见〉有关问题的通知》。

和薪酬激励的情况，混合所有制改革过程中 CEO 薪酬激励契约的变化在一定程度上还可能反映股权性质对 CEO 薪酬水平和薪酬激励的影响。据此提出本章的第一个研究假设如下：

假设 5 - 1　国有股权性质对 CEO 薪酬水平和薪酬—业绩敏感性具有显著的负向影响，即混合所有制改革过程中国企 CEO 的薪酬水平和薪酬—业绩敏感性相对（其他国企）显著提升。

5.1.2　国有股权性质与 CEO 薪酬激励的调节效应

通过梳理股权性质与 CEO 薪酬激励的相关文献可知，国有企业兼具政治与经济双重属性是不同股权性质企业 CEO 薪酬激励存在差异的主要原因之一（张敏等，2013；步丹璐和王晓艳，2014；姜付秀等，2014；王甄和胡军，2016），而国有企业的政治属性主要源于政府对企业的直接所有权和控制权（Bai et al.，2006；Gan et al.，2018）。鉴于国有股比例较高的国有企业对混合所有制改革可能更为敏感（Gan et al.，2018），本章推测混合所有制改革过程中政府对混合所有制改革国企直接所有权比例的相对变化在高国有股比例组别更为突出，CEO 薪酬—业绩敏感性的相对变化在高国有股比例组别也更为明显。基于上述分析，提出第 5 章的第二个和第三个研究假设：

假设 5 - 2　国有股比例较高的国有企业对混合所有制改革更为敏感，即在高国有股比例组别，混合所有制改革国企国有股比例的相对（其他国企）降低更为明显。

假设 5 - 3　在高国有股比例组别，国有股权性质对 CEO 薪酬—业绩敏感性的影响更强，即混合所有制改革国企 CEO 薪酬—业绩敏感性的相对（其他国企）提升在高国有股比例组别更为明显。

5.1.3 国有企业层级的异质性

财政分权赋予了各级政府相对独立的税收权力和支出责任范围，这种财政的分散化可能会影响各级政府混合所有制改革国有企业的动机以及监督国有企业的激励，例如混合所有制改革动机的财政分权假说认为，国有企业隶属政府的级别越高，被混合所有制改革的可能性越小（Bai et al.，2006）。因此，在隶属政府级别不同（也即不同层级）的国有企业，国有股权性质对 CEO 薪酬激励的影响可能存在差异。基于上述分析，提出第 5 章的第四个研究假设：

假设 5 – 4 在隶属政府级别不同的国有企业，国有股权性质对 CEO 薪酬水平和薪酬—业绩敏感性影响不同，混合所有制改革过程中国企 CEO 的薪酬水平和薪酬—业绩敏感性相对变化不同。

5.2 研究设计

5.2.1 样本选择与数据来源

本章的企业股权性质数据结合了国泰安数据库（CSMAR）、色诺芬数据库（CCER）和巨潮资讯网（CNINF）年报数据。由于国泰安数据库的企业股权性质起始于 2003 年，1999 ~ 2002 年的企业股权性质数据主要来源于色诺芬数据库（CCER）并核对巨潮资讯网的公司年报，2003 ~ 2018 年的企业股权性质数据主要源于色诺芬数据库和国泰安数据库，两数据库数据不一致时，通过巨潮资讯网核对上市公司年报确定。本章研究的初始样本为 1999 ~ 2018 年全部的中国非金融 A 股上市公司，初始公司—年数目为 39 365 个，共涉及 3 645 家上市公司，其中股权性质民营的公司—年数目为 19 935 个，股权性质国有的公司—年数目为 19 230。本章按以下步骤筛选混合所有制改革国企样本：首先，从初始样本中选出股权性质由国有转变为民营的企业；其次，再从上述样本中选出混合所有制改革前两年内股权性质保持为国有且混合所有制改革后两年内股权性质保持为民营的样本，最终筛选出 355 家混合所有制改革国企。本章选取整个样本区间内（1999～2018 年）股权性质均为国有的企业作为其他国企样本，最终筛选出 1 231 家其他国企，包含公司—年数目为 13 410 个。

此外，本章新增加的个股年平均换手率数据来源于锐思数据库（RES-SET），CEO 政治关联和 CEO 任职来源数据来源于国泰安数据库（CSMAR）。混合所有制改革决策变量中公司层面变量的数据来源于国泰安数据库（CS-MAR），市场化指数整理自樊纲等编制的《中国市场化指数——各地区市场化相对进程 2006 年报告》《中国市场化指数——各省区市场化相对进程 2011 年报告》《中国分省份市场化指数报告（2016）》《中国分省份市场化指数报告（2018）》。表 5 -1 为本章主要变量的名称、符号及定义的汇总。

表 5 -1　　　　　　　　　　　　变量定义

变量名称	变量符号	变量定义
国有股比例	SOSR	国有股数量/总股数
高国有股比例组别虚拟变量	HighSOE	当混合所有制改革［-2，-1］年的国有股比例均值高于同行业同年份国有股比例均值时，高国有股比例组别虚拟变量取值为 1，否则取值为 0
外部 CEO 虚拟变量	Outside	CEO 来源于公司外部时，外部 CEO 虚拟变量取值为 1，否则取值为 0
混合所有制改革虚拟变量	After	匹配的混合所有制改革国企和其他国企在（拟）混合所有制改革之前，混合所有制改革虚拟变量取值为 0；在（拟）混合所有制改革当年及之后混合所有制改革虚拟变量取值为 1
是否混合所有制改革虚拟变量	Change-to-Private	在股权性质由国有转变为民营的公司 - 年，是否混合所有制改革虚拟变量取值为 1，否则取值为 0
CEO 政治关联虚拟变量	PC	若公司 CEO 曾在政府任职、曾任人大代表或政协委员，CEO 政治关联虚拟变量取值为 1，否则取值为 0
个股年平均换手率	ToverRate	本年内流通股日换手率的平均值

变量名称	变量符号	变量定义
单位营业收入雇员数量	NumEmp_Sale	员工人数/营业收入
混合所有制改革组别虚拟变量	Private	若公司为混合所有制改革国企（其他国企），混合所有制改革组别虚拟变量取值为 1（取值为 0）
管理层持股比例	MShrRat	管理层持股数量/公司总股份数量
员工规模	Ln_Nstaff	公司员工人数的自然对数
中央级国企虚拟变量	Central	当国有企业层级为中央级时，中央级国企虚拟变量取值为 1，否则取值为 0
省级国企虚拟变量	Province	当国有企业层级为省级时，省级国企虚拟变量取值为 1，否则取值为 0
市场化指数	Mkt	该指标采用樊纲等编制的《中国市场化指数——各地区市场化相对进程 2006 年报告》《中国市场化指数——各地区市场化相对进程 2011 年报告》《中国分省份市场化指数报告（2016）》和《中国分省份市场化指数报告（2018）》中所提供的市场化指数

5.2.2 模型设定

1. 国有股权性质对 CEO 薪酬水平和薪酬激励的影响。本章通过比较混合所有制改革国企与其他国企在混合所有制改革前后 CEO 薪酬水平和 CEO 薪酬—业绩敏感性变化的差异，探究股权性质对 CEO 薪酬水平和薪酬激励的影响。值得注意的是，现有的混合所有制改革相关研究发现，国有企业的混合所有制改革决策可能与公司员工规模、企业所属层级、公司盈利和运营状况等公司层面的因素以及市场化指数等区域因素存在显著关联，进而学者们认为国有企业的混合所有制改革决策很可能不是随机的，而是存在一定的自选择倾向（Bai et al.，2006；Liao et al.，2014；Gan et al.，2018；刘小玄和李利英，2005；杨记军等，2010）。

本章首先建立以下国有企业混合所有制改革决策的 Logit 回归模型检验国有企业混合所有制改革决策的相关因素：

$$Private_{i,t} = \alpha + \beta_1 LnSize_{t-1} + \beta_2 Lev_{i,t-1} + \beta_3 ROA_{i,t-1} + \beta_4 MTB_{i,t-1}$$
$$+ \beta_5 MShrRat_{i,t-1} + \beta_6 Capex/Assets_{i,t-1} + \beta_7 Ln\_Nstaff_{i,t-1}$$
$$+ \beta_8 FirmAge_{i,t-1} + \beta_9 Central_{i,t-1} + \beta_{10} Province_{i,t-1} + \beta_{11} Mkt_{i,t-1}$$
$$+ Year\ Dummies + Industry\ Dummies + \varepsilon_{i,t} \qquad （模型 5-1）$$

模型 5-1 的被解释变量为是否混合所有制改革虚拟变量（Change-to-Private$_{i,t}$），若 t 年国有企业 i 被混合所有制改革则 Change-to-Private$_{i,t}$取值为 1，否则取值为 0。混合所有制改革决策 Logit 回归自变量的选取参照我国国有企业混合所有制改革的实证研究（杨记军等，2010；Liao et al.，2014；Gan et al.，2018）。

其次，为缓解依可观测变量样本自选择问题，本章采用倾向得分匹配（PSM）的方法，基于模型 5-1 逐年估计国有企业被混合所有制改革的可能性，并分年度利用卡尺 0.005 内一对一、无放回最近邻匹配法进行配对。

最后，基于匹配成功的混合所有制改革样本和其他国企样本，使用以下双重差分模型检验股权性质对 CEO 薪酬水平和薪酬激励的影响：

$$PAY(PPS)_{i,t} = \alpha + \beta_1 Private_i \times After_{i,t} + \beta_2 After_{i,t} + \beta_3 ROA_{i,t-1} + \beta_4 RET_{i,t-1}$$
$$+ \beta_5 ROA_{i,t} + \beta_6 RET_{i,t} + \beta_7 LnSize_{i,t} + \beta_8 MTB_{i,t} + \beta_9 Volatility_{i,t}$$
$$+ \beta_{10} Lev_{i,t} + \beta_{11} Top1_{i,t} + \beta_{12} Tenure_{i,t} + \beta_{13} Age_{i,t} + \beta_{14} Boardsize_{i,t}$$
$$+ \beta_{15} Dual_{i,t} + \beta_{16} Indratio_{i,t} + Year\ Dummies + Firm\ Dummies + \varepsilon_{i,t}$$

$$（模型 5-2）$$

在上述模型中，被解释变量为 CEO 现金薪酬（CPAY$_{i,t}$）、CEO 总薪酬（TPAY$_{i,t}$）、CEO 现金薪酬—业绩敏感性（PPSC$_{i,t}$）和 CEO 总薪酬—业绩敏感性（PPS$_{i,t}$）。主要解释变量为混合所有制改革组别虚拟变量（Private$_i$）与混合所有制改革虚拟变量（After$_{i,t}$）的交叉项（Private$_i$ × After$_{i,t}$），也即双重差分系数。其中 Private$_i$在公司为混合所有制改革国企（其他国企）时，取值为 1（取值为 0）。After$_{i,t}$在混合所有制改革之前（当年及以后）的公司一年取值为 0（取值为 1）。CEO 薪酬和 CEO 薪酬—业绩敏感性控制变量的选取与第 3 章一致。此外，由于混合所有制改革组别虚拟变量（Private$_i$）与公司固定效应完全共线，在模型 5 - 2 中不再加入该变量。

2. 国有股权性质影响 CEO 薪酬激励的调节效应。鉴于国有股比例较高的国有企业对混合所有制改革更为敏感（Gan et al.，2018），本章进一步探究了国有股比例对国有股权性质与 CEO 薪酬激励因果关系的调节效应。首先，按照混合所有制改革前国有股占比情况，将样本分为高国有股比例组别（HighSOE$_i$ = 1）和低国有股比例组别（HighSOE$_i$ = 0），其中高国有股比例组别（低国有股比例组别）对混合所有制改革可能更为敏感（更不敏感）。然后，基于以下三重差分（DDD）模型检验了国有股权性质对 CEO 薪酬激励的影响在高国有股比例组别是否更为明显：

$$
\begin{aligned}
PPSC(PPS)_{i,t} = {} & \alpha + \beta_1 HighSOE_i \times Private_i \times After_{i,t} + \beta_2 Private_i \times After_{i,t} \\
& + \beta_3 HighSOE_i \times After_{i,t} + \beta_4 After_{i,t} + \beta_5 ROA_{i,t-1} + \beta_6 RET_{i,t-1} \\
& + \beta_7 ROA_{i,t} + \beta_8 RET_{i,t} + \beta_9 LnSize_{i,t} + \beta_{10} MTB_{i,t} + \beta_{11} Volatility_{i,t} \\
& + \beta_{12} Lev_{i,t} + \beta_{13} Top1_{i,t} + \beta_{14} Tenure_{i,t} + \beta_{15} Age_{i,t} + \beta_{16} Boardsize_{i,t} \\
& + \beta_{17} Dual_{i,t} + \beta_{18} Indratio_{i,t} + Year\ Dummies + Firm\ Dummies + \varepsilon_{i,t}
\end{aligned}
$$

（模型 5 - 3）

在上述模型中，被解释变量为 CEO 现金薪酬—业绩敏感性（PPSC$_{i,t}$）和 CEO 总薪酬—业绩敏感性（PPS$_{i,t}$）。主要解释变量为混合所有制改革组别虚拟变量（Private$_i$）、混合所有制改革虚拟变量（After$_{i,t}$）以及高国有股组别虚拟变量（HighSOE$_i$）的交叉项（Private$_i$ × After$_{i,t}$ × HighSOE$_i$），也即三重差分系数。本章将混合所有制改革当年定义为混合所有制改革 0 年，则混合所有制改革前两年、前一年、后一年、后两年分别为混合所有制改革 -2、-1、+1、+2 年。高国有股组别虚拟变量（HighSOE$_i$）在混合所有制改革［-2，-1］年国有股比例均值高于（低于）同行业同年份国有股比例均值的样本公司取值为 1（取值为 0）。CEO 薪酬—业绩敏感性控制变量的选取与第 3 章一致。此外，由于混合所有制改革组别虚拟变量（Private$_i$）及其和高国有股组别虚拟变量（HighSOE$_i$）的交叉项（Private$_i$ × HighSOE$_i$）与公司固定效应完全共线，在模型 5 - 3 中不再加入上述变量。

5.3　实证分析

5.3.1　不同股权性质企业 CEO 薪酬激励的时序变化分析

为直观地认识不同股权性质企业 CEO 薪酬契约的演变，本章通过图形展示了不同股权性质企业 1999～2018 年 CEO 薪酬水平和薪酬—业绩敏感性的时序变化。

1. CEO 薪酬水平。图 5－1 与图 5－2 分别描绘了 1999～2018 年不同股权性质企业 CEO 现金薪酬与总薪酬平均水平的变化趋势。由图 5－1 可知，不同股权性质企业的 CEO 现金薪酬平均水平都整体呈递增趋势，其中在样本前期（2005 年之前）不同股权性质企业的 CEO 现金薪酬均值及其增速十分接近，然而，受 2009 年央企高管限薪令的影响，国有企业 CEO 的平均现金薪酬在样本中后期（2009～2016 年）增速明显放缓。从图 5－2 可以看出，2005 年之后（2005 年之前）不同股权性质企业 CEO 总薪酬均值的波动

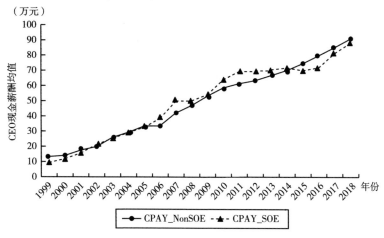

图 5－1　1999～2018 年不同性质企业 CEO 现金薪酬时序

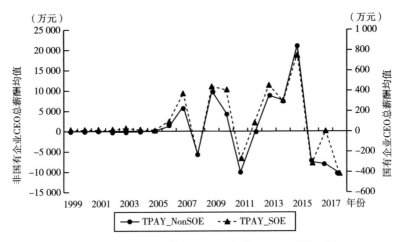

图 5 - 2　1999 ~ 2018 年不同性质企业 CEO 总薪酬时序

幅度相对较大（相对较小），民营企业 CEO 总薪酬均值的数量级大于国有企业 CEO，结合图 5 - 1 初步判断，不同股权性质企业 CEO 总薪酬均值的较大差距可能主要来源于其 CEO 股权薪酬均值的差异。

2. CEO 薪酬—业绩敏感性。图 5 - 3 刻画了不同股权性质企业 CEO 薪酬—业绩敏感性的变化趋势。图 5 - 3 显示，无论是基于现金薪酬还是总薪酬，民营企业在样本期内各年度的 CEO 薪酬—业绩敏感性均值都高于国有企业。2003 年之前，不同股权性质企业的 CEO 现金薪酬及总薪酬—业绩敏

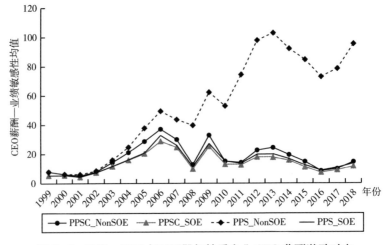

图 5 - 3　1999 ~ 2018 年不同股权性质企业 CEO 薪酬激励时序

感性均值较为相近。2003 年之后，不同股权性质企业 CEO 总薪酬—业绩敏感性均值的差距不断拉大，截至 2018 年，民营企业 CEO 的总薪酬—业绩敏感性均值约为国有企业 CEO 的 7 倍。由于不同股权性质企业 CEO 的现金薪酬—业绩敏感性均值在样本期内各年度均相差不大，可以推断不同股权性质企业 CEO 总薪酬—业绩敏感性均值差距的扩大可能主要源于其 CEO 股权激励差异不断增加。

5.3.2　不同股权性质企业 CEO 薪酬激励的差异性分析

表 5-2 汇报了民营企业与国有企业 CEO 薪酬水平、薪酬结构和薪酬—业绩敏感性的描述性统计，并检验了它们在不同股权性质企业的均值差异。就 CEO 薪酬水平而言，国有企业 CEO 的现金薪酬均值和期权类薪酬均值分别为 51.425 万元和 2.123 万元，显著低于民营企业 CEO（现金薪酬均值和期权类薪酬均值分别为 66.553 万元和 6.747 万元），分别约为民营企业 CEO 现金薪酬均值和期权类薪酬均值的 77.27% 和 31.47%；国有企业与民营企业的 CEO 股票类薪酬均值和总薪酬均值在 10% 水平上不存在显著差异。就 CEO 持股情况而言，大多数（50% 以上）民营企业 CEO 持有本公司股票，而国有企业的 CEO 持股样本占比尚未达到 1/3；国有企业的持股 CEO 和所有 CEO 年初年末持股比例均值分别为 0.30% 和 0.10%，在统计上和数值上均显著低于民营企业，对应数值分别为 10.80% 和 5.90%。就 CEO 薪酬结构而言，由于民营企业的 CEO 持股样本更多且持股比例更高，其 CEO 的股票类薪酬占比均值（46.39%）显著高于国有企业 CEO（15.83%），相应地，其 CEO 的现金薪酬占比均值（51.34%）显著低于国有企业 CEO（84.04%）。就 CEO 薪酬激励而言，无论是基于现金薪酬还是总薪酬，国有企业 CEO 的薪酬—业绩敏感性均值都在 1% 水平上显著低于民营企业 CEO，其中国有企业与民营企业的 CEO 现金薪酬—业绩敏感性均值在数值上较为接近（分别为 13.864 和 16.925），CEO 总薪酬—业绩敏感性均值在数值上差异较大（分别为 15.160 和 73.809），再次验证了不同股权性

质企业 CEO 薪酬激励的差异可能主要源于两类企业 CEO 股权激励差异的
推断。

表 5 - 2　　　　　不同股权性质企业 CEO 薪酬契约的差异性检验

VARIABLES	NonSOE		SOE		Difference (SOE-NonSOE)
	N	mean	N	mean	
CPAY	19 935	66. 553	19 230	51. 425	- 15. 129***
DSHV0	19 935	24. 456	19 230	35. 065	10. 609
DOPV0	19 935	6. 747	19 230	2. 123	- 4. 623***
TPAY	19 935	97. 756	19 230	88. 613	- 9. 143
DSR	19 935	55. 20%	19 230	30. 90%	- 24. 30% ***
SRM	11 121	10. 80%	5 981	0. 30%	- 10. 50% ***
SRM0	19 935	5. 90%	19 230	0. 10%	- 5. 80% ***
CRATIO	19 606	51. 34%	18 611	84. 04%	32. 70% ***
SRATIO	19 606	46. 39%	18 611	15. 83%	- 30. 56% ***
ORATIO	19 606	2. 27%	18 611	0. 13%	- 2. 14%
PPSC	19 935	16. 925	19 230	13. 864	- 3. 061***
PPS	19 935	73. 809	19 230	15. 160	- 58. 648***

注：***、**、* 分别表示在 1%、5%、10% 水平上显著。

上述不同股权性质企业 CEO 薪酬契约差异性检验结果与股权性质和
CEO 薪酬水平和薪酬激励的已有实证研究相一致：国有企业 CEO 现金薪酬
水平显著更低（Firth et al.，2007；Conyon and He，2012），国有企业 CEO
薪酬与公司业绩的联系相对更弱（Conyon and He，2011），国有企业 CEO 更
不可能被授予股权激励或持有本公司股票（Conyon and He，2012）。

5.3.3　国有股权性质与 CEO 薪酬激励的因果关系分析

本章表 5 - 2 中 CEO 薪酬变量的单变量检验表明不同股权性质企业的
CEO 薪酬水平、薪酬结构、薪酬—业绩敏感性存在显著差异，第 3 章表 3 - 5
和表 3 - 6 与第 4 章表 4 - 4、表 4 - 8 和表 4 - 12 的多元回归也证实，在控制

公司特征、CEO 特征和时间趋势之后，企业的国有股权性质与更少的 CEO 薪酬变动和更低的 CEO 薪酬—业绩敏感性显著相关联。然而，这些实证分析仅说明股权性质与 CEO 薪酬及 CEO 薪酬激励存在相关关系，并不能据此判断股权性质会对 CEO 薪酬及 CEO 薪酬激励产生怎样的影响。为此，本章利用国有企业混合所有制改革实践，试图通过分析股权性质由国有转为民营的过程中 CEO 薪酬水平和 CEO 薪酬—业绩敏感性的相对变化，进一步探究股权性质与 CEO 薪酬及 CEO 薪酬激励是否存在因果关系。

图 5 - 4 描绘了中国非金融 A 股上市公司中国有上市公司占比和民营上市公司占比的时序变化以及样本期各年度国有企业混合所有制改革实践的数量。从图 5 - 4 可以看出，国有（民营）上市公司占比逐年下降（上升），且自 2010 年起民营上市公司数量超过国有上市公司。除了新上市公司中民营企业比重增加以外，已上市国有企业的混合所有制改革也在一定程度上推动了我国上市公司的"国退民进"。如图 5 - 4 所示，我国每年都会发生国有上市公司混合所有制改革实践，特别在样本前期更为频繁。这也为本章后续利用混合所有制改革实践识别股权性质对 CEO 薪酬水平和薪酬激励的影响提供了相应的数据支持。

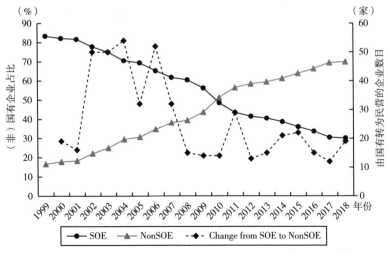

图 5 - 4　1999 ~ 2018 年不同股权性质企业样本占比变化与国有企业

混合所有制改革实践

1. 国有企业混合所有制改革决策。鉴于已有的实证文献显示，国有企业的混合所有制改革决策具有一定的非随机性，本章基于模型 5 - 1 检验了国有企业混合所有制改革决策的相关因素。表 5 - 3 汇报了国有企业混合所有制改革决策的 Logit 回归结果，其中被解释变量为是否混合所有制改革虚拟变量（Change-to-Private$_{i,t}$），当国有企业 i 在第 t 年企业性质由国有转为民营时取值为 1，否则取值为 0。表 5 - 3 的第（1）列［第（2）列］的回归未加入（加入）行业和年份固定效应。与已有的国有企业混合所有制改革实证研究（Bai et al.，2006；Liao et al.，2014；Gan et al.，2018；刘小玄和李利英，2005；杨记军等，2010）相一致，表 5 - 3 的实证结果显示，公司规模更大、总资产收益率更高、资本支出与总资产比率更高、员工人数更多的国有企业以及层级更高的中央和省级国有企业更不可能被混合所有制改革，而杠杆更高、管理层持股比例更高的国有企业更可能被混合所有制改革[①]。该实证结果表明在我国国有企业混合所有制改革决策中的确存在一定的自选择倾向。

表 5 - 3　　　　　　　国有企业混合所有制改革决策的 Logit 回归

VARIABLES	（1） Change-to-Private$_{i,t}$	（2） Change-to-Private$_{i,t}$
Ln_Size$_{i,t-1}$	- 0.836*** （ - 10.67）	- 0.753*** （ - 8.34）
Lev$_{i,t-1}$	1.356*** （4.58）	1.252*** （3.89）
ROA$_{i,t-1}$	- 2.818*** （ - 3.74）	- 2.839*** （ - 3.61）
MTB$_{i,t-1}$	- 0.013 （ - 0.94）	0.001 （0.06）
MShrRat$_{i,t-1}$	9.720 （1.46）	12.422* （1.80）
Capexp/Asset$_{i,t-1}$	- 2.468** （ - 2.08）	- 2.210* （ - 1.80）

①　由中央级、省级到地市级国有企业，其层级依次降低。

续表

VARIABLES	(1) Change-to-Private$_{i,t}$	(2) Change-to-Private$_{i,t}$
Ln_Nstaff$_{i,t-1}$	− 0. 081 （− 1. 61）	− 0. 107* （− 1. 80）
FirmAge$_{i,t-1}$	− 0. 001 （− 0. 13）	0. 017 （1. 32）
Central$_{i,t-1}$	− 0. 685*** （− 4. 73）	− 0. 560*** （− 3. 61）
Province$_{i,t-1}$	− 0. 666*** （− 4. 17）	− 0. 674*** （− 3. 97）
Mkt$_{i,t-1}$	− 0. 025 （− 0. 84）	− 0. 053 （− 1. 51）
Constant	14. 786*** （10. 00）	12. 142*** （6. 97）
Year FE	NO	YES
Industry FE	NO	YES
Observations	13 744	13 576
Pseudo R^2	0. 124	0. 157

注：***、**、*分别表示在1%、5%、10%水平上显著；括号内为T值。

2. 倾向得分匹配。为缓解识别股权性质与CEO薪酬及CEO薪酬激励因果关系过程中由样本自选择导致的估计偏差，本章基于混合所有制改革国企和其他国企样本，采用倾向得分匹配—双重差分（PSM-DID）的方法，通过检验匹配的混合所有制改革国企与其他国企在混合所有制改革过程中CEO薪酬及CEO薪酬激励变化的差异，来识别股权性质对CEO薪酬水平和薪酬激励的影响。具体来说，本章首先利用国有企业混合所有制改革决策的Logit模型（模型5-1）逐年估计国有企业被混合所有制改革的可能性，然后分年度利用卡尺0. 005内一对一、无放回最近邻匹配法进行配对，即对于每一家被混合所有制改革的国有企业，在同年度未被混合所有制改革的国有企业中选择倾向得分值最接近的一家作为其配对样本。最终，我们成功匹配312家在2001~2016年被混合所有制改革国企和同年度的310家其他国企。

　　表 5 - 4 汇报了混合所有制改革国企与同年度其他国企在混合所有制改革前一年混合所有制改革决策变量均值的差异性检验结果。由表 5 - 4 可知，匹配前混合所有制改革国企与其他国企的绝大多股数混合所有制改革决策变量均值存在显著差异：混合所有制改革国企的公司规模更小、公司杠杆和成长性更高、总资产回报率和资本支出比率更低、员工人数更少、公司成立时间更短、市场化指数更低、中央级和省级国企的比例更低、地市级国企的比例更高。这初步证实在匹配之前，本章样本的混合所有制改革决策具有较为严重的自选择倾向。然而，在匹配之后，混合所有制改革国企与同年度其他国企的所有混合所有制改革决策变量均值的差异在统计上和经济意义上均不再显著。这意味着在经过倾向得分匹配后，样本混合所有制改革决策的自选择倾向得到明显缓解。

表 5 - 4　　　　匹配前后混合所有制改革国企与其他国企混合所有制
改革决策变量的差异性检验

	其他国企 (S)		混合所有制改革国企 (N)		Difference (N - S)	匹配的其他国企 (MS)		匹配的混合所有制改革国企 (MN)		Difference (MN - MS)
	Obs	mean	Obs	mean	mean	Obs	mean	Obs	mean	mean
Ln_Size	13 410	21. 936	355	20. 872	- 1. 064***	310	21. 086	312	21. 017	- 0. 069
Lev	13 410	0. 507	355	0. 553	0. 046***	310	0. 510	312	0. 517	0. 007
ROA	13 410	0. 029	355	- 0. 009	- 0. 038***	310	0. 007	312	0. 002	- 0. 005
MTB	13 409	3. 509	355	5. 006	1. 497***	310	3. 969	312	4. 399	0. 430
MShrRat	13 410	0. 002	355	0. 002	0. 000	310	0. 002	312	0. 002	0. 000
Capexp/Asset	13 410	0. 058	355	0. 043	- 0. 015***	310	0. 050	312	0. 047	- 0. 003
Nstaff	13 410	6 629	355	2 306	- 4 323***	310	2 509	312	2 470	- 39
FirmAge	13 410	13. 931	355	13. 186	- 0. 745**	310	12. 874	312	12. 959	0. 085
Central	13 410	0. 297	355	0. 183	- 0. 114***	310	0. 165	312	0. 170	0. 005
Province	13 410	0. 236	355	0. 158	- 0. 078***	310	0. 158	312	0. 167	0. 009
City	13 410	0. 469	355	0. 662	0. 193***	310	0. 677	312	0. 663	- 0. 014
Mkt	13 392	7. 073	353	6. 836	- 0. 237**	310	6. 764	312	6. 809	0. 045

3. 平行趋势假设检验。虽然表 5 - 4 的结果显示，混合所有制改革国企与其他国企的可观测混合所有制改革决策变量在倾向得分匹配后不存在显著差异，但是两组别的不可观测混合所有制改革决策变量仍可能存在一定的差异，进而产生依不可观测变量的样本自选择问题。为此，本章通过图形进一步探究匹配后混合所有制改革国企与其他国企的 CEO 薪酬水平和薪酬激励是否满足平行趋势假设。图 5 - 5 和图 5 - 6 分别刻画了匹配的混合所有制改革国企与其他国企在混合所有制改革［ - 2,2］年 CEO 薪酬水平和 CEO 薪酬—业绩敏感性均值的时序变化。

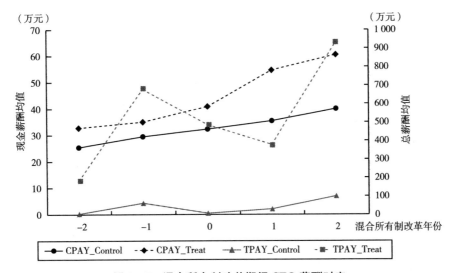

图 5 - 5　混合所有制改革期间 CEO 薪酬时序

从图 5 - 5 可以看出，混合所有制改革［ - 2, - 1］年匹配的混合所有制改革国企与其他国企的 CEO 现金薪酬均值变化趋势基本一致，而 CEO 总薪酬均值变化趋势有所不同，表明本章匹配混合所有制改革国企与匹配其他国企样本的 CEO 现金薪酬（总薪酬）基本符合（不符合）平行趋势假设。因此，本章基于匹配的混合所有制改革国企与其他国企样本，使用双重差分模型探究股权性质对 CEO 薪酬的影响的方法可以适用于现金薪酬，但不太适用于总薪酬。然而，为保留结构上的完整性，本章在后续的实证分析中也报告了 CEO 总薪酬相关的回归结果。

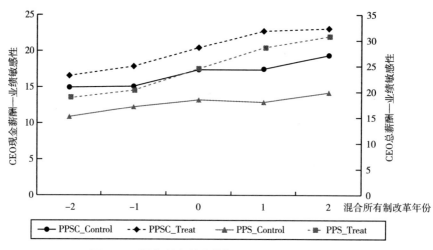

图 5 - 6   混合所有制改革期间 CEO 薪酬激励时序

由图 5 - 6 可知，无论是基于现金薪酬还是总薪酬，混合所有制改革 [-2,-1] 年匹配的混合所有制改革国企与其他国企的 CEO 薪酬—业绩敏感性均值变化趋势都基本相同，表明本章匹配混合所有制改革国企与匹配其他国企样本的 CEO 现金薪酬—业绩敏感性和总薪酬—业绩敏感性都基本符合平行趋势假设，初步肯定了双重差分模型在检验股权性质对 CEO 薪酬—业绩敏感性影响中的适用性。此外，我们还发现，混合所有制改革 [-1,2] 年匹配混合所有制改革国企的 CEO 现金薪酬、现金薪酬—业绩敏感性以及总薪酬—业绩敏感性均值相对于匹配其他国企显示出更快的增长趋势，初步表明企业的国有股权性质可能会对 CEO 现金薪酬、现金薪酬—业绩敏感性以及总薪酬—业绩敏感性具有一定的抑制作用。

为进一步考察混合所有制改革过程中政府对匹配混合所有制改革国企和匹配其他国企所有权的变化，本章还在图 5 - 7 中描绘了匹配的混合所有制改革国企与其他国企在混合所有制改革 [-2,2] 年国有股比例均值的变化情况。从图 5 - 7 可以看出，混合所有制改革 [-2,-1] 年匹配的混合所有制改革国企与其他国企的国有股比例均值变化趋大致相同，混合所有制改革 [-1,2] 年匹配混合所有制改革国企的国有股比例均值相对于匹配其他国企显示出更急剧的下降趋势，说明混合所有制改革不但使政府丧失了对混合所有制改革国企的控制权，还大大降低了政府对混合所有制改革国企的所有权比例。

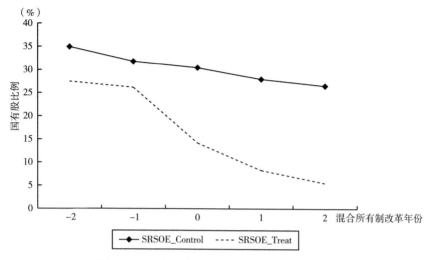

图 5 - 7　混合所有制改革期间国有股比例时序

4. 双重差分回归。接下来，本章使用双重差分模型检验了国有股权性质对 CEO 薪酬水平和薪酬激励的影响，相应的回归结果汇报于表 5 - 5，其中第（1）、第（3）列的被解释变量分别为 CEO 现金薪酬及其产生的薪酬—业绩敏感性，第（2）、第（4）列的被解释变量分别为 CEO 总薪酬及其产生的薪酬—业绩敏感性。表 5 - 5 的主要解释变量为混合所有制改革组别虚拟变量（Private$_{i,t}$）与混合所有制改革虚拟变量（After$_{i,t}$）的交叉项 Private$_{i,t}$ × After$_{i,t}$，也即双重差分系数。

表 5 - 5　　股权性质与 CEO 薪酬水平和薪酬激励的双重差分回归

VARIABLES	(1) CPAY$_{i,t}$	(2) TPAY$_{i,t}$	(3) PPSC$_{i,t}$	(4) PPS$_{i,t}$
Private$_i$ × After$_{i,t}$	11.015***	141.984	2.389*	5.905***
	(4.35)	(0.52)	(1.88)	(3.05)
After$_{i,t}$	− 2.030	− 27.992	− 1.405	− 3.262
	(− 1.20)	(− 0.17)	(− 1.53)	(− 1.55)

VARIABLES	(1) $CPAY_{i,t}$	(2) $TPAY_{i,t}$	(3) $PPSC_{i,t}$	(4) $PPS_{i,t}$
$ROA_{i,t-1}$	14.285* (1.76)	895.844 (1.01)	3.119 (0.61)	17.058** (2.12)
$RET_{i,t-1}$	3.610*** (2.63)	-266.098 (-1.22)	-1.950*** (-4.11)	-2.709** (-2.28)
$ROA_{i,t}$	17.360** (2.15)	579.579 (0.66)	11.613** (2.09)	17.003** (2.54)
$RET_{i,t}$	-2.630** (-2.09)	407.221 (1.50)	2.054*** (3.00)	2.424** (2.00)
$Ln\_Size_{i,t}$	16.829*** (5.12)	327.248 (1.51)	0.115 (0.10)	0.800 (0.39)
$MTB_{i,t}$	0.105 (0.77)	2.603 (0.20)	-0.046 (-0.52)	-0.116 (-0.97)
$Volatility_{i,t}$	-93.767 (-0.79)	28 108.024 (1.42)	-86.086 (-1.37)	9.519 (0.08)
$Lev_{i,t}$	10.114* (1.66)	-256.533 (-0.43)	7.651** (2.46)	6.480 (1.39)
$Top1_{i,t}$	30.139** (1.99)	-2 771.360** (-2.45)	2.646 (0.47)	-12.131 (-1.16)
$Tenure_{i,t}$	0.141** (2.36)	8.405 (1.52)	0.053*** (3.04)	0.040 (1.01)
$Age_{i,t}$	0.315 (1.41)	-7.764 (-0.80)	0.122 (1.57)	0.178 (1.30)
$Boardsize_{i,t}$	1.235 (1.26)	-37.704 (-0.75)	0.193 (0.86)	0.035 (0.08)
$Dual_{i,t}$	5.766 (1.50)	727.860** (2.16)	0.903 (0.46)	5.322* (1.77)
$Indratio_{i,t}$	-1.570 (-0.14)	1 573.870 (1.10)	-1.396 (-0.25)	7.806 (0.92)
Constant	-369.130*** (-4.64)	-6 731.190 (-1.63)	4.978 (0.21)	-9.290 (-0.22)

续表

VARIABLES	(1) $CPAY_{i,t}$	(2) $TPAY_{i,t}$	(3) $PPSC_{i,t}$	(4) $PPS_{i,t}$
Year FE	YES	YES	YES	YES
Firm FE	YES	YES	YES	YES
Cluster Firm	YES	YES	YES	YES
Observations	2 968	2 968	2 968	2 968
Adjust R^2	0.706	0.0868	0.653	0.502

注：***、**、* 分别表示在 1%、5%、10% 水平上显著；括号内为 T 值，标准误在公司层面聚类。

就 CEO 薪酬水平而言，表 5-5 的第（1）、第（2）列的双重差分系数均为正，其中现金薪酬回归的双重差分系数在 1% 水平上显著，而总薪酬回归的双重差分系数在 10% 水平上不显著。由表 5-5 第（1）列的回归系数可知，在其他条件保持不变的情况下，混合所有制改革后匹配混合所有制改革国企比匹配其他国企的 CEO 现金薪酬平均提升了 11.015 万元，约为国有企业 CEO 现金薪酬均值的 1/5[①]。该回归结果表明国有股权性质对 CEO 现金薪酬具有负向影响，会显著降低 CEO 现金薪酬水平。就 CEO 薪酬激励而言，表 5-5 的第（3）、第（4）列的双重差分系数均为正，其中现金薪酬—业绩敏感性和总薪酬—业绩敏感性的回归系数分别在 10% 水平和 1% 水平上显著。第（3）列和第（4）列的回归系数显示，在其他条件保持不变的情况下，混合所有制改革后匹配混合所有制改革国企比匹配其他国企的现金薪酬—业绩敏感性和总薪酬—业绩敏感性分别平均提升了 2.389 和 5.905，分别约为国有企业现金薪酬—业绩敏感性均值和总薪酬—业绩敏感性均值的 17.23% 和 38.95%[②]。该回归结果表明国有股权性质会削弱 CEO 现金薪酬及总薪酬与公司业绩的联系，降低 CEO 薪酬—业绩敏感性。

表 5-5 的实证结果初步证实了国有股权性质对 CEO 现金薪酬、CEO 现金薪酬—业绩敏感性和 CEO 总薪酬—业绩敏感性的负向影响，支持了本章

---

①　(11.015 ÷ 51.425) × 100% = 21.42%

②　(2.389 ÷ 13.864) × 100% = 17.23%，(5.905 ÷ 15.160) × 100% = 38.95%

的假设 5 - 1，补充了股权性质与 CEO 薪酬水平和薪酬激励关系的相关文献。此外，由于 CEO 薪酬激励是缓解股东与 CEO 代理冲突的主要途径之一（Jensen and Murphy，1990；苏冬蔚和熊家财，2013a），上述回归结果还为混合所有制改革在缓解股东—CEO 委托代理问题、改善公司治理等方面的积极作用提供了实证支持，丰富了混合所有制改革经济后果的相关文献。

5.3.4 国有股权性质与 CEO 薪酬激励的调节效应分析

上述分析初步证实，国有股权性质对 CEO 薪酬水平和薪酬激励具有显著的负向影响，接下来我们将基于现有研究进一步探索国有股比例对该负向影响的调节作用。

已有研究认为，国有企业兼具政治与经济双重属性是不同股权性质企业 CEO 薪酬激励存在差异的主要原因之一，其中国有企业的政治属性与政府对企业的直接所有权和控制权紧密相连（Bai et al.，2006；Gan et al.，2018；张敏等，2013；步丹璐和王晓艳，2014；姜付秀等，2014；王甄和胡军，2016）。从图 5 - 7 的可知，混合所有制改革不仅使政府丧失对混合所有制改革国企的控制权，同时也大大降低了其对混合所有制改革国企的直接所有权（也即国有股比例）。考虑到国有股比例水平不同的国有企业对混合所有制改革敏感程度不同（Gan et al.，2018），本章根据混合所有制改革前匹配样本的国有股比例水平将匹配样本划分为高国有股比例组别和低国有股比例组别，基于双重差分模型（DID）和似无相关模型（SUR）检验混合所有制改革过程中两组别之间国有股比例的相对变化是否存在显著差异，相应的回归结果汇报于表 5 - 6。

表 5 - 6 的主要解释变量为双重差分系数（Private$_{i,t}$ × After$_{i,t}$）。表 5 - 6 的第（1）、第（2）列的回归结果显示，低国有股比例组别与高国有股比例组别的双重差分系数均在 1% 水平上显著为负，高国有股比例组别双重差分系数相对更低（也即绝对数值相对更高），表明混合所有制改革过程中两组别匹配混合所有制改革国企的国有股比例相对于匹配其他国企均显著下降。

第（3）列似无相关检验的结果显示，高国有股比例组别的双重差分系数显著低于低国有股比例组别，意味着平均来说，混合所有制改革过程中匹配混合所有制改革国企相对于匹配其他国企的国有股比例的相对下降在高国有股比例组别更为明显。这与本章的假设 5 - 2 相一致，该结果初步证实国有股比例较高的国有企业对混合所有制改革更为敏感。

表 5 - 6　　　　　国有股比例双重差分的分组回归与似无相关检验

VARIABLES	(1)	(2)	(3)
	SOSR$_{i,t}$		
	HighSOE = 0	HighSOE = 1	Difference (2) - (1)
Private$_i$ × After$_{i,t}$	- 0. 086*** (- 8. 03)	- 0. 200*** (- 14. 80)	- 0. 114*** (18. 34)
After$_{i,t}$	0. 048*** (4. 12)	- 0. 018* (- 1. 66)	- 0. 066*** (40. 92)
Year FE	YES	YES	YES
Firm FE	YES	YES	YES
Cluster Firm	YES	YES	YES
Observations	1 332	1 691	
Adjust R^2	0. 618	0. 703	

注：***、*分别表示在 1%、10% 水平上显著；第（1）、第（2）、第（4）、第（5）列括号内为 T 值，第（3）、第（6）列括号内为卡方统计值量，标准误在公司层面聚类。

进一步地，本章基于三重差分模型检验了国有股比例对国有股权性质与 CEO 薪酬激励关系的调节作用，其中第（1）列和第（2）列的被解释变量分别为 CEO 现金薪酬和 CEO 总薪酬，第（3）列和第（4）列的被解释变量分别为 CEO 现金薪酬—业绩敏感性和 CEO 总薪酬—业绩敏感性。

表 5 - 7 的第（1）列和第（2）列的回归结果显示，CEO 现金薪酬和 CEO 总薪酬的三重差分系数在 10% 水平上不显著，表明混合所有制改革过程中匹配混合所有制改革国企与匹配其他国企 CEO 薪酬的相对变化趋势在政府影响力较强组别比政府影响力较弱组别之间不存在显著差异。表 5 - 7 的第（3）列和第（4）列的回归结果显示，CEO 现金薪酬—业绩敏感性和 CEO 总薪酬—业绩敏感性的三重差分系数分别在 1% 和 5% 水平上显著为正。

由表 5 - 7 第（3）列［第（4）列］的回归系数可知，在其他条件保持不变的情况下，混合所有制改革后低国有股比例组别的匹配混合所有制改革国企相对于匹配其他国企，CEO 现金薪酬—业绩敏感性（总薪酬—业绩敏感性）平均提升 0.24（3.654），而该数值在高国有股比例组别为 4.901（10.540），即混合所有制改革过程中高国有股比例组别比低国有股比例组别的 CEO 现金薪酬—业绩敏感性（总薪酬—业绩敏感性）平均多增加 4.661（6.886），约为国有企业 CEO 现金薪酬—业绩敏感性（总薪酬—业绩敏感性）均值的 33.62%（45.42%）[①]。这表明在高国有股比例组别，混合所有制改革后匹配混合所有制改革国企相对于匹配其他国企 CEO 现金薪酬—业绩敏感性和总薪酬—业绩敏感性提升更多。总的来说，三重差分的结果基本符合本章的假设 5 - 3，即在对混合所有制改革更为敏感的高国有股比例组别，混合所有制改革国企 CEO 薪酬—业绩敏感性的相对（其他国企）提升更为明显。

表 5 - 7　　　　　　股权性质与 CEO 薪酬激励的三重差分回归

VARIABLES	(1) $CPAY_{i,t}$	(2) $TPAY_{i,t}$	(3) $PPSC_{i,t}$	(4) $PPS_{i,t}$
$Private_i \times After_{i,t} \times HighSOE_i$	- 1.705 （- 0.21）	233.821 （0.78）	4.661** （2.47）	6.886** （2.25）
$Private_i \times After_{i,t}$	14.218*** （4.38）	12.152 （0.14）	0.240 （0.29）	3.654*** （3.43）
$After_{i,t} \times HighSOE_i$	2.649 （0.92）	- 66.707 （- 0.73）	- 1.047 （- 0.80）	0.644 （0.32）
$After_{i,t}$	- 4.196** （- 2.65）	22.887 （0.14）	- 0.743 （- 0.89）	- 3.554* （- 2.08）
Control Variables	YES	YES	YES	YES
Year FE	YES	YES	YES	YES
Firm FE	YES	YES	YES	YES
Cluster Firm	YES	YES	YES	YES
Observations	2 968	2 968	2 968	2 968
Adjust R^2	0.706	0.0859	0.652	0.502

注：*** 、** 、* 分别表示在 1%、5%、10% 水平上显著；括号内为 T 值，标准误在公司层面聚类。

---

①　（4.661 ÷ 13.864）× 100% = 33.62%，（6.886 ÷ 15.160）× 100% = 45.42%

总的来说，表 5 - 7 的实证结果符合本章的假设 5 - 3，即在对混合所有制改革更为敏感的高国有股比例组别，混合所有制改革国企 CEO 薪酬—业绩敏感性的相对（其他国企）提升更为明显。鉴于非流通的国有股可能会降低上市公司股票的流动性，同时，股票流动性对于公司业绩的精准性进而 CEO 薪酬激励十分重要（Chaigneau et al.，2018；苏冬蔚和熊家财，2013a），上述实证结果还为国有企业改革政策的制定（如应进一步提升国有股的流动性）提供了有益的借鉴。

5.3.5　国有股权性质与 CEO 薪酬激励的异质性分析

由于财政分权赋予各级政府相对独立的税收权力和支出责任范围，不同级别的政府混合所有制改革国有企业的动机以及监督国有企业的激励不同（Bai et al.，2006）。为此，本节进一步探究了不同层级国有企业（即终极控制权所属政府级别不同的国有企业）的国有股权性质对 CEO 薪酬激励的影响。表 5 - 8、表 5 - 9 和表 5 - 10 分别汇报了中央级国企、省级国企和地市级国企国有股权性质与 CEO 薪酬水平和薪酬激励的双重差分回归结果。

表 5 - 8　　基于中央级国企的股权性质与 CEO 薪酬水平和薪酬激励

双重差分回归

VARIABLES	(1) $CPAY_{i,t}$	(2) $TPAY_{i,t}$	(3) $PPSC_{i,t}$	(4) $PPS_{i,t}$
$Private_i \times After_{i,t}$	0.747 (0.12)	1 385.561 (1.60)	- 3.165 (- 1.41)	5.271* (2.11)
$After_{i,t}$	- 6.226 (- 1.30)	39.071 (0.05)	1.287 (0.50)	- 6.664 (- 1.20)
Control Variables	YES	YES	YES	YES
Year FE	YES	YES	YES	YES
Firm FE	YES	YES	YES	YES

VARIABLES	(1) $CPAY_{i,t}$	(2) $TPAY_{i,t}$	(3) $PPSC_{i,t}$	(4) $PPS_{i,t}$
Cluster Firm	YES	YES	YES	YES
Observations	518	518	518	518
Adjust R^2	0.525	0.0293	0.609	0.427

注：＊表示在 10% 水平上显著；括号内为 T 值，标准误在公司层面聚类。

表 5 - 9　　　　基于省级国企的股权性质与 CEO 薪酬水平和薪酬激励

双重差分回归

VARIABLES	(1) $CPAY_{i,t}$	(2) $TPAY_{i,t}$	(3) $PPSC_{i,t}$	(4) $PPS_{i,t}$
$Private_i \times After_{i,t}$	2.121 (0.39)	− 587.273 (− 1.02)	1.263 (0.57)	3.687＊ (2.09)
$After_{i,t}$	− 3.896 (− 1.15)	− 100.035 (− 0.49)	− 0.114 (− 0.06)	− 0.740 (− 0.48)
Control Variables	YES	YES	YES	YES
Year FE	YES	YES	YES	YES
Firm FE	YES	YES	YES	YES
Cluster Firm	YES	YES	YES	YES
Observations	541	541	541	541
Adjust R^2	0.631	− 0.193	0.577	0.418

注：＊表示在 10% 水平上显著；括号内为 T 值，标准误在公司层面聚类。

表 5 - 10　　　基于地市级国企的股权性质与 CEO 薪酬水平和薪酬激励

双重差分回归

VARIABLES	(1) $CPAY_{i,t}$	(2) $TPAY_{i,t}$	(3) $PPSC_{i,t}$	(4) $PPS_{i,t}$
$Private_i \times After_{i,t}$	14.793＊＊＊ (5.35)	− 12.724 (− 0.05)	3.863＊＊ (2.33)	7.032＊＊＊ (2.84)
$After_{i,t}$	− 0.963 (− 0.49)	56.463 (0.34)	− 1.688 (− 1.44)	− 3.218 (− 1.20)

VARIABLES	(1) $CPAY_{i,t}$	(2) $TPAY_{i,t}$	(3) $PPSC_{i,t}$	(4) $PPS_{i,t}$
Control Variables	YES	YES	YES	YES
Year FE	YES	YES	YES	YES
Firm FE	YES	YES	YES	YES
Cluster Firm	YES	YES	YES	YES
Observations	2 050	2 050	2 050	2 050
Adjust R^2	0. 759	0. 104	0. 665	0. 519

注：***、**、*分别表示在1%、5%、10%水平上显著；括号内为T值，标准误在公司层面聚类。

从表5-8、表5-9和表5-10第（1）至第（3）列的回归结果可以看出，CEO现金薪酬与CEO现金薪酬—业绩敏感性的双重差分回归系数仅在地市级国有企业显著为正，表明地市级国有企业的国有股权性质对CEO现金薪酬及现金薪酬—业绩敏感性具有显著的负向影响。由表5-8、表5-9和表5-10第（4）列的回归结果可知，CEO总薪酬—业绩敏感性的双重差分回归系数在不同层级的国有企业都至少在10%水平上显著为正，但地市级国企组别双重差分回归系数的统计显著性和绝对数值均相对更高，这与假设5-4基本一致。这表明不同层级国有企业的国有股权性质对CEO总薪酬—业绩敏感性都具有显著的负向影响，尤其是在地市级国企。具体来说，在其他条件保持不变的情况下，混合所有制改革后中央级国企、省级国企和地市级国企的CEO总薪酬—业绩敏感性平均相对提升了5.271、3.687和7.032，分别约为中央级国企、省级国企和地市级国企CEO总薪酬—业绩敏感性均值的27.82%、25.65%和38.378%[①]。

上述回归结果从CEO薪酬激励的角度阐述了政府财政分权下不同层级国有企业的代理问题，丰富了股权性质与CEO薪酬激励的相关文献。

---

① 计算方法分别为：$(5.27 \div 18.940) \times 100\% = 27.82\%$，$(3.687 \div 14.373) \times 100\% = 25.65\%$ 与 $(7.032 \div 18.323) \times 100\% = 38.378\%$。

5.3.6 稳健性检验

1. 剔除混合所有制改革当年及之后控股大股东为 CEO 的样本公司。考虑到混合所有制改革过程中可能存在管理层收购（MBO）现象，管理层收购混合所有制改革国企的 CEO 在混合所有制改革后可能同时也是持有大量公司股权的控股股东，此时双重差分变量（$Private_{i,t} \times After_{i,t}$）与 CEO 薪酬——业绩敏感性自然而然地存在正向关联。为排除上述可能性，本章剔除混合所有制改革当年及之后控股大股东为 CEO 的样本公司，再次检验了模型 5 - 2，相应的 CEO 薪酬水平和薪酬——业绩敏感性的双重差分回归结果报告于表 5 -11。表 5 - 11 的回归结果显示，CEO 现金薪酬回归和总薪酬——业绩敏感性回归中的双重差分系数分别在 1% 和 5% 水平上显著为正，对应的回归系数值略小于表 5 - 5。这初步证明，在排除了混合所有制改革当年及之后控股大股东出任 CEO 的情况以后，假设 5 - 1 仍然成立。

表 5 - 11　　　剔除管理层收购样本后股权性质与 CEO 薪酬水平和

薪酬激励的双重差分回归

VARIABLES	(1) $CPAY_{i,t}$	(2) $TPAY_{i,t}$	(3) $PPSC_{i,t}$	(4) $PPS_{i,t}$
$Private_i \times After_{i,t}$	10.640*** (4.03)	32.540 (0.16)	2.110 (1.62)	3.853** (2.39)
$After_{i,t}$	- 1.990 (- 1.12)	39.743 (0.48)	- 1.515 (- 1.60)	- 2.143 (- 1.02)
Control Variables	YES	YES	YES	YES
Year FE	YES	YES	YES	YES
Firm FE	YES	YES	YES	YES
Cluster Firm	YES	YES	YES	YES
Observations	2 832	2 832	2 832	2 832
Adjust R^2	0.713	0.0572	0.654	0.488

注：***、**、* 分别表示在 1%、5%、10% 水平上显著；括号内为 T 值，标准误在公司层面聚类。

2. 更替 CEO 使用下一年的薪酬水平和薪酬激励数据。由于 CEO 变更当年，特别是在报告期末发生 CEO 变更时，CEO 通常不在上市公司领取薪酬，并且此时新授予 CEO 的股权激励尚不满足解禁或行权期限，这可能导致更替 CEO 在变更当年的薪酬水平和薪酬—业绩敏感性相对偏低。考虑到混合所有制改革期间 CEO 变更较为频繁，为缓解 CEO 更替产生的 CEO 薪酬水平和薪酬—业绩敏感性偏差，本章对于样本期内 CEO 变更当年的公司—年取 CEO 在该公司下一年的薪酬（薪酬—业绩敏感性）数据，重新估计了模型 5 - 2，得到的 CEO 薪酬水平和薪酬—业绩敏感性的双重差分回归结果报告于表 5 - 12。表 5 - 12 的回归结果显示，CEO 现金薪酬回归、现金薪酬及总薪酬—业绩敏感性回归中的双重差分系数均在 1% 水平上显著为正，并且对应的回归系数数值高于表 5 - 5。该回归结果表明，在纠正了混合所有制改革过程中 CEO 变更带来的 CEO 薪酬水平和薪酬—业绩敏感性的低估问题之后，国有股权性质对 CEO 薪酬水平和薪酬—业绩敏感性的负向影响在统计上和经济意义上都更加显著，假设 5 - 1 依然成立。

表 5 - 12　　　更替 CEO 取下一年薪酬（激励）数据的股权性质与

CEO 薪酬水平和薪酬激励的双重差分回归

VARIABLES	(1) $CPAY_{i,t}$	(2) $TPAY_{i,t}$	(3) $PPSC_{i,t}$	(4) $PPS_{i,t}$
$Private_i \times After_{i,t}$	13.515*** (5.04)	29.015 (0.12)	3.211*** (2.65)	9.048*** (3.64)
$After_{i,t}$	-1.981 (-1.05)	-25.260 (-0.16)	-1.653* (-1.72)	-4.774 (-1.58)
Control Variables	YES	YES	YES	YES
Year FE	YES	YES	YES	YES
Firm FE	YES	YES	YES	YES
Cluster Firm	YES	YES	YES	YES
Observations	2 934	2 934	2 934	2 934
Adjust R^2	0.730	0.109	0.710	0.482

注：***、* 分别表示在 1%、10% 水平上显著；括号内为 T 值，标准误在公司层面聚类。

3. 混合所有制改革过程中的 CEO 变更与股权性质和 CEO 薪酬水平和薪酬激励的关系。由于混合所有制改革过程中新的控制人可能会重新任命管理层（王甄和胡军，2016），匹配混合所有制改革国企相对于匹配国企 CEO 薪酬水平和薪酬—业绩敏感性变化的差异可能与 CEO 变更紧密相关，而非源于股权性质的转变。为此，本章进一步检验了 CEO 变更与混合所有制改革过程中 CEO 薪酬水平和薪酬激励变化的联系。图 5 – 8 展示了混合所有制改革过程中匹配的混合所有制改革国企与其他国企的 CEO 变更情况。可以看出，混合所有制改革当年混合所有制改革国企 CEO 变更的概率突然增加，超过 40% 的混合所有制改革国企在混合所有制改革当年发生 CEO 变更。鉴于此，本章按照混合所有制改革当年 CEO 是否变更将匹配的混合所有制改革国企与其他国企划分为混合所有制改革当年 CEO 留任组别（Turnover = 0）和 CEO 变更组别（Turnover = 1），并进一步实施了双重差分的分组检验。

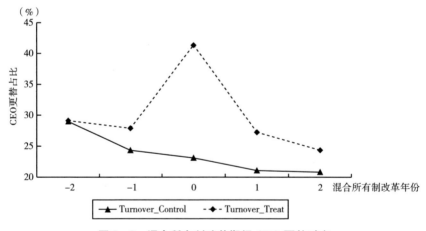

图 5 – 8　混合所有制改革期间 CEO 更替时序

表 5 – 13 和表 5 – 14 分别汇报了股权性质对 CEO 薪酬水平和 CEO 薪酬—业绩敏感性影响的分组检验结果，其中第（1）、第（3）列为混合所有制改革当年 CEO 留任组别的回归结果，第（2）、第（4）列为混合所有制改革当年 CEO 变更组别的回归结果。

表 5 – 13　　　混合所有制改革过程中的 CEO 变更与股权性质和

CEO 薪酬水平的双重差分回归

VARIABLES	(1)	(2)	(3)	(4)
	$CPAY_{i,t}$		$TPAY_{i,t}$	
	Turnover = 0	Turnover = 1	Turnover = 0	Turnover = 1
$Private_i \times After_{i,t}$	9. 626***	15. 202***	− 120. 120	645. 761
	(3. 10)	(3. 27)	(− 0. 28)	(1. 50)
$After_{i,t}$	0. 151	− 7. 388*	− 143. 385	− 183. 115
	(0. 08)	(− 1. 83)	(− 0. 88)	(− 0. 52)
Control Variables	YES	YES	YES	YES
Year FE	YES	YES	YES	YES
Firm FE	YES	YES	YES	YES
Cluster Firm	YES	YES	YES	YES
Observations	1 905	1 063	1 905	1 063
Adjust R^2	0. 755	0. 594	0. 181	0. 102

注：***、* 分别表示在 1%、10% 水平上显著；括号内为 T 值，标准误在公司层面聚类。

表 5 – 14　　　混合所有制改革过程中的 CEO 变更与股权性质和

CEO 薪酬激励的双重差分回归

VARIABLES	(1)	(2)	(3)	(4)
	$PPSC_{i,t}$		$PPS_{i,t}$	
	Turnover = 0	Turnover = 1	Turnover = 0	Turnover = 1
$Private_i \times After_{i,t}$	2. 489	3. 002	5. 350**	8. 215**
	(1. 41)	(1. 54)	(2. 15)	(2. 44)
$After_{i,t}$	− 1. 426	− 1. 989	− 2. 333	− 3. 543
	(− 1. 19)	(− 1. 45)	(− 0. 88)	(− 1. 36)
Control Variables	YES	YES	YES	YES
Year FE	YES	YES	YES	YES
Firm FE	YES	YES	YES	YES
Cluster Firm	YES	YES	YES	YES
Observations	1 905	1 063	1 905	1 063
Adjust R^2	0. 700	0. 458	0. 550	0. 290

注：** 表示在 5% 水平上显著；括号内为 T 值，标准误在公司层面聚类。

　　表 5 - 13 显示，CEO 现金薪酬回归的双重差分系数在 CEO 留任组别〔第（1）列〕和 CEO 变更组别〔第（2）列〕均显著为正，其中 CEO 变更组别的回归系数（15.202）高于 CEO 留任组别（9.626），但该差异在基于似无相关模型 SUR 的检验中并不显著；CEO 总薪酬回归的双重差分系数在 CEO 留任组别〔第（3）列〕和 CEO 变更组别〔第（4）列〕分别为负和正，但都在 10% 水平上不显著。表 5 - 14 显示，CEO 现金薪酬—业绩敏感性回归的双重差分系数在 CEO 留任组别〔第（1）列〕和 CEO 变更组别〔第（2）列〕均为正，但都在 10% 水平上不显著；CEO 总薪酬—业绩敏感性回归的双重差分系数在 CEO 留任组别〔第（3）列〕和 CEO 变更组别〔第（4）列〕均显著为正，其中 CEO 变更组别的回归系数（8.215）高于 CEO 留任组别（5.350），但该差异在基于似无相关模型（SUR）的检验中也不显著。

　　上述分析初步表明，CEO 变更并不是混合所有制改革过程中匹配混合所有制改革国企的 CEO 薪酬和 CEO 薪酬—业绩敏感性相对增加的主要原因：无论混合所有制改革当年 CEO 是否变更，混合所有制改革后匹配混合所有制改革国企的 CEO 现金薪酬水平和总薪酬—业绩敏感性都相对于匹配其他国企显著提升，并且该提升在 CEO 变更组别与 CEO 留任组别之间不存在显著差异。

　　4. CEO 变更、混合所有制改革与 CEO 政治关联及任职来源。本章还进一步探究了在混合所有制改革期间管理层调整的过程中，CEO 政治关联和任职来源发生了怎样的变化。本章在图 5 - 9 中描绘了混合所有制改革〔- 2，2〕年匹配的混合所有制改革国企与其他国企中政治关联 CEO 比例和外部 CEO 比例的时序变化。从图 5 - 9 可以看出，混合所有制改革〔- 2，- 1〕年匹配的混合所有制改革国企与其他国企的政治关联 CEO 比例和外部 CEO 比例变化趋势都基本一致且数值也较为相近，表明匹配的混合所有制改革国企与其他国企的政治关联 CEO 比例和外部 CEO 比例基本符合平行趋势假设。此外，混合所有制改革〔- 1，2〕年匹配混合所有制改革国企的 CEO 政治关联比例和外部 CEO 比例相对于匹配其他国企呈现出更快的增长趋势，初步显示出匹配国企在混合所有制改革后政治关联 CEO 和外部 CEO 相对增加。

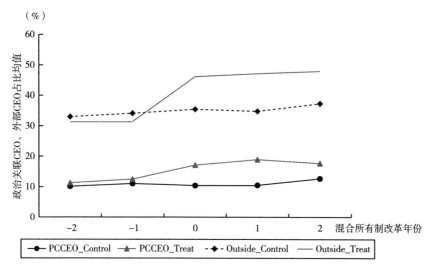

图 5 – 9　混合所有制改革期间 CEO 政治关联及任职来源时序

表 5 – 15 是 CEO 政治关联和 CEO 任职来源的双重差分回归结果，其中第（1）列和第（4）列分别是基于所有匹配样本（包括匹配的混合所有制改革国企和其他国企）的 CEO 政治关联和外部 CEO 的 Logit 回归，第（2）列［第（5）列］和第（3）列［第（6）列］分别是基于匹配样本中混合所有制改革当年 CEO 留任和 CEO 变更组别的 CEO 政治关联（外部 CEO）的 Logit 回归。

表 5 – 15　混合所有制改革过程中的 CEO 变更与 CEO 政治关联及任职来源的双重差分回归

VARIABLES	(1)	(2)	(3)	(4)	(5)	(6)
	Outside$_{i,t}$			PCCEO$_{i,t}$		
	All	Turnover = 0	Turnover = 1	All	Turnover = 0	Turnover = 1
Private$_i$ × After$_{i,t}$	0.576***	0.203	1.155***	0.456**	− 0.103	1.588**
	(3.64)	(1.35)	(2.99)	(2.12)	(− 0.61)	(2.52)
After$_{i,t}$	− 0.028	0.028	− 0.123	− 0.042	0.137	− 0.385
	(− 0.25)	(0.23)	(− 0.40)	(− 0.27)	(0.91)	(− 0.92)

续表

VARIABLES	(1)	(2)	(3)	(4)	(5)	(6)
	$Outside_{i,t}$			$PCCEO_{i,t}$		
	All	Turnover = 0	Turnover = 1	All	Turnover = 0	Turnover = 1
$Private_i$	−0.057 (−0.33)	−0.142 (−0.62)	−0.053 (−0.17)	0.152 (0.59)	0.698** (2.17)	−0.698 (−1.33)
Constant	−1.264** (−2.01)	−1.404* (−1.82)	−1.252 (−1.02)	−1.153 (−1.16)	−0.847 (−0.64)	−2.655** (−2.10)
Year FE	YES	YES	YES	YES	YES	YES
Industry FE	YES	YES	YES	YES	YES	YES
Cluster Firm	YES	YES	YES	YES	YES	YES
Observations	2 965	1 886	1 056	2 871	1 659	963
Pseudo R^2	0.0659	0.0773	0.124	0.0987	0.144	0.192

注：***、**、*分别表示在1%、5%、10%水平上显著；括号内为 T 值，标准误在公司层面聚类。

表5－15 第（1）列和第（4）列显示，CEO 政治关联和外部 CEO 的双重差分系数分别在1%和5%水平上显著为正，表明混合所有制改革后匹配混合所有制改革国企相对于匹配其他国企，CEO 政治关联和 CEO 来源于外部的可能性显著增加，这与图5－9所得结论相一致。进一步区分混合所有制改革当年 CEO 是否变更，表5－15 第（2）列、第（3）列、第（5）列和第（6）列显示，CEO 政治关联和外部 CEO 的双重差分系数仅在混合所有制改革当年 CEO 变更组别显著为正，在混合所有制改革当年 CEO 留任组别不显著甚至为负，表明混合所有制改革过程中匹配混合所有制改革国企 CEO 政治关联和 CEO 来源于外部可能性的相对增加与混合所有制改革当年的 CEO 变更息息相关，即匹配国企可能在混合所有制改革当年通过管理层变更，将非政治关联 CEO 和内部 CEO 更换为政治关联 CEO 和外部 CEO。

鉴于政治关联高管常被认为是联结企业与政府的纽带（Fan et al.，2007；Gan et al.，2018；唐松和孙铮，2014），我们初步推测，混合所有制改革后匹配混合所有制改革国企 CEO 政治关联的相对增加可能是政府丧失控制权后建立的另一种与企业联结的方式。至于混合所有制改革后匹配混合所有制改革国企外部 CEO 比例的相对提升，也许是因为外部 CEO 与内部 CEO 相比具有更多的异质性经验和外部资源，有助于推动企业的转型（Menon and Pfeffer，2003）。

5.4　本章小结

完善 CEO 激励机制是深化企业改革、增强企业活力的关键。在中国上市公司 CEO 薪酬激励契约的制定中，控股股东发挥着关键作用。根据控股股东终极产权性质的不同，我国上市公司可被划分为股权性质不同的两类企业——国有企业和民营企业。它们的企业目标、经营管理和公司治理等各不相同，CEO 的薪酬水平和薪酬激励也存在明显的差异。因此，厘清股权性质与 CEO 薪酬水平和薪酬激励的关系对于高管薪酬改革乃至企业改革都至关重要。

本章使用 1999～2018 年中国非金融 A 股上市公司股权性质数据，分样本描绘了不同股权性质企业 CEO 薪酬和薪酬激励的平均水平以及时序变化，发现：（1）国有企业 CEO 的现金薪酬平均水平低于民营企业 CEO，但不同股权性质企业的 CEO 总薪酬平均水平不存在显著差异，并且不同股权性质企业样本期内的 CEO 现金薪酬（总薪酬）平均增长趋势基本相似；（2）民营企业 CEO 的现金薪酬—业绩敏感性和总薪酬—业绩敏感性的平均水平都高于民营企业 CEO，同时，由于民营企业股权激励水平不断提升，不同股权性质企业 CEO 薪酬—业绩敏感性的差距随着时间的推移不断增加。

为识别国有股权性质与 CEO 薪酬水平和薪酬激励之间的因果关系，本章利用国有企业混合所有制改革实践，采用倾向得分匹配—双重差分模型（PSM - DID），检验了股权性质对 CEO 薪酬水平和薪酬激励的影响。本章发现，国有股权性质对 CEO 薪酬和 CEO 薪酬—业绩敏感性具有显著的负向影响，降低了 CEO 现金薪酬水平、削弱了 CEO 现金薪酬及总薪酬与公司业绩的联系。并且，混合所有制改革国企通过混合所有制改革当年的 CEO 变更，提升了政治关联 CEO 和外部 CEO 比例，在维护政府与企业联结的同时，推动了国有企业的混合所有制改革转型。此外，本章基于三重差分模型检验了国有股比例的调节作用，发现国有股权性质对 CEO 薪酬—业绩敏感性的负向影响在对混合所有制改革更为敏感的高国有股比例组别更为明显；本章根据国有企业所属政府级别的不同将其划分为中央级、省级和地市级国有企业，实证检验发现，不同级别国有企业的国有股权性质对 CEO 薪酬激励均具有显著的负向影响，并且该负向影响在地市级国有企业尤为明显。

本章的研究不但有助于认识国有股权性质在 CEO 薪酬契约制定中的重要作用，还从公司治理层面揭示市场化改革和资本市场改革的内涵，例如国有上市公司应进一步提升国有股的流动性，减少政府对国有企业的直接干预，健全国有企业高管的股权激励机制，以激发高管才能和积极性，减少股东与 CEO 之间的代理冲突。

第 6 章

研究结论、建议与展望

本书就 CEO 薪酬激励讨论了以下三个问题：（1）详尽收集并计算我国上市公司 CEO 的各类薪酬产生薪酬激励水平，并基于此分析我国 CEO 薪酬激励的发展与现状，检验我国 CEO 薪酬激励是否满足委托代理理论的基本推断；（2）基于非控股大股东研究了股权制衡对 CEO 薪酬激励的影响，进一步分析了其可能的作用机制——非控股大股东治理的"呼吁""退出""退出威胁"机制；（3）基于终极控制权性质和国有企业混合所有制改革实践探究了国有股权性质对 CEO 薪酬激励的影响。本章总结和回顾上述三个方面的研究结论，并提出相应的政策建议，最后对未来的研究作出展望。

6.1　主要研究结论与建议

第一，本书的实证研究显示，股票类薪酬是我国上市公司 CEO 薪酬激励的主要来源，提供了超过 99% 的薪酬—业绩敏感性，而已有文献常使用的忽略权益类薪酬的做法会导致 CEO 薪酬—业绩敏感性的严重低估。在纠正了以往研究遗漏权益类薪酬产生的 CEO 薪酬水平和薪酬—业绩敏感性度量偏差之后，本书的实证结果表明，中国上市公司的 CEO 薪酬激励符合委托代理理论的三个基本推断，即正的 CEO 薪酬—业绩敏感性、CEO 薪酬契约存在相对业绩评估并体现出 CEO 激励与公司风险的权衡。这初步肯定了 CEO 薪酬契约的有效性和委托代理模型在 CEO 薪酬契约中的适用性，并为后续研究中 CEO 薪酬激励指标的选取、CEO 薪酬激励能否作为股东和 CEO 利益一致性指标等问题提供了实证支持。

因此，该研究结论表明媒体和公众所关注的高管高额薪酬并不一定其薪酬契约更低效，高管薪酬改革不该是简单的"限薪"，而应进一步加强 CEO 薪酬与股东价值变动的联系，特别是推动高管股权激励的实施，以提升 CEO 薪酬激励水平。同时，上市公司在制定 CEO 薪酬契约时应考虑 CEO 薪酬激励和公司风险之间的权衡，并在评估 CEO 表现时通过相对业绩评价剔除其不可控的市场或行业成分，以进一步提升 CEO 薪酬激励契约的有效性。

第二，本书的研究证实了非控股大股东的现金流权和投票权对 CEO 薪酬激励的提升作用。在此基础上，进一步的研究显示，非控股大股东投票权对 CEO 总薪酬—业绩敏感性的提升作用在股东大会高管薪酬（激励）决议更多的上市公司更为明显，非控股大股东现金流权对 CEO 总薪酬—业绩敏感性的提升作用在控股股东两权分离和股票流动性更差的上市公司相对更弱，这初步验证了非控股大股东治理的"呼吁""退出""退出威胁"机制。此外，本书还进一步区分了大股东身份，发现不同类型的非控股大股东通过不同的渠道实施治理，而控股大股东与非控股大股东身份的相似性会增加他们"合谋"的可能性，从而降低非控股大股东治理效率，这完善了中国上市公司非控股大股东治理的相关研究。

在我国上市公司控股股东掏空和内部人控制问题普遍存在、CEO 薪酬激励相对较弱的背景下，上述研究表明非控股大股东治理能够增强与公司业绩的联系，不但能够缓解股东与 CEO 之间的代理冲突，还有助于增加 CEO 对抗潜在控股股东掏空的可能性。据此，上市公司应合理安排大股东股权结构和所有权结构，以缓解控股股东与其他股东之间的代理问题（第二类代理问题），减少股东与 CEO 之间的代理冲突（第一类代理问题），以提升上市公司治理效率。

第三，本书基于国有企业混合所有制改革实践展开的国有股权性质对 CEO 薪酬激励影响的研究显示，国有股权性质显著降低了 CEO 现金薪酬水平，并削弱了 CEO 现金薪酬、CEO 总薪酬与公司业绩之间的联系。进一步的研究表明，国有股权性质对 CEO 薪酬—业绩敏感性的负向影响在对混合所有制改革更为敏感的高国有股比例组别更为明显、在隶属政府级别较低的地市级国有企业更为明显。此外，本书对混合所有制改革期间管理层调整的调查结果显示，混合所有制改革国企通过混合所有制改革当年的 CEO 变更，提升了政治关联 CEO 和外部 CEO 的比例，在维护政府与企业联结的同时，推动了国有企业的混合所有制改革转型。

在我国国有企业高管薪酬激励机制不健全、未能有效地激发高管才能和积极性的背景下，本书的研究表明国有股权性质削弱了 CEO 薪酬与公司业绩的联系，特别是对于国有股比例较高、隶属政府级别较低的国有企业。因此，应进一步提升国有股的流动性，减少政府对国有企业的直接干预，健全国有企业高管的股权激励机制，以减少股东与 CEO 之间的代理冲突，并进一步激发高管才能和积极性。

6.2　研究展望

虽然本书的研究已经将现金薪酬、股票类薪酬和期权类薪酬都纳入了 CEO 薪酬的统计范围，基于委托代理理论、非控股大股东治理理论、国有企业多目标理论和预算软约束理论，实证检验了非控股大股东和国有股权性质对 CEO 薪酬激励的影响。但是未来仍可以从以下几个方面展开进一步的研究。

第一，随着上市公司信息披露制度的逐步完善和相关数据的日益丰富，在数据可得的条件下，CEO 薪酬统计可以将高管在企业领取的其他福利性收入（包括在职消费）等隐性收入考虑在内，并且将内部和外部竞争激励（包括晋升激励）、情感和精神激励等隐性激励纳入 CEO 激励的研究范围。

特别是在我国背景下，隐性福利收入是国有企业高管收入的重要组成部分，内外部竞争常被认为是民营企业高管的主要激励之一，进而这些隐性收入和隐性激励可能会对高管显性薪酬和显性薪酬激励产生一定的替代作用。因此，将高管隐性收入和隐性激励纳入考量，并进一步探讨隐性收入和隐性激励的作用，例如在公司治理中重要作用及其对显性薪酬和显性薪酬激励的替代作用，可能是未来我国上市公司高管薪酬研究的重要方向之一。

第二，实践中，上市公司同时包含非控股大股东和国有股权性质，但受数据可得性的限制（例如根据当前的上市公司披露数据难以确定非控股大股东的股权性质）和实证计量技术限制（例如同时解决这两个因素的内生性问题），本书并未考虑这两个因素对 CEO 薪酬激励的共同作用。在今后的研究中，如果非控股大股东终极控制人的数据可得，可以将非控股大股东股权性质考虑在内，并尝试寻找能够同时解决这两个因素内生性的工具变量或外生冲击，以进一步探究非控股大股东和国有股权性质对 CEO 薪酬激励的共同作用。该问题的探讨可能对中国公司治理实践具有重要的指导意义。

第三，CEO 是公司最重要的决策者，因此，探究股权制衡、股权性质通过影响 CEO 薪酬激励可能会产生怎样的经济后果具有重要的研究意义。受篇幅的限制，本书集中探讨了股权制衡、股权性质与 CEO 薪酬激励因果关系的识别及可能的作用机制，并未对由此产生的经济后果做进一步的探讨。作为公司最重要的决策者，CEO 的激励可能会影响公司创新等风险承担行为、并购和股票增发等投融资行为以及盈余管理等其他影响公司利益的行为。所以，研究股权制衡、股权性质通过影响 CEO 薪酬激励产生的经济后果可能是未来值得探讨的重要话题。

参 考 文 献

［1］白云霞，吴联生．信息披露与国有股权私有化中的盈余管理［J］．会计研究，2008（10）：37－45，96－97．

［2］步丹璐，王晓艳．政府补助、软约束与薪酬差距［J］．南开管理评论，2014，17（2）：23－33．

［3］蔡贵龙，柳建华，马新啸．非国有股东治理与国企高管薪酬激励［J］．管理世界，2018，34（5）：137－149．

［4］陈冬华，陈信元，万华林．国有企业中的薪酬管制与在职消费［J］．经济研究，2005（2）：92－101．

［5］陈克兢．非控股大股东退出威胁能降低企业代理成本吗［J］．南开管理评论，2019（4）：161－175．

［6］陈胜蓝，卢锐．股权分置改革、盈余管理与高管薪酬业绩敏感性［J］．金融研究，2012（10）：180－192．

［7］陈仕华，卢昌崇．国有企业高管跨体制联结与混合所有制改革——基于"国有企业向私营企业转让股权"的经验证据［J］．管理世界，2017（5）：107－118，169，188．

［8］樊纲，王小鲁．中国市场化指数：各地区市场化相对进程2006年度报告［M］．北京：经济科学出版社，2007．

［9］樊纲，王小鲁，朱恒鹏．中国市场化指数——各地区市场化相对进程2011年报告［M］．北京：经济科学出版社，2011．

[10] 樊纲，王小鲁，余静文. 中国分省份市场化指数报告 2016 ［M］. 北京：社会科学文献出版社，2017.

[11] 樊纲. 中国分省份市场化指数报告 2018 ［M］. 北京：社会科学文献出版社，2019.

[12] 方军雄. 我国上市公司高管的薪酬存在粘性吗？［J］. 经济研究，2009，44（3）：110 - 124.

[13] 胡亚权，周宏. 高管薪酬、公司成长性水平与相对业绩评价——来自中国上市公司的经验证据 ［J］. 会计研究，2012（5）：22 - 28，93.

[14] 高磊，晓芳，王彦东. 多个大股东、风险承担与企业价值 ［J］. 南开管理评论，2020，23（5）：124 - 133.

[15] 郝阳，龚六堂. 国有、民营混合参股与公司绩效改进 ［J］. 经济研究，2017，52（3）：122 - 135.

[16] 郝颖，黄雨秀，宁冲，等. 公司社会声望与高管薪酬：公共服务抑或职业声誉 ［J］. 金融研究，2020（10）：189 - 206.

[17] 胡国强，盖地. 高管股权激励与银行信贷决策——基于我国民营上市公司的经验证据 ［J］. 会计研究，2014（4）：58 - 65，96.

[18] 胡一帆，宋敏，张俊喜. 中国民营化绩效研究 ［J］. 经济研究，2006，41（7）：49 - 60.

[19] 姜付秀，蔡欣妮，朱冰. 多个大股东与股价崩盘风险 ［J］. 会计研究，2018（1）：68 - 74.

[20] 姜付秀，马云飙，王运通. 退出威胁能抑制控股股东私利行为吗？［J］. 管理世界，2015（5）：147 - 159.

[21] 姜付秀，申艳艳，蔡欣妮，等. 多个大股东的公司治理效应：基于控股股东股权质押视角 ［J］. 世界经济，2020，43（2）：74 - 98.

[22] 姜付秀，王运通，田园，等. 多个大股东与企业融资约束——基于文本分析的经验证据 ［J］. 管理世界，2017（12）：61 - 74.

[23] 姜付秀，朱冰，王运通. 国有企业的经理激励契约更不看重绩效吗？［J］. 管理世界，2014（9）：143 - 159.

［24］李培功，沈艺峰．经理薪酬、轰动报道与媒体的公司治理作用［J］．管理科学学报，2013，16（10）：63 - 80．

［25］李增泉．激励机制与企业绩效———一项基于上市公司的实证研究［J］．会计研究，2000（1）：24 - 30．

［26］梁上坤，陈冬华．业绩波动性与高管薪酬契约选择———来自中国上市公司的经验证据［J］．金融研究，2014（1）：167 - 179．

［27］林毅夫，刘明兴，章奇．政策性负担与企业的预算软约束：来自中国的实证研究［J］．管理世界，2004（8）：81 - 89，127 - 156．

［28］刘慧龙，张敏，王亚平，等．政治关联、薪酬激励与员工配置效率［J］．经济研究，2010，45（9）：109 - 121，136．

［29］刘小玄，李利英．企业产权变革的效率分析［J］．中国社会科学，2005（2）：4 - 16，204．

［30］刘远航．我国国有资产管理体制的模式选择［J］．经济学家，2003（2）：55 - 61．

［31］罗宏，黄婉．多个大股东并存对高管机会主义减持的影响研究［J］．管理世界，2020，36（8）：163 - 177，236．

［32］罗宏，黄文华．国企分红、在职消费与公司业绩［J］．管理世界，2008（9）：139 - 148．

［33］罗进辉．媒体报道与高管薪酬契约有效性［J］．金融研究，2018（3）：190 - 206．

［34］宋立刚等．中国企业的所有制改革———进程、成效及其前景［M］．北京：中国财政经济出版社，2006．

［35］苏冬蔚，熊家财．股票流动性、股价信息含量与 CEO 薪酬契约［J］．经济研究，2013a（11）：56 - 70．

［36］苏冬蔚，熊家财．大股东掏空与 CEO 薪酬契约［J］．金融研究，2013b（12）：167 - 180．

［37］唐松，孙铮．政治关联，高管薪酬与企业未来经营绩效［J］．管理世界，2014（5）：93 - 105．

[38] 唐松，温德尔，孙铮．"原罪"嫌疑与民营企业会计信息质量 [J]．管理世界，2017 (8)：106 – 122，187 – 188．

[39] 王栋，吴德胜．股权激励与风险承担——来自中国上市公司的证据 [J]．南开管理评论，2016，19 (3)：157 – 167．

[40] 王红领，李稻葵，雷鼎鸣．政府为什么会放弃国有企业的产权 [J]．经济研究，2001 (8)：61 – 70，85．

[41] 王美英，陈宋生，曾昌礼，等．混合所有制背景下多个大股东与风险承担研究 [J]．会计研究，2020 (2)：117 – 132．

[42] 王运通，姜付秀．多个大股东能否降低公司债务融资成本 [J]．世界经济，2017，40 (10)：119 – 143．

[43] 王曾，符国群，黄丹阳，等．国有企业 CEO "政治晋升"与"在职消费"关系研究 [J]．管理世界，2014 (5)：157 – 171．

[44] 王甄，胡军．控制权转让、产权性质与公司绩效 [J]．经济研究，2016，51 (4)：146 – 160．

[45] 魏刚．高级管理层激励与上市公司经营绩效 [J]．经济研究，2000 (3)：32 – 39，64 – 80．

[46] 肖继辉，彭文平．经理报酬棘轮效应与相对业绩评价模型的选择 [J]．管理学报，2010，7 (7)：993 – 999．

[47] 辛清泉，谭伟强．市场化改革、企业业绩与国有企业经理薪酬 [J]．经济研究，2009 (11)：68 – 81．

[48] 薛云奎，白云霞．国家所有权、冗余雇员与公司业绩 [J]．管理世界，2008 (10)：96 – 105．

[49] 杨记军，逯东，杨丹．国有企业的政府控制权转让研究 [J]．经济研究，2010，45 (2)：69 – 82．

[50] 杨青，陈峰，陈洁．我国上市公司 CEO 薪酬存在"幸运支付"吗——"揩油论"抑或"契约论"[J]．金融研究，2014 (4)：143 – 157．

[51] 杨瑞龙，王元，聂辉华．"准官员"的晋升机制：来自中国央企的证据 [J]．管理世界，2013 (3)：23 – 33．

［52］余明桂，李文贵，潘红波．民营化、产权保护与企业风险承担
［J］．经济研究，2013（9）：112 – 124.

［53］张敏，王成方，刘慧龙．冗员负担与国有企业的高管激励［J］．
金融研究，2013（5）：140 – 151.

［54］周宏，张巍．中国上市公司经理人薪酬的比较效应——基于相对
业绩评价的实证研究［J］．会计研究，2010（7）：50 – 56，96.

［55］周泽将，马静，胡刘芬．高管薪酬激励体系设计中的风险补偿效
应研究［J］．复印报刊资料：财务与会计导刊（理论版），2019（3）：78 –
93.

［56］朱冰，张晓亮，郑晓佳．多个大股东与企业创新［J］．管理世界，
2018，34（7）：151 – 165.

［57］朱恒鹏．地区间竞争、财政自给率和公有制企业民营化［J］．经
济研究，2004（10）：24 – 34.

［58］朱克朋，刘小玄．国有企业效率与退出选择——基于部分竞争性
行业的经验研究［J］．经济评论，2012（3）：66 – 74.

［59］Admati，A. R.，Pfleiderer，P. 2009. The "Wall Street Walk" and
shareholder activism：Exit as a form of voice. *The Review of Financial Studies*，22
（7），2645 – 2685.

［60］Aggarwal，R. K.，& Samwick，A. A. 1999a. The other side of the
trade-off：The impact of risk on executive compensation. *Journal of Political Econo-
my*，107（1），65 – 105.

［61］Aggarwal，R. K.，& Samwick，A. A. 1999b. Executive compensa-
tion，strategic competition，and relative performance evaluation：Theory and evi-
dence. *The Journal of Finance*，54（6），1999 – 2043.

［62］Albuquerque，R. Schroth，E. 2010. Quantifying private benefits of
control from a structural model of block trades. *Journal of Financial Economics*，96
（1），33 – 55.

［63］Antón，M.，Ederer，F.，Giné，M.，Schmalz，M. C. 2020. Common ownership, competition, and top management incentives. *Ross School of Business Paper*, (1328).

[64] Attig, N. , Guedhami, O. , Mishra, D. 2008. Multiple large shareholders, control contests, and implied cost of equity. *Journal of Corporate Finance*, 14 (5), 721 –737.

[65] Attig, N. , El Ghoul, S. , and Guedhami, O. 2009. Do multiple large shareholders play a corporate governance role? Evidence from East Asia. *Journal of Financial Research*, 32 (4), 395 –422.

[66] Attig, N. , El Ghoul, S. , Guedhami, O. , Rizeanu, S. 2013. The governance role of multiple large shareholders: evidence from the valuation of cash holdings. *Journal of Management and Governance*, 17 (2), 419 –451.

[67] Bai, C. E. , Lu, J. , Tao, Z. 2006. The multitask theory of state enterprise reform: Empirical evidence from China. *American Economic Review*, 96 (2), 353 –357.

[68] Barclay, M. J. , Holderness, C. G. 1991. Negotiated block trades and corporate control. *The Journal of Finance*, 46 (3), 861 –878.

[69] Bennedsen, M. , Wolfenzon, D. 2000. The balance of power in closely held corporations. *Journal of Financial Economics*, 58 (1 –2), 113 –139.

[70] Benston, G. J. 1985. The self-serving management hypothesis: Some evidence. *Journal of Accounting and Economics*, 7 (1 –3), 67 –84.

[71] Black, F. , Scholes, M. 1973. The valuation of options and corporate liabilities. *Journal of Political Economy*, 81 (3), 637 –654.

[72] Boehmer, E. , Kelley, E. K. 2009. Institutional investors and the informational efficiency of prices. *The Review of Financial Studies*, 22 (9), 3563 –3594.

[73] Boycko, M. , Shleifer, A. , Vishny, R. W. 1996. A theory of privatisation. *The Economic Journal*, 106 (435), 309 –319.

[74] Brickley, J. A. , Lease, R. C. , Smith Jr, C. W. 1988. Ownership

structure and voting on antitakeover amendments. *Journal of Financial Economics*, 20, 267 – 291.

[75] Cai, C. X. , Hillier, D. , Wang, J. 2016. The cost of multiple large shareholders. *Financial Management*, 45 (2), 401 – 430.

[76] Cao, J. , Pan, X. , Tian, G. 2011. Disproportional ownership structure and pay-performance relationship: evidence from China's listed firms. *Journal of Corporate Finance*, 17 (3), 541 – 554.

[77] Cao, M. , Wang, R. 2013. Optimal CEO compensation with search: Theory and empirical evidence. *The Journal of Finance*, 68 (5), 2001 – 2058.

[78] Cao, X. , Lemmon, M. , Pan, X. , Qian, M. , Tian, G. 2019. Political promotion, CEO incentives, and the relationship between pay and performance. *Management Science*, 65 (7), 2947 – 2965.

[79] Chaigneau, P. , Edmans, A. , Gottlieb, D. 2018. Does improved information improve incentives? *Journal of Financial Economics*, 130 (2), 291 – 307.

[80] Cheng, M. , B. Lin, R. Lu, and M. Wei. 2017. Non-controlling large shareholders in emerging markets: Evidence from China. *Journal of Corporate Finance*, 63, 101259.

[81] Chhaochharia, V. , Grinstein, Y. 2009. CEO compensation and board structure. *The Journal of Finance*, 64 (1), 231 – 261.

[82] Claessens, S. , Djankov, S. , Fan, J. P. , Lang, L. H. 2002. Disentangling the incentive and entrenchment effects of large shareholdings. *The Journal of Finance*, 57 (6), 2741 – 2771.

[83] Core, J. E. , Holthausen, R. W. , Larcker, D. F. 1999. Corporate governance, chief executive officer compensation, and firm performance. *Journal of Financial Economics*, 51 (3), 371 – 406.

[84] Core, J. E. , Guay, W. , Larcker, D. F. 2008. The power of the pen and executive compensation. *Journal of Financial Economics*, 88 (1), 1 – 25.

［85］ Coughlan, A. T. , Schmidt, R. M. 1985. Executive compensation, management turnover, and firm performance: An empirical investigation. *Journal of Accounting and Economics*, 7 (1 –3), 43 –66.

［86］ Cronqvist, H. , Fahlenbrach, R. 2008. Large shareholders and corporate policies. *The Review of Financial Studies*, 22 (10), 3941 –3976.

［87］ Dittmar, A. , Mahrt-Smith, J. 2007. Corporate governance and the value of cash holdings. *Journal of financial economics*, 83 (3), 599 –634.

［88］ Dhillon, A. , Rossetto, S. 2015. Ownership structure, voting, and risk. *The Review of Financial Studies*, 28 (2), 521 –560.

［89］ Edmans, A. 2009. Blockholder trading, market efficiency, and managerial myopia. *The Journal of Finance*, 64 (6), 2481 –2513.

［90］ Edmans, A. 2014. Blockholders and corporate governance. *Annual Review of Finance Economics*, 6 (1), 23 –50.

［91］ Edmans, A. , Gabaix, X. , Jenter, D. 2017. Executive compensation: A survey of theory and evidence. *The Handbook of the Economics of Corporate Governance*, 1, 383 –539.

［92］ Edmans, A. , Manso, G. 2011. Governance through trading and intervention: A theory of multiple blockholders. *The Review of Financial Studies*, 24 (7), 2395 –2428.

［93］ Edmans, A. , Holderness, C. G. 2017. Blockholders: A survey of theory and evidence. *The Handbook of the Economics of Corporate Governance*, 1, 541 –636.

［94］ Faccio, M. , Lang, L. H. , Young, L. 2001. Dividends and expropriation. *American Economic Review*, 91 (1), 54 –78.

［95］ Faccio, M. , Marchica, M. T. , Mura, R. 2011. Large shareholder diversification and corporate risk-taking. *The Review of Financial Studies*, 24 (11), 3601 –3641.

［96］ Fan, J. P. , Wong, T. J. , Zhang, T. 2007. Politically connected

CEOs, corporate governance, and Post-IPO performance of China's newly partially privatized firms. *Journal of Financial Economics*, 84 (2), 330 – 357.

[97] Fang, L. H. , Lerner, J. , Wu, C. 2017. Intellectual property rights protection, ownership, and innovation: Evidence from China. *The Review of Financial Studies*, 30 (7), 2446 – 2477.

[98] Fang, Y. , Hu, M. , Yang, Q. 2018. Do executives benefit from shareholder disputes? Evidence from multiple large shareholders in Chinese listed firms. *Journal of Corporate Finance*, 51, 275 – 315.

[99] Firth, M. , Fung, P. M. , Rui, O. M. 2006. Corporate performance and CEO compensation in China. *Journal of Corporate Finance*, 12 (4), 693 – 714.

[100] Firth, M. , Fung, P. M. , Rui, O. M. 2007. How ownership and corporate governance influence chief executive pay in China's listed firms. *Journal of Business Research*, 60 (7), 776 – 785.

[101] Frydman, C. , Saks, R. E. 2010. Executive compensation: A new view from a long-term perspective, 1936 – 2005. *The Review of Financial Studies*, 23 (5), 2099 – 2138.

[102] Gan, J. , Guo, Y. , Xu, C. 2018. Decentralized privatization and change of control rights in China. *The Review of Financial Studies*, 31 (10), 3854 – 3894.

[103] Garen, J. E. 1994. Executive compensation and principal-agent theory. *Journal of Political Economy*, 102 (6), 1175 – 1199.

[104] Garvey, G. , Milbourn, T. 2003. Incentive compensation when executives can hedge the market: Evidence of relative performance evaluation in the cross section. *The Journal of Finance*, 58 (4), 1557 – 1582.

[105] Garvey, G. T. , Milbourn, T. T. 2006. Asymmetric benchmarking in compensation: Executives are rewarded for good luck but not penalized for bad. *Journal of Financial Economics*, 82 (1), 197 – 225.

［106］ Gilson, S. C. , Vetsuypens, M. R. 1993. CEO compensation in financially distressed firms: An empirical analysis. *The Journal of Finance*, 48 (2), 425 – 458.

［107］ Glaeser, E. , Johnson, S. , Shleifer, A. 2001. Coase versus the Coasians. *The Quarterly Journal of Economics*, 116 (3), 853 – 899.

［108］ Graham, J. R. , Li, S. , Qiu, J. 2012. Managerial attributes and executive compensation. *The Review of Financial Studies*, 25 (1), 144 – 186.

［109］ Grossman, S. J. , and Hart, O. D. 1980. Takeover bids, the free-rider problem, and the theory of the corporation. *The Bell Journal of Economics*, 42 – 64.

［110］ Gugler, K. , and Yurtoglu, B. B. 2003. Corporate governance and dividend pay-out policy in Germany. *European Economic Review*, 47 (4), 731 – 758.

［111］ Guo, K. 2003. *Market Liberalization and Privatization in China* (Doctoral dissertation, master thesis, China Center for Economic Research, Beijing University).

［112］ Guo, K. , Yao, Y. 2005. Causes of privatization in China: Testing several hypotheses. *Economics of Transition*, 13 (2), 211 – 238.

［113］ Hall, B. J. , Liebman, J. B. 1998. Are CEOs really paid like bureaucrats? *The Quarterly Journal of Economics*, 113 (3), 653 – 691.

［114］ Hart, S. L. 1995. A natural-resource-based view of the firm. *Academy of Management Review*, 20 (4), 986 – 1014.

［115］ Heckman, J. J. 1979. Sample selection bias as a specification error. *Econometrica: Journal of the Econometric Society*, 153 – 161.

［116］ Helwege, J. , Pirinsky, C. , Stulz, R. M. 2007. Why do firms become widely held? An analysis of the dynamics of corporate ownership. *The Journal of Finance*, 62 (3), 995 – 1028.

［117］ Himmelberg, C. P. , Hubbard, R. G. , & Palia, D. 1999. Understanding the determinants of managerial ownership and the link between ownership and performance. *Journal of Financial Economics*, 53 (3), 353 –384.

[118] Hirschman, A. O. 1970. Exit, voice, and loyalty: Responses to decline in firms, organizations, and states (Vol. 25). *Harvard University Press*.

[119] Holderness, C. G. , Sheehan, D. P. 1988. The role of majority shareholders in publicly held corporations: An exploratory analysis. *Journal of Financial Economics*, 20, 317 –346.

[120] Hölmstrom, B. 1979. Moral hazard and observability. *The Bell Journal of Economics*, 74 –91.

[121] Hölmstrom, B. 1982. Moral hazard in teams. *The Bell Journal of Economics*, 324 –340.

[122] Hölmstrom, B. , Milgrom, P. 1987. Aggregation and linearity in the provision of intertemporal incentives. *Econometrica: Journal of the Econometric Society*, 303 –328.

[123] Hou, W. , Lee, E. , Stathopoulos, K. , Tong, Z. 2016. Executive compensation and the split share structure reform in China. *The European Journal of Finance*, 22 (4 –6), 506 –528.

[124] Huang, Z. , Li, L. , Ma, G. , Xu, L. C. 2017. Hayek, local information, and commanding heights: Decentralizing state-owned enterprises in China. *American Economic Review*, 107 (8).

[125] Hui, Z. , Fang, H. 2021. Does non-controlling large shareholder monitoring improve CEO incentives? *Emerging Markets Finance and Trade*, 1 –14.

[126] J Hadlock, C. , Schwartz-Ziv, M. 2019. Blockholder heterogeneity, multiple blocks, and the dance between blockholders. *The Review of Financial Studies*, 32 (11), 4196 –4227.

[127] Jensen, M. C. 1986. Agency costs of free cash flow, corporate finance, and takeovers. *The American Economic Review*, 76 (2), 323 –329.

[128] Jensen, M. C. , Meckling, W. H. 1976. Theory of the firm: Manag-

erial behavior, agency costs and ownership structure. *Journal of Financial Economics*, 3 (4), 305 – 360.

[129] Jensen, M. C., Murphy, K. J. 1990. Performance pay and top-management incentives. *Journal of Political Economy*, 98 (2), 225 – 264.

[130] Jiang, F., Cai, X., Jiang, Z., and Nofsinger, J. R. 2019. Multiple large shareholders and dividends: Evidence from China. *Pacific-Basin Finance Journal*, 57, 101201.

[131] Jiang, F., Cai, W., Wang, X., Zhu, B. 2018. Multiple large shareholders and corporate investment: Evidence from China. *Journal of Corporate Finance*, 50, 66 – 83.

[132] Jiang, F., Kim, K. A. 2015. Corporate governance in China: a modern perspective. *Journal of Corporate Finance*, 32 (3), 190 – 216.

[133] Jiang, F., Kim, K. A. 2020. Corporate governance in China: A survey. *Review of Finance*, 24 (4), 733 – 772.

[134] Jiang, F., Ma, Y., and Wang, X. 2020. Multiple blockholders and earnings management. *Journal of Corporate Finance*, 64, 101689.

[135] Jin, L. 2002. CEO compensation, diversification, and incentives. *Journal of financial Economics*, 66 (1), 29 – 63.

[136] Kornai, J. 1986. The soft budget constraint. *Kyklos*, 39 (1), 3 – 30.

[137] La Porta, R. Lopez-de-Silanes, F., Shleifer, A., and Vishny, R. W. 2000. Agency problems and dividend policies around the world. *The Journal of Finance*, 55 (1), 1 – 33.

[138] La Porta, R., Lopez-de-Silanes, F., Shleifer, A., Vishny, R. 2002. Investor protection and corporate valuation. *The journal of finance*, 57 (3), 1147 – 1170.

[139] Laeven, L., Levine, R. 2008. Complex ownership structures and corporate valuations. *The Review of Financial Studies*, 21 (2), 579 – 604.

［140］ Li, D. D. , Lui, F. T. , Nikomborirak, D. , Sung, Y. W. 2007. Why Do Governments Dump State Enterprises? Evidence from China. In *Governance, regulation, and privatization in the Asia-Pacific region* (211 – 230). University of Chicago Press.

［141］ Li, K. , Wang, T. , Cheung, Y. L. , Jiang, P. 2011. Privatization and risk sharing: Evidence from the split share structure reform in China. *The Review of Financial Studies*, 24 (7), 2499 – 2525.

［142］ Li, Z. , Yamada, T. 2015. Political and economic incentives of government in partial privatization. *Journal of Corporate Finance*, 32, 169 – 189.

［143］ Lin, J. Y. , Cai, F. , Li, Z. 1998. Competition, policy burdens, and state-owned enterprise reform. *The American Economic Review*, 88 (2), 422 – 427.

［144］ Lin, J. Y. , Tan, G. 1999. Policy burdens, accountability, and the soft budget constraint. *American Economic Review*, 89 (2), 426 – 431.

［145］ Liao, L. , Liu, B. , Wang, H. 2014. China's secondary privatization: Perspectives from the split-share structure reform. *Journal of Financial Economics*, 113 (3), 500 – 518.

［146］ Luo, W. , Zhang, Y. , Zhu, N. 2011. Bank ownership and executive perquisites: New evidence from an emerging market. *Journal of Corporate Finance*, 17 (2), 352 – 370.

［147］ Mas-Colell, A. , Whinston, M. D. , Green, J. R. 1995. *Microeconomic theory* (Vol. 1). New York: Oxford university press.

［148］ Maury, B. , Pajuste, A. 2005. Multiple large shareholders and firm value. *Journal of Banking and Finance*, 29 (7), 1813 – 1834.

［149］ McCahery, J. A. , Sautner, Z. , and Starks, L. T. 2016. Behind the scenes: The corporate governance preferences of institutional investors. *The Journal of Finance*, 71 (6), 2905 – 2932.

［150］ Menon, T. , Pfeffer, J. 2003. Valuing internal vs. external knowledge: Explaining the preference for outsiders. *Management science*, 49 (4), 497 – 513.

[151] Milbourn, T. T. 2003. CEO reputation and stock-based compensation. *Journal of Financial Economics*, 68 (2), 233 – 262.

[152] Milnor, J. W. , Shapley, L. S. 1978. Values of large games Ⅱ: Oceanic games. *Mathematics of operations research*, 3 (4), 290 – 307.

[153] Murphy, K. J. 1999. Executive compensation. *Handbook of Labor Economics*, 3, 2485 – 2563.

[154] Murphy, K. J. 1985. Corporate performance and managerial remuneration: An empirical analysis. *Journal of Accounting and Economics*, 7 (1 – 3), 11 – 42.

[155] North, D. C. 1990. A transaction cost theory of politics. *Journal of theoretical politics*, 2 (4), 355 – 367.

[156] North, D. C. , Weingast, B. R. 1989. Constitutions and commitment: the evolution of institutions governing public choice in seventeenth-century England. *The journal of economic history*, 49 (4), 803 – 832.

[157] Pagano, M. , Röell, A. 1998. The choice of stock ownership structure: Agency costs, monitoring, and the decision to go public. *The Quarterly Journal of Economics*, 113 (1), 187 – 225.

[158] Shleifer, A. , Vishny, R. W. 1986. Large shareholders and corporate control. *Journal of Political Economy*, 94 (3, Part 1), 461 – 488.

[159] Shleifer, A. , Vishny, R. W. 1994. Politicians and firms. *The Quarterly Journal of Economics*, 109 (4), 995 – 1025.

[160] Shleifer, A. , Vishny, R. W. 1997. A survey of corporate governance. *The Journal of Finance*, 52 (2), 737 – 783.

[161] Sun, Q. , Tong, W. H. 2003. China share issue privatization: the extent of its success. *Journal of Financial Economics*, 70 (2), 183 – 222.

[162] Wang, K. , Xiao, X. 2011. Controlling shareholders' tunneling and

executive compensation: Evidence from China. *Journal of Accounting and Public Policy*, 30 (1), 89 – 100.

[163] Winton, A. 1993. Limitation of liability and the ownership structure of the firm. *The Journal of Finance*, 48 (2), 487 – 512.

[164] Zwiebel, J. 1995. Corporate conservatism and relative compensation. *Journal of Political Economy*, 103 (1), 1 – 25.

夏普利值（Shapley value）的计算

本书使用夏普利值衡量大股东的相对投票权，它是一个大股东在形成多数联盟中起关键作用的概率（超过 50% 的选票），它与传统的股权制衡度量方法（如持股比例）相比，可以更好地衡量大股东对公司政策的影响。例如，在一个有 3 个股东的公司中，第 1 个、第 2 个和第 3 个股东分别持有 49%、49% 和 2% 的股份，每个股东在决定公司政策时是同等重要的，因为若要达到多数要求他们中至少两个股东一起投票。如果我们使用夏普利值值衡量，每个股东的夏普利值均为 1/3，进而更好地代表了他们在决策中的影响力。相比之下，持股比例将低估股东 3 的投票权，因为该股东所持有的股份比股东 1 和股东 2 所持有的股份要少得多。本书将十大股东视为个人参与者，其他小股东视为"海洋"，以计算十大股东中每一个的夏普利值作为其投票权的代理变量。具体计算参照米尔诺和夏普利（Milnor and Shapley，1978）：

设 $x_1, \cdots, x_m$ 是单位区间 i 上均匀分布的独立随机变量，那么对于任何可测量的集合 A，我们有：

$$\text{Prob}\{x_i \in A\} = \lambda(A)$$

设 $P(x)$ 是定义在主要参与者 $i \in M$ 的集合，则有 $x_i < x$。主要参与者 i 的前元（predecessors）就组成有限集合 $P(x_i)$ 和海洋区间 $[0, x_i)$，我们因

此定义参与者 i 的博弈价值是概率 φ_i：

$$w\{P(x_i)\} + \alpha x_i \leqslant c \leqslant w\{P(x_i)\} + \alpha x_i + w_i$$

　　概率 φ_i 的数值可以通过模拟得到，也就是本书计算的大股东夏普利值。